浙江文化名人传记精选修订丛书

原 主 编：万 斌

执行主编：卢敦基

# 论衡之人

## 王充传

徐斌 著

浙江人民出版社

图书在版编目（CIP）数据

论衡之人 ：王充传 / 徐斌著. -- 杭州 ：浙江人民出版社，2024. 12. -- ISBN 978-7-213-11708-4

Ⅰ. B234.8

中国国家版本馆CIP数据核字第2024WA9953号

**论衡之人：王充传**

LUNHENG ZHIREN WANG CHONG ZHUAN

徐 斌 著

出版发行 浙江人民出版社（杭州市环城北路177号 邮编 310006）

市场部电话:(0571)85061682 85176516

责任编辑 徐雨铭

责任校对 何培玉

责任印务 程 琳

封面设计 王 芸

电脑制版 杭州兴邦电子印务有限公司

印 刷 杭州钱江彩色印务有限公司

开 本 710毫米×1000毫米 1/16

印 张 15.75

字 数 239千字

插 页 6

版 次 2024年12月第1版

印 次 2024年12月第1次印刷

书 号 ISBN 978-7-213-11708-4

定 价 68.00元

# “浙江文化研究工程成果文库”总序

有人将文化比作一条来自老祖宗而又流向未来的河，这是说文化的传统，通过纵向传承和横向传递，生生不息地影响和引领着人们的生存与发展；有人说文化是人类的思想、智慧、信仰、情感和生活的载体、方式和方法，这是将文化作为人们代代相传的生活方式的整体。我们说，文化为群体生活提供规范、方式与环境，文化通过传承为社会进步发挥基础作用，文化会促进或制约经济乃至整个社会的发展。文化的力量，已经深深熔铸在民族的生命力、创造力和凝聚力之中。

在人类文化演化的进程中，各种文化都在其内部生成众多的元素、层次与类型，由此决定了文化的多样性与复杂性。

中国文化的博大精深，来源于其内部生成的多姿多彩；中国文化的历久弥新，取决于其变迁过程中各种元素、层次、类型在内容和结构上通过碰撞、解构、融合而产生的革故鼎新的强大动力。

中国土地广袤、疆域辽阔，不同区域间因自然环境、经济环境、社会环境等诸多方面的差异，建构了不同的区域文化。区域文化如同百川归海，共同汇聚成中国文化的大传统，这种大传统如同春风化雨，渗透于各种区域文化之中。在这个过程中，区域文化如同清溪山泉潺潺不息，在中国文化的共同价值取向下，以自己的独特个性支撑着、引领着本地经济社会的发展。

从区域文化入手，对一地文化的历史与现状展开全面、系统、扎实、有序的研究，一方面可以借此梳理和弘扬当地的历史传统和文化资源，繁荣和丰富当代的先进文化建设活动，规划和指导未来的文化发展蓝图，增强文化软实力，为全面建设小康社会、加快推进社会主义现代化提供思想保证、精神动力、智力支持和舆论力量；另一方面，这也是深入了解中国文化、研究中国文化、发展中国文化、创新中国文化的重要途径之一。如今，区域文化研究日益受到各地重视，成为我国文化研究走向深入的一个重要标志。我们今天实施浙江文化研究工程，其目的和意义也在于此。

千百年来，浙江人民积淀和传承了一个底蕴深厚的文化传统。这种文化传统的独特性，正在于它令人惊叹的富于创造力的智慧和力量。

浙江文化中富于创造力的基因，早早地出现在其历史的源头。在浙江新石器时代最为著名的跨湖桥、河姆渡、马家浜和良渚的考古文化中，浙江先民们都以不同凡响的作为，在中华民族的文明之源留下了创造和进步的印记。

浙江人民在与时俱进的历史轨迹上一路走来，秉承富于创造力的文化传统，这深深地融汇在一代代浙江人民的血液中，体现在浙江人民的行为上，也在浙江历史上众多杰出人物身上得到充分展示。从大禹的因势利导、敬业治水，到勾践的卧薪尝胆、励精图治；从钱氏的保境安民、纳土归宋，到胡则的为官一任、造福一方；从岳飞、于谦的精忠报国、清白一生，到方孝孺、张苍水的刚正不阿、以身殉国；从沈括的博学多识、精研深究，到竺可桢的科学救国、求是一生；无论是陈亮、叶适的经世致用，还是黄宗羲的工商皆本；无论是王充、王阳明的批判、自觉，还是龚自珍、蔡元培的开明、开放，等等，都展示了浙江深厚的文化底蕴，凝聚了浙江人民求真务实的创造精神。

代代相传的文化创造的作为和精神，从观念、态度、行为方式和价值取向上，孕育、形成和发展了渊源有自的浙江地域文化传统和与时俱进的浙江文化精神，她滋育着浙江的生命力、催生着浙江的凝聚力、激发着浙江的创造力、培植着浙江的竞争力，激励着浙江人民永不自满、永不停息，在各个不同的历史时期不断地超越自我、创业奋进。

悠久深厚、意韵丰富的浙江文化传统，是历史赐予我们的宝贵财富，也是我们开拓未来的丰富资源和不竭动力。党的十六大以来推进浙江新发展的实践，使我们越来越深刻地认识到，与国家实施改革开放大政方针相伴随的浙江经济社会持续快速健康发展的深层原因，就在于浙江深厚的文化底蕴和文化传统与当今时代精神的有机结合，就在于发展先进生产力与发展先进文化的有机结合。今后一个时期浙江能否在全面建设小康社会、加快社会主义现代化建设进程中继续走在前列，很大程度上取决于我们对文化力量的深刻认识、对发展先进文化的高度自觉和对加快建设文化大省的工作力度。我们应该看到，文化的力量最终可以转化为物质的力量，文化的软实力最终可以转化为经济的硬实力。文化要素是综合竞争力的核心要素，文化资源是经济社会发展的重要资源，文化素质是领导者和劳动者的首要素质。因此，研究浙江文化的历史与现状，增强文化软实力，为浙江的现代化建设服务，是浙江人民的共同事业，也是浙江各级党委、政府的重要使命和责任。

2005年7月召开的中共浙江省委十一届八次全会，作出《关于加快建设文化大省的决定》，提出要从增强先进文化凝聚力、解放和发展生产力、增强社会公共服务能力入手，大力实施文明素质工程、文化精品工程、文化研究工程、文化保护工程、文化产业促进工程、文化阵地工程、文化传播工程、文化人才工程等"八项工程"，实施科教兴国和人才强国战略，加快建设教育、科技、卫生、体育等"四个强省"。作为文化建设"八项工程"之一的文化研究工程，其任务就是系统研究浙江文化的历史成就和当代发展，深入挖掘浙江文化底蕴、研究浙江现象、总结浙江经验、指导浙江未来的发展。

浙江文化研究工程将重点研究"今、古、人、文"四个方面，即围绕浙江当代发展问题研究、浙江历史文化专题研究、浙江名人研究、浙江历史文献整理四大板块，开展系统研究，出版系列丛书。在研究内容上，深入挖掘浙江文化底蕴，系统梳理和分析浙江历史文化的内部结构、变化规律和地域特色，坚持和发展浙江精神；研究浙江文化与其他地域文化的异同，厘清浙江文化在中国文化中的地位和相互影响的关系；围绕浙江生动的当代实践，深入解读浙江现象，总结浙江经验，指导浙江发展。在研究力量上，通过课题组织、出版资助、重点研究基地建设、加强省内外大院名校合作、整合各地各部门力量等途径，形成上下联动、学界互动的整体合力。在成果运用上，注重研究成果的学术价值和应用价值，充分发挥其认识世界、传承文明、创新理论、咨政育人、服务社会的重要作用。

我们希望通过实施浙江文化研究工程，努力用浙江历史教育浙江人民、用浙江文化熏陶浙江人民、用浙江精神鼓舞浙江人民、用浙江经验引领浙江人民，进一步激发浙江人民的无穷智慧和伟大创造能力，推动浙江实现又快又好发展。

今天，我们踏着来自历史的河流，受着一方百姓的期许，理应负起使命，至诚奉献，让我们的文化绵延不绝，让我们的创造生生不息。

2006年5月30日于杭州

# 目录

# 第一章　家世与童年

浙江杭州湾南岸的宁绍平原，自古以美丽富饶著称：稻田纵横，河湖交织，青山绿水，茂林修竹。平原的中部，有条江自南而北欢腾穿过，将平原切分为东西两片。这条江上游名剡溪，广聚天台山、四明山、会稽山山涧清流，逶迤北淌；下游古称舜江（今称曹娥江），出峡谷，过盆地，经平原汇入杭州湾。舜江两岸自然环境多姿多彩：群山郁郁葱葱，盆地起伏连绵，平原绿野无垠。相传，舜就诞生于这块充满灵秀的土地上。江流因舜而得名，连同县名都来自舜的掌故："舜避丹朱于此，故以名县。百官从之，故县北有百官桥。亦云，舜与诸侯会事讫，因相娱乐，故曰上虞。"[①]秦王政二十五年（前222）首次在这里设县时，定名"上虞"（今浙江省绍兴市上虞区），隶属会稽郡，县治所在就叫百官镇。

由百官镇沿舜江南行，便进入长达七八十里的中游河谷地带，东枕四明山支脉，西倚会稽山余峰，两岸青山环抱着三四十平方千米的一块沃土——章镇盆地。

东汉建武三年（27）的一天，章镇一户王姓的普通农民家里，一个男婴出生了。长子的出生，燃起了男主人王诵振兴家业、恢复往昔辉煌的热望，他为长子起了一个颇有些分量的名字——大名充，字仲任。"充"字主要有两义，一曰满、实，二曰充任、担当；从所配字"仲任"来看，是取了第二种含义。父

① 上虞县志编纂委员会编：《上虞县志》，浙江人民出版社1990年版，第49页。

母为孩子取名无非寄托着一份讨吉和祝愿的心意，至于日后能否实现，多半不去认真思量。然而，此子长成后，裁夺文章独步当世，作为一位大思想家名垂古今中外。

王家恢复往昔辉煌的情结是有家世和血缘依据的。王家并不是土生土长的越地人，《后汉书·王充王符仲长统列传·王充》[①] 载："其先自魏郡元城徙焉。"魏郡元城（今河北省邯郸市大名县东北），古属赵地，是一块盛行"任侠"之风的土地，"战国四公子"之一的平原君赵胜即活跃在这一带。西汉司马迁考察赵地，此间男人们逞勇好斗、敢恨敢爱、临危赴难、不惜死命的习性给他留下深刻印象：赵地"丈夫相聚游戏，悲歌慷慨，起则相随椎剽，休则掘冢作巧奸冶"[②]。"慷慨悲歌"就成了燕赵之风的代称。赵地侠风之盛，延至后世，历久不衰。唐代诗人高适慕名到邯郸游历，发现古风犹存，传言中的景象一一入目，不由得感慨万千，作《邯郸少年行》，其中一段为："邯郸城南游侠子，自矜生长邯郸里。千场纵博家仍富，几度报仇身不死。宅中歌笑日纷纷，门外车马常如云。未知肝胆向谁是，令人却忆平原君。"王家的祖辈就生活在这样一种尚武慕侠的风俗之中。

在战事频繁的年头，燕赵男子强悍好勇的习性使这里自然成为征召兵勇的肥沃土壤，尤其是拱卫北方边境的兵士中，燕赵之士多焉。西汉中期，约于汉武帝至汉宣帝年间，汉王朝与北方游牧民族爆发了大规模的战争。匈奴南下扰边，汉军防御反攻，多次深入漠北，经过长达百余年的战争，终使匈奴势力衰微。西汉甘露二年（前52），匈奴首领呼韩邪单于率众附汉，次年来朝，汉王朝的北方边境才暂时安定下来。其间，汉廷倾一国之人力物力应付边事，在燕赵地区大量征兵。王氏先祖怀着报效国家、建功立业的理想应召"从军"，成为汉王朝抗击匈奴军队中的一员。王氏服役期间勠力疆场，奋死争先，为上下左右刮目相看，未久即晋升为伍长之类的小官。根据汉兵制，军人家庭有着世袭

---

① 正文中未加作者的《后汉书》均指南朝宋范晔撰《后汉书》。此前，《后汉书》作者很多，除《东观汉记》外，有三国吴谢承《后汉书》、晋司马彪《续汉书》，华峤、谢沈、袁山松也各有《后汉书》之作。

② 〔西汉〕司马迁：《史记·货殖列传》。

的传统，先人从军后，或阵亡或告老退役，其后辈有义务顶其名额继续服役。缘此制度，王家数代接力，前仆后继，奋战于北部边陲。也许是王家性格遗传的关系，于军中服役的几代子弟，均表现出“一介勇夫”的素质特征，虽作战英勇，敢于舍命，却欠缺谋略及社交的能力，立功的档次有限，官也升不上去，大抵到带兵小头目的位子便止步不前了。

到王充的曾祖父王勇戍边的时候，战事平息下来。王勇因家族“几世尝从军有功”而受到赏赐，成为最终的受益者——“封会稽阳亭”。

汉代有“法以有功劳行田宅”的传统与制度。汉高祖刘邦于五年（前202）十二月，结束垓下之战取得楚汉战争的最终胜利后，旋即将国家从战争状态转入恢复生产的轨道，为“论功行赏”发布了著名的“高帝五年诏”，对功劳不等、职位不同的将士分别给予物质优待。据《汉书》载：诏曰：“……军吏卒会赦，其亡罪而亡爵及不满大夫者，皆赐爵为大夫。故大夫以上赐爵各一级，其七大夫以上，皆令食邑，非七大夫以下，皆复其身及户，勿事。”又曰：“七大夫、公乘以上，皆高爵也。诸侯子及从军归者，甚多高爵，吾数诏吏先与田宅，及所当求于吏者，亟与。”

汉初军功爵赏约分为十八个等级，从第一级的公士到第六级的官大夫赐予田宅一亩至六亩。第七级称公大夫，所谓“高帝五年诏”中“七大夫”以上等级者封赏不以田亩计，而称“食邑”[①]。“赐田宅”与“食邑”大致分属于两个阶层，前者归为平民或小地主，后者则上升为大地主以至于贵族身份，即诏令所称的“高爵”，可以算一个小侯了。

受此封赏制度影响，汉初出现了一个庞大的军功受益阶层。该阶层不但封田食邑，而且占据着从中央到地方各级政权的重要位置，左右了汉初社会走向五十年之久，直到景帝时方淡出历史舞台。然而，封赏军功作为一个传统、一项制度仍在延续，只是根据新形势进行了调整与简化，大体形成“功大者食县，功小者食乡亭”之规。毕竟打天下的时代已然远去，边境冲突算不上全局性的战事，军功受赏的范围远不能与汉初相比。与此同时，赏封军功的途径也有拓

① 李开元：《汉帝国的建立与刘邦集团》，三联书店2000年版，第49页。

宽，除了封邑封田外，赐予金钱成为更常见的方式。如此看来，王家的“几世军功”，虽未累积到“食县”的台阶，能够得到“食邑”的封赏，也应该说是不容易的，在军吏同侪中很值得骄傲一番。

封食“阳亭”属于食邑，在重身份的社会里，食邑算是进入社会中层以上，王家的命运从此改变。依汉制，亭为县之下的一级基层组织，大率十里一亭，遍布全国。“食乡亭”属于食邑的最低等级，相当于汉初“七大夫”的赏赐水平，所封田宅地亩在十几顷到几十顷之间。王勇为阳亭侯，可以支配、享用这块土地上的人员与物产。如果世道太平、管理得当，王家过上丰衣足食的富裕日子应该不成问题。为此，纵然要离开熟悉的北方和祖辈生活的故土，远赴被称为“蛮荒之地”的会稽，王勇还是携全家乐滋滋地南下了。他们没有料到，乔迁越地的境遇并不如想象的那样美好。尤令人不可思议的是，年把之间，王勇就失去了封爵与土地，沦为布衣。至于什么原因，史无记载，只有王充在《论衡·自纪》中留下的一句话：“一岁仓卒国绝，因家焉。”

看来汉代军功爵赏除入仕为官者外，多为一次性物质补偿，并未给予“铁杆庄稼”的待遇，爵位不是终身制，田宅亦非一成不变，所封食邑不得不卷入土地兼并的浪潮中起落沉浮，自生自灭。从客观环境上分析，王家之不幸在于到会稽之际，正赶上西汉晚期土地兼并日趋加剧。在各种矛盾的积累与冲突中，经不起风浪的小农纷纷破产，土地急速向豪强地主手中集聚，发展到后来，连中小地主也难以幸免。王勇虽有几十顷土地，但他是个没有背景与根基的“生番”，远不具备与当地豪强抗衡的实力，初来乍到便成为“地头蛇”垂涎三尺的一块“肥肉”。

王勇行伍出身，冲锋陷阵是一把好手，于土地的经营则完全是外行。租地收粮、征款纳税、上应付豪强悍吏、下对付刁民顽户等，这躲不开的俗事对习惯在战场上打打杀杀的王勇来说是极不擅长的，甚至令其不胜其烦。在这种情况下，碰到日益增长的土地兼并压力，他实在感到守业是个难以承受的负担，在内外交困之中，一怒之下就把田宅处理掉了。孟子曾云“君子之泽，五世而斩”，俗话说“富不过三代”，讲的都是富贵人家的子孙不能守住家业的规律性现象。王勇不但在第一代就败了家，而且在很短的时间里把家产丢了个精光。

王家转眼间从亭侯之家变为漂泊他乡的“细族孤门”。

王家的富贵顿成过眼云烟，对于子孙后代来说，这段辉煌却是他们成长中获取自信心与荣耀感的资本和源泉。王充自小怀“巨人之志”，多少也得益于家世“记忆”的惠助。

由军功阶层转为平民对王勇来说实在无奈，他为生计所迫也只能勉力“以农桑为业”。回首高头大马、驰骋疆场的往日风光，王勇十分压抑，心理极不平衡，情绪容易失控，其赵人的习性、武将的脾气更使他时不时就会雷霆大作，“勇任气，卒咸不揆于人”[①]。他仗义行侠、好打抱不平，与当地豪强结了宿怨。而遇上灾荒、家中上顿不接下顿时，他便不顾一切，“岁凶横道杀伤”，殃及远近无辜之人。如此一来，王勇在阳亭势必“怨仇众多”。王家的日子过得狼狈极了。其间，王勇聊以自慰的是夫人给他生了一个儿子。良田家产及不上子孙后代金贵，王家见香火可续，就把兴旺发达的希望寄托在日后。但身世如萍的阴影还是紧随着他，为儿子取名王汎，大概就是王勇这一段心境的自况了。

王勇至老也未能改变身陷底层的命运，于穷困潦倒中撒手归去。王勇死后不久，新莽之乱爆发，权贵争衡于上，百姓遭殃于下，民间秩序渐次失控，地方势力几乎成了生杀予夺的主宰。这种情况的出现，让王家彻底失去了安全感。汉代有报仇的风俗，所谓“汉时官不禁报怨”。“允许私自复仇……轻侮法，给复仇者打开了不死或被宽宥的道路。”[②]随便哪个仇家前来报复、寻衅，王家都处于被动挨打且得不到任何援助的危险境地中。于是，刚刚担起家庭责任的王汎决定收拾家当，远走他乡以避祸端。第一站“就安会稽”，即先到会稽城里小住一段时间。随后北上跨过浙江，“留钱唐县（今浙江省杭州市）”。此地距阳亭有百里之遥，在当时就算“远避”了。王家客居钱唐，自然没有土地，好在此地商业颇发达，王汎便以“贾贩为事”，做小买卖谋生。具体经营什么已无迹可查，只知道王汎在钱唐的最大成就还是生了儿子，长子曰“蒙”，次子曰“诵”。“蒙”“诵”连用于名，无外弃武就文之意，可见王汎已意识到王家世代

① 〔东汉〕王充：《论衡·自纪》，《诸子集成》卷七，中华书局1954年版。

② 曹文柱主编：《中国社会通史·秦汉魏晋南北朝卷》，山西教育出版社1996年版，第354页。

黩武而少文的缺憾，梦想改换门庭。

然而，王汎的期望等来的是失望。王蒙、王诵昆仲长大后勇蛮任气，比他们的爷爷有过之而无不及。“世祖任气，至蒙、诵滋甚。故蒙、诵在钱唐勇势凌人。”[①]王汎看在眼里急在心头却无能为力，只好默叹命该如此。一方面，王家尚勇任气习性的遗传实在强烈，王蒙、王诵二子承袭祖上遗风，禀性难移；另一方面，这也是王家的漂泊处境使然。处于弱势群体的人家，昭彰武勇不失为一种自我保护的手段，唯其如此，方不致被人随意欺侮。王汎于这样的无可奈何之中，走完了王家世系接力棒中的一程。失去父亲管束的王蒙、王诵兄弟在蛮逞匹夫之勇方面更加放肆，凶悍的名声远近皆知，结果与“豪家丁伯等结怨”，在钱唐又待不下去了。王家再次南下渡江，东进到上虞章镇一带落户，以务农为生。

王家在章镇结束了漂泊不定的生活，安顿下来。这里是天然的鱼米之乡，司马迁曾在《史记》中记述此间的自然状况与人居条件：“地广人希（稀），饭稻羹鱼，或火耕而水耨，果隋蠃蛤，不待贾而足，地势饶食，无饥馑之患，以故呰窳偷生，无积聚而多贫。”这里虽然生产力水平低下，但地多人少物产盛，还是很养人的。经过汉代一百多年的发展，越地的农耕程度比司马迁所见，又有了进步。正常年景，普通农户只要随意稼穑，可不为温饱发愁。更让王家受用的是，当地无豪强欺侮外乡人，再也不用日日生活在遭仇家打击的恐惧之中，王家品尝到安居乐业的滋味，很自然地对过去的岁月进行反思：王家凭武勇为国御敌、建勋邀赏的日子已成遥远的过去。身为平民，热衷于打打杀杀，终究不是立家之本，想过个太平日子亦不可得，耕读传家当为立家立业的正途。安于做一户自给自足的普通农家，自食其力，勤于劳作以求生活改善，渐成家庭成员的共识。王诵浮躁不安的心态得到沉淀与调适，那种徒逞快意、容易冲动惹事的武人脾气趋于淡化。此变化可从王充《论衡·自纪》中窥见蛛丝马迹。王充记王蒙、王诵在钱唐时“勇势凌人”“滋甚”，到上虞后却未再出现滋事成仇的记录，家庭也未再因避仇而迁徙。

---

① 〔东汉〕王充：《论衡·自纪》。

王诵成家了。结亲自古讲究门当户对，王家自王勇起即落魄潦倒，作为外乡来的游散平民，给后代娶亲不太可能攀附到为数甚少的北方军功人家，多半与当地民女结为夫妻，王汎如此，王蒙、王诵亦难例外。所以，王充的母亲十之八九是一位越乡女子。王家这一段的生活虽处于动荡漂泊之中，但比起当时中国的多数人来说，可谓不幸中的幸运。此间北方的大部分地区正遭受着新莽之乱的荼毒。失地流民所组成的绿林、赤眉军横行黄河两岸、大江南北，继而刘秀起兵逐鹿中原，战王莽、灭群雄，烽火硝烟绵延不绝十多年。战火过处，草木俱焚，小民耕无田亩，居无定所。相比之下，地处东南一隅的越地因远离政治中心，基本未受兵燹袭扰，正常的生产生活秩序得以维系。《后汉书·循吏列传》记载：西汉更始元年（23），任延拜会稽都尉，“时天下新定，道路未通，避乱江南者皆未还中土，会稽颇称多士。延到，皆聘请高行如董子仪、严子陵等，敬待以师友之礼”。可见，会稽于西汉末年，堪称乱世中的一方安土，成为北方士族及“失所”之人的避难处。根据班固《汉书》及范晔《后汉书》，东汉初年会稽郡的人口较之于西汉末年增加了15万余。王家在北方大乱之前南迁定居于会稽，对于家族的延续与发展来说，应该算是福祸相应，福多于祸了。就在新莽之乱结束后，刘秀建立东汉王朝（史称“光武中兴”）的第三年（27），王充出世了。

这个呱呱坠地的新生儿禀承了什么样的天资呢？王家源出燕赵，世代从武，孤鲠刚烈、逞勇好强、宁折不弯的习性当为遗传基因的底色。这一点，在王勇、王汎到王蒙、王诵一脉相承之“任气”的脾气中显而易见。在王充身上不难看到这些性格特质，只是王充将桀骜不驯、争强好胜等化为贞介鲠直，并用于另一个目标——学究天人。不具备这样的品质，王充便不可能成为大思想家。王充母亲是位越女，越人发迹、成长于南方水乡，有着自己相对独立的文化底蕴，总体上表现出崇尚自然、轻死易发、进取务实、精明肯干的气质与习性，它们通过母系遗传流淌于王充的血脉之中。需要特别指出的是，北方人王诵与越女的结合，不仅超越了血缘关系，更跨越了地域，构成不同种群之间的结合。古代素有北人与南人结合生出聪明后代的说法，这是符合现代优生学原理的。具体到王充身上，其长成后所表现的超人智慧，与先天遗传的优异不无关系。

一个人从出生到少年时代，是其性格气质、爱好专长形成的重要时期，“性格决定命运”，一个人所要走的道路及其所取得的成就，在少年时代即可见其大概。性格的塑造受制于先天遗传、家境家风、生活环境、风土人情、文化影响等多重要素，这些要素随着年龄的增长依次递进、逐步展开，对生命主体产生综合影响，同时生命主体又依据本能和价值取向筛选、消化、加工各种外部信息，渐渐强化主体意识，凸显出有别于他人的性格特征。

王充出生时，王家经过祖上几代的大起大落，刚刚度过漂泊岁月安定下来，家庭氛围摆脱了重武轻文的习惯，走向安详、和谐，相应地也就萌生了对文化教育的渴望。

家境家风的转变使王充在成长中受益良多。他自小就远离动荡漂泊、躁动不安、喧闹不息的环境，用自己的眼睛观察周围的一切，也有更多的时间体味自我、静心遐思，顺其自然地强化着自己的主体意识，这是日后理性思考的必备素质。家人“日出而作，日落而息”，简朴度日的艰苦生活也在王充幼小的心灵中留下深深的印痕。他自幼便敬奉父母以及始终对劳动者感情深厚，均来自幼时家境的影响。

有着不凡过去的王家时不时会兴奋地谈起祖上的军功与荣耀，幼小的王充听来固然似懂非懂，但家人们那份豪情万丈的快意、那种睥睨一切的自信强烈地感染着他，构成一种充盈的生命力，也在无形中引导他小小年纪在眼界上超越小农人家执着于坛坛罐罐的局限，把思维和想象力投放于更广阔的时空中。

王充对自己幼时家境的影响和熏陶有着良好的感受。他成名之后，当有些世代儒门子弟挖苦他“吾子何祖，其先不载？况未尝履墨涂，出儒门，吐论数千万言，宜为妖变，安得宝斯文而多贤”时，他回驳道，“鸟无世凤凰，兽无种麒麟，人无祖圣贤，物无常嘉珍”，并不无体会地谈道：“是则澧泉有故源，而嘉禾有旧根也。”[①]祥和的环境，成材的动力，王充自小浸润其中。

随着年龄的增长，王充的活动空间不断扩大，学龄之前已相当懂事。非常奇怪的是，王家世代好武轻文，没什么文化根基，到王充这代却发生突变。他

① 〔东汉〕王充：《论衡·自纪》。

沉思好学，天生一副读书种子相，习性与爱好与自家前辈迥然不同。左邻右舍的小伙伴们喜欢互相打闹，王充则“不好狎侮”。孩童们热衷的日常节目如上树掏鸟窝、捉鸣蝉，田间罗麻雀、寻野虫，或者“戏钱林熙”，王充不怎么参与。他喜欢独处，绝大部分时间都用于静心地观察大千世界、社会万象的种种景观：节气变化、花开花落、电闪雷鸣、日月圆缺，还有身边那涨了退、退了涨的江涛……无不引起他极大的兴趣。

王充不光好奇心强烈，求知欲旺盛，还善于观察，喜欢对所见所闻刨根问底。天要下雨了，许许多多的蚂蚁爬出洞口，排成一队队移向高处，“故天且雨，蝼蚁徙”①。大人说，这是蚂蚁在向人们预报即将下雨的消息。王充追问，蚂蚁是怎样知道天要下雨的呢？阴云密布，天空雷鸣电闪，一道道闪电自长空划向山坡的树丛，乃至村庄的房屋之上，常常会“折破树木，发坏室屋”②。人们都说，快看呀，“天取龙”③了。每逢此景，王充都兴奋异常，想跑去亲见一下显身的真龙，但回回失望而归。于是，龙的真实性便在他的心里打了一个问号。晚上，风清月白，小王充喜欢望星空，听故事。皓月高悬，雪白的圆盘上显出几道黑痕。大人又讲了，那是玉兔和蟾蜍，即“月中有兔蟾蜍”④！王充更加好奇：月儿变小的时候，兔和蟾蜍到哪去了呢？在后来治学的生涯中，他对这些自然界的现象尽可能地作了探讨，亦是对儿时好奇与疑惑的一种还愿吧。

王充孩提时喜欢独处、静思，深深地沉浸于自己的世界之中，对感兴趣的事物有着超乎寻常的深刻洞察，对其他则不理不睬，视若无物。王充在《论衡·自纪》中描述自己成年后的习惯，仍不乏此种影子，“口辩而不好谈对，非其人终日不言”，“众会乎坐，不问不言；赐见君将，不及不对”。有这种性格特征的人，存在着两种发展可能：一是无突出才华而又拙于交际，不合群，难免面临落寞而沉闷的人生；二是不善交际但于学问专心致志，能达到普通人难以企及的深度。王充有幸成为后者，所谓“幽处独居，考论实虚”。

---

① 〔东汉〕王充：《论衡·自纪》。
② 〔东汉〕王充：《论衡·变动》。
③ 〔东汉〕王充：《论衡·龙虚》。
④ 〔东汉〕王充：《论衡·说日》。

# 第二章　开蒙的世界

王充作为一个思想家，在中国古代史上，其学风之独异、思想之另样，几乎是前不见古人，后罕有来者。他观察事物的角度、思考问题的方式乃至判别是非的尺度都与主流文化颇有不同，在论述许多问题时，与主流文化存在一层对话的关系，时时可见不同文化碰撞的火花。这一切都反映出王充青少年时期深受本土文化——吴越文化的熏陶。

古人早已注意到周围环境在一个人成长中的重要性，《汉书》以风俗概括之："凡民函五常之性，而其刚柔缓急，音声不同，系水土之风气，故谓之风；好恶取舍，动静亡常，随君上之情欲，故谓之俗。"因自然条件之不同所形成的习惯称为"风"，由社会环境差异而养就的习尚叫作"俗"。"风""俗"合称，指一个人生活、成长的客观环境，所谓"一方水土养一方人"。王充在《论衡·率性》中对此亦有概述："齐舒缓，秦慢易，楚促急，燕戆投。"

王充小时候是一个对外部环境相当敏感、有着超常领悟力的孩子。随着年龄的增长，王充走出家门，接触更为广阔的世界，山水树木、花鸟鱼虫以及周围人们的劳作起居、风俗习惯、故事童谣等，都进入了他的视野，闯入了他的生活。

越乡地处东南，背山依海，河流纵横，湖泊成片，绿水青山之间有着多处平原、盆地，平均海拔不到10米。受东亚季风调控的气候湿润多雨，年降雨量为1500毫米左右。一年之中，四季分明，景色特征鲜明地变换，植物周而复始地枯荣。自然世界生生不息又遵循一定之规，该发生的到时候就发生，该消亡的想留也留不住。“雁鹄集于会稽，去避碣石之寒，来遭民田之毕，蹈履民田，啄食草粮。粮尽食索，春雨适作，避热北去，复之碣石。”[①]“春观万物之生，秋观其成。”[②]天道自然的种子不露声色地播在了儿时王充的思想之中。

越地在适合人类生息、发展的同时，也以其多水的特殊环境打造着本土人的文化品格。其地“山林幽冥，不知利害所在。西则迫江，东则薄海，水属苍天，下不知所止。交错相过，波涛浚流，沉而复起，因复相还。浩浩之水，潮汐既有时，动作若惊骇，声音若雷霆。波涛援而起，船失不能救，未知命之所维”[③]。越人从走向文明的第一天起，命运便沉浮于水利与水患之间。他们因水势的滔天之态和变化无常而对湖海山川始终怀以敬畏，又以积极的姿态避洪水、疏江河，造田耕作，化害为利。在“陆事寡而水事众”的条件下，创造着自成体系的“水乡文明”。春秋战国时期，成熟的吴越文化脱颖而出。是时，中原人视吴越之地为东南蛮夷所在，但不得不承认，这个“未化”之邦有着不少独到之处，尤其是一些物质文明的成果，还让中原人有望其项背之感。

稻米是王充家的主食，来自房前屋后的稻田。这一垅一垅的作物自河姆渡文化时期诞生后，历经五千余轮的春播与秋收，耕作技术已相当成熟。《越绝书・计倪内经》载：“丁货之户曰稻，令为上种。”此书中还多处提到“五谷”“八谷”和“十货”，反映种植业之发达，农作物不但品种繁多，在耕种方式上还采用了轮作等技术。小王充有时候会随大人去田间转悠，除了着迷于稻谷发芽、生长、结穗的演化过程，耕作所用的工具也吸引着他的注意力。越地的农具在当时的中国是最好的。

冶炼技术在北方由来已久，然春秋时，各诸侯国纷纷慕名前往吴越两国求购“吴戈越剑”以及各种农具。中原的冶炼功夫下在制作礼器、乐器上，将冶炼用于功利方面则让越人占先。郑玄注《考工记》曰：越地“人人皆能作是器。不须国工。粤（越）地……山出金锡，铸冶之业，田器尤多”。如“越王句践剑”，其冶炼水平令今人叹为观止。上虞境内，距章镇不远处有越地冶炼重镇锡

① 〔东汉〕王充：《论衡・偶会》。

② 〔东汉〕王充：《论衡・自然》。

③ 〔东汉〕袁康：《越绝书》卷四，四部丛刊，上海商务印书馆缩印本。

山、称山和铜牛山。铜牛山为越国铸冶之处，锡山为采锡之山，称山乃越王称炭铸剑场所，山名皆因冶炼而得。这些冶炼遗址近年曾出土大量的斧、剑等兵器和镰、耙等农具，说明当地农户的耕具大多出于此。王充幼时对冶工过程的观察在写作《论衡》时都派上了用场，《论衡·雷虚》记：“当冶工之消铁也，以土为形，燥则铁下，不则跃溢而射。射中人身，则皮肤灼剥。”《论衡·率性》记：“龙泉、太阿之辈，其本铤，山中之恒铁也。冶工锻炼，成为铦利……工良师巧，炼一数至也。试取东下直一金之剑，更熟锻炼，足其火，齐其铦，犹千金之剑也。”

站在章镇的高坡上，朝舜江下游河套盆地望去，但见青烟袅袅，瓷窑遍布，达三百多处，乃中国青瓷发源之地。早期的青瓷出现在周代，数量大且器类繁多，有碗、罐、钵、盅，等等，在越人生活中被广泛使用。青瓷中的精品则成为中原各诸侯国王室贵族的宝物。在越国青瓷基础上出现质的飞跃并达到“成熟瓷器”标准的，正是于汉代在上虞烧制成功的瓷器。瓷窑也是孩童们的游乐之所，目睹采土、和泥、制器、上釉，直至陶坯入窑，变成一件件精美瓷器的全过程，真让王充惊异于人工的精巧、造化的神奇。《论衡·物势》记：“陶冶者，初埏埴作器，必模范为形……燃炭生火，必调和炉灶。”《论衡·无形》更以“冶陶”的过程来说明人不能成仙：“五行之物，可变改者，唯土也。埏以为马，变以为人，是谓未入陶灶更火者也。如使成器，入灶更火，牢坚不可复变。今人以为天地所陶冶矣，形已成定，何可复更也？”

“越人水居，行用舟不用足”，他们的造船和驾舟水平在全国更是独领风骚。河姆渡文化中已见“刳木为舟”“剡木为楫”；在越王句践时，舟楫不仅广泛用于日常交通，更扩至装备水师的“楼船”，“句践伐吴，霸关东，从琅琊起观台，台周七里，以望东海。死士八千人，戈船三百艘”[①]。越人所造舟船能从海中北上齐鲁，其体大、坚固可想而知，航海技术之高超亦可见一斑。古舜江水势颇旺，可行通海长舟。扬着风帆的大船日复一日地乘潮而来又随流漂下，成为小王充百看不厌的一道风景。他注意到，“乘船江海之中，顺风而驱，近岸则行

---

① 〔东汉〕袁康：《越绝书》卷八。

疾，远岸则行迟，船行一实也，或疾或迟，远近之视使之然也”，这段写在《论衡·说日》里的话体现的是一种很科学的观察。越地大河小溪密如织网，人们出行必赖舟楫，《论衡·定贤》记载了他对行船的感悟：“浮于海者迷于东西，大也。行于沟，咸识舟楫之迹，小也。”大海中操舟，除了感受水流变幻对行船的作用外，还要有良好的定位感才不会迷失方向，这也是王充对指南针感兴趣的一个起因吧。

小王充还喜欢在巷里街头静静观察人们的起居行止、生活习惯，听大人说事情、讲故事，这使他体验了越人的种种习俗，体会了亚文化的种种况味。东汉时期，发端于中原文化的儒学备受推崇。儒家讲礼法、重衣冠，所谓“夫礼始于冠”，讲出许多道理来统一人们的思想观念和行为规范。然在王充周围，因溽热，人们“常在水中，故断其发”，有着裸身、轻衣着的习俗，《论衡·恢国》记：“夏禹倮人吴国，太伯采药，断发文身。”春秋时，“不冠”乃越之“国俗”。越国使臣诸发出使魏国，魏臣韩子戏诸发道：“大王有命，客冠则以礼见，不冠则否。”诸发反驳：“假令大国之使，时过敝邑，敝邑之君亦有命矣，曰：客必剪发文身，然后见之，于大国何如……愿无变国俗。”魏王闻之，“披衣出以见诸发”[①]。礼教特别在意“男女授受不亲”“重男轻女”，而王充觉察到“男女之大防”在乡亲看来并未那样严肃，“男女同川而浴”乃习以为常的事情，不觉得有什么羞耻。正出于对民俗的理解，他在《论衡·是应》中说古人有“男女异路”一说，但就算是“太平之时，岂更为男女各作道哉？不更作道，一路而行，安得异乎？”

越人的勇猛，在春秋战国时期是有名的。“越”从“戉”字演化而来，折射出越人自古对兵器、武力的崇拜，所谓“越王好勇，而民皆处危争死”[②]。《汉书·高帝纪》称：“粤（越）人之俗，好相攻击。”《汉书·地理志》又说：“吴、粤（越）之君皆好勇，故其民至今好用剑，轻死易发。”王充听老人讲：“句践亦试其士于寝宫之庭，赴火死者，不可胜数。”[③]这种习性反映在日常生活中就

---

① 〔西汉〕刘向：《说苑·奉使》，上海古籍出版社1990年版，第105页。

② 〔西汉〕刘安等著：《淮南子》卷九，四部丛刊，上海商务印书馆缩印本。

③ 〔东汉〕王充：《论衡·率性》。

是“促急”，做事快，说话声音响亮，他传神地写道：“楚越之人，促急捷疾；与人谈言，口唾射人。”[①]

好鬼信巫，是越人生活中不可或缺的内容。越人因祖先的图腾信仰有泛灵论传统，相信“万物皆有灵”，对自然界的山水草木、鸟兽鱼虫皆抱有神秘的敬意，这也是他们与自然交融的重要方式。“荆人畏鬼，而越人信禨。”[②]《史记·孝武本纪》载：“是时既灭南越，越人勇之乃言：‘越人俗信鬼，而其祠皆见鬼，数有效。’”至王充生活的东汉时期，信鬼之风愈烈，渗透到日常生活的方方面面，“阳地之民多为巫”[③]。

各种祭祀活动此伏彼起，十分热闹，大人、小孩无不卷入其中。当时越地最盛行的祭祀活动为“以牛祭神”：“会稽俗多淫祀，好卜筮。民常以牛祭神，百姓财产以之困匮，其自食牛肉而不以荐祠者，发病且死先为牛鸣，前后郡将莫敢禁。伦到官，移书属县，晓告百姓。其巫祝有依托鬼神诈怖愚民，皆案论之。有妄屠牛者，吏辄行罚。民初颇恐惧，或祝诅妄言，伦案之愈急，后遂断绝，百姓以安。”[④]小王充尚不明了“以牛祭神”的文化含义，他一次次地看到人们“击鼓攻社”时虔诚而迷狂的眼神，而当这一切徒劳无功时，人们又留下深深的无奈与沮丧。他心中的疑惑直到写《论衡·顺鼓》时，才化为谴责之声——“鼓用牲于社”，虽然“厌合人意”，“而何救止？”

因袭上述习俗的越人，对小王充产生潜移默化的影响。这种影响在幼童身上，不一定表现为具体的行为模仿，而是让他感受到那种凸显本性、少受人为规矩束缚的旺健生命力。

小王充对环境、习俗有所感知之后，进一步接触到亚文化中更高层面的东西，开始对精神领域的文化内容发生兴趣，儿童时期的“神话情结”帮助小孩子超越当下空间，使想象力得到充分展开。在越地，这种精神资源异常丰厚，而王充又是一个善于汲取知识、喜欢遐思神游的孩子，这使他有机会沉浸其中，

---

① 〔东汉〕王充：《论衡·言毒》。
② 〔秦〕吕不韦：《吕氏春秋·异宝》，四部丛刊，上海商务印书馆缩印本。
③ 〔东汉〕王充：《论衡·订鬼》。
④ 〔南朝宋〕范晔：《后汉书·第五钟离宋寒列传》，中华书局1965年版。

让好奇心和想象力得到极大满足。这些童谣并不完全真实，且多与吉凶福祸相穿凿，他做学者后，遂从理论上进行了剖析：“其吉凶自从口出，若童之谣矣。童谣口自言，巫辞意自出。”“故童谣、诗歌为妖言，言出文成，故世有文书之怪。”①

越地民间文化的主体内容大多为舜、禹、句践、范蠡、伍子胥等英雄的种种行迹。这些传说有的属于真实掌故，有的归于神话，更多的是在历史基础上的加工与发挥。无论如何，传播者当真，接受者信以为实。同为会稽人的鲁迅曾说：“‘日’之神话，《山海经》中有之。但吾乡（绍兴）皆谓太阳之生日为三月十九日，此非小说，非童话，实亦神话。因众信之也。”②当地人所相信的神话、传说，实际上是越人祖先创业足迹在后人头脑中的历史影像。

在幼年王充周围的山山水水承载着圣迹故址的传说，有“圣迹遍越地”之誉。章镇的老人常指着舜江下游不远处说，那儿就是舜出生的地方。舜王出身于农户，生母早亡，其父瞽叟昏聩，听后母偏言，不喜欢舜。舜自小备受其父、后母及继弟的欺侮。但他仍善待家人，以德报怨，博得孝名。舜的孝行感动了上天，耕田时，大象帮他犁地，飞鸟为他播种。后来舜继尧当了首领，但尧的儿子不服气，欲加害于舜。舜不与之争，返故里回避。上虞县的县名就是因为舜这次回乡而得的。说起大禹，人们的故事就更多了：涂山娶女、会诸侯于会稽、杀防风氏、葬会稽之阴等。讲到最后，总要遥望县城方向说，大禹也来过我们这儿，大禹峰（又称夏盖山）就是他指挥治水的地方，“禹治水驻夏盖山”嘛，所疏通的江河就是这舜江的上游——“剡溪”。“旧经云，禹疏了溪，人方宅土。”③“剡溪，古谓之了溪。《图志》谓，禹治水至此毕矣。”④

越人更对越王句践十分崇拜，其卧薪尝胆、置美人宫、送西施郑旦与吴王，“十年生聚，十年教训”等故事广为传颂。上虞与会稽交界处有座山叫积山，后更名为称山，山旁平原曰练塘，因越王句践在此称炭铸剑而得名。王充家前边

① 〔东汉〕王充：《论衡·订鬼》。

② 鲁迅著、朱正编：《鲁迅选集》，岳麓书社2020年版，第134页。

③ 〔宋〕施宿：《嘉泰会稽志》卷十。

④ 〔宋〕张淏：《宝庆会稽续志》卷四。

的舜江是他常去玩耍的地方。这条通海的感潮河里，河水随潮涨落，汹涌壮观，过章镇时依然迅猛，一直冲往上游剡溪。小朋友们经常互相提醒注意潮涨，因为它是“胥涛”，来势甚猛。“胥涛”就是一个叫伍子胥的吴国大将冤死之后，心存怨恨，化为“涛神”“潮神”，驾浙江（今钱塘江）水因流扬波，依潮往来。这些童谣、传说绘声绘色，有趣生动，王充听得心醉神迷，被那些英雄的精神深深感染，但亦会因“山阴、上虞在越界中，子胥入吴之江为涛，当自上吴界中，何为入越之地？怨恚吴王、发怒越江”而想不通。

越人好动，岁时节中，民间娱乐活动热烈而狂放，“大雩之祭，舞童暴巫”①。这是孩子们最开心的时刻，王充也不例外。越地的舞乐富于原始野性。“客有以吹籁见越王者，羽、角、宫、徵、商不谬，越王不善，为野音而反善之。”②“越俗，祭防风神，奏防风古乐，截竹长之三尺，吹之如嗥，三人披发而舞。”③这些舞起源于禹治水会诸侯的庆典，称为“禹步”，后来演化成传统的歌舞剧《大夏》，春秋战国间为越人喜闻乐见，《礼记·明堂位》记载了演出场面“皮弁素积，裼而舞《大夏》”，这个保留节目在民间代代传演传唱，给越人以形象化的史诗教育。节庆中，最让人们兴奋的莫过于赛龙舟了。据闻一多先生考证，龙舟竞渡活动实起源于越地。《荆楚岁时记》注引《越地传》云，竞渡“起于越王句践，不可详矣”。唐人韩鄂注《岁华纪丽》曰：“救屈原以为俗，因句践以成风。”闻一多先生以为“端午节本是吴越民族举行图腾祭的节日，而赛龙舟便是这祭仪中半宗教、半社会性的娱乐节目”④。无论楚地越地孰先孰后，春秋战国时，越人好竞舟则是无疑的。每逢赛事，人们倾城倾乡游观，火爆的场面震撼着所有人的心肺，那生命的活力和争强好胜的激昂之气使平素沉静的小王充也禁不住跃跃欲试。

---

①〔东汉〕王充：《论衡·订鬼》。

②〔秦〕吕不韦：《吕氏春秋·遇合》，四部丛刊，上海商务印书馆缩印本。

③〔南朝梁〕任昉：《述异记》，见〔宋〕李昉等编：《太平御览》卷九百四十一，中华书局2000年版。

④闻一多：《端节的历史教育》，《闻一多全集·神话与诗》，三联书店1982年版，第239页。

经过数千年创造、积累的吴越文化素以富于活力和风格鲜明著称，在当时华夏大文化圈中显得非常特殊，以致秦始皇统一全国东巡越地时，对此间“禹陵风雨思王会，越国山川出霸才”的“天子之气”[①]，即越人尚武好勇、英雄崇拜和雄视华夏的气质警觉不已，竖碑颂秦德，也不忘对越俗大加限制。为了进一步消除吴越文化的影响，他还下令强行迁徙、遣散部分越人，改地名“大越”为“山阴”。然而，各个亚区的文化是其环境和生产生活方式的产物，非强力所能禁绝。东汉初班固考察越地时，发现依然是“吴、粤（越）之君皆好勇，故其民至今好用剑，轻死易发”，越地习俗仍一代代顽强地被传承着，为本地人所强烈认同。东汉时期，由会稽人赵晔撰写的《吴越春秋》和袁康所著的《越绝书》这两部记录吴越历史与风俗的志书，便说明了这一点。魏晋之后，中原文化大举南下，越地本土文化进一步被稀释，遂难与中原文化构成对话关系，不过仍可从宋代永嘉学派、明清浙东学派看到余绪。其实，各种不同文化系统的碰撞与交流，正是文化发展、保持活力的重要因素，只是中国历史上过于迷信思想文化的大一统，以致扼杀了生机，也使王充这样的思想家成为个别。

幼时的王充就生活在这样一个文化“磁场”中，其思维方式、文化理念、气质品德、行为习惯等无一不经受熏陶，可谓在生命开始展开的“白纸”上涂以一层底色，接受了“天地人间”的禀赋。这些文化基因在王充一生的道路上都留下了深深的印迹，并且王充凭借着自己日益深厚的学养和强大的理性，不断地对其有所取舍和改进。他将那些好的特质终生坚定不移地保持着，少有“巨人之志”，视野开阔，想象丰富，喜爱独立思考，于学问锲而不舍、精进不已。风俗对幼年王充的影响以及他对风俗的注意，在《论衡》中有清晰的反映。

---

①〔清〕孙楷：《秦会要订补》卷六。

# 第三章　少孤乡里称孝

王充的少年时代是幸运的，这种幸运除了家境家风出现了有利于文化教育的转折外，更重要的是“生逢盛世”。王充生于建武三年（27），在他年龄日增、渐渐懂事的过程中，光武中兴的气象越来越明显地体现于社会的各个方面。刘秀于建武元年（25）正位后，即开始国家的重建工作。建武九年（33）天下初定，为政重心转移到恢复正常的社会秩序上。在政治方面，“退功臣而进文吏”，除苛政，设制度，使新生政权得以稳固；在经济政策方面，推行田亩三十税一制，轻徭薄赋，与民休息。社会从长期的动荡中喘息过来，生产复苏，百业发展，庶民过上了安定的日子，上上下下开始呈现祥和的气氛。

光武中兴的一个重要标志便是“起太学”“修文德”，大力恢复和重建教育系统，为新政权打造“尊敬先圣，垂意古典”的正统形象。这一举措与王充命运的关联相当密切。王充在年纪很小时便对识字、读书表现出兴趣与天赋，这让已然认识到读书对振兴家声重要性的王诵夫妇大喜过望，请来了先生，不久又送儿子进了正式学堂——书馆。王充在《论衡·自纪》中说自己是“六岁教书”“八岁出于书馆”。他聪慧过人，无论是记忆力还是理解力都让先生大为惊异。

汉代的教育系统分为官学和私学两大系列。官学主要包括设在京师的太学，以及教育皇亲贵戚子弟的宫廷学校。此外，按地方行政系统分设学、校、庠、序四级，由郡国、县邑举办的称学和校，乡和村举办的叫庠和序。然而，从整个汉代的实施情况看，这只是一种体制上的设计，除太学和宫廷学校属常设机构外，地方官学时兴时衰，极不正规，郡国设学的只有个别地区，乡村开办庠、序更远未普及。宫廷学校当然与平民无缘，太学又属于国家最高学府，具官员养成所性质，名额有限，唯达到高级人才水平者方可进入。这样，教育普及的任务主要就落到私学身上。私学按年龄段及培养目标的不同分为书馆（小学阶段）与经馆（专经阶段）。

书馆又称学馆、书舍，即遍布于城乡间的蒙学。镇上或大点的村落里，凡有一定规模的人群聚落处便设有书馆。王充家所在的章镇，应该有一所或几所像模像样的书馆，其中王充就学的书馆竟招有“小僮百人”之多。书馆通常由当地儒生开办。汉代未行科考，秀才、举人一类的书生尚未出世，但学在民间是有传统的，除了经师鸿儒开馆授徒外，一般儒生多以在民间传播文化为业。王充在《论衡・超奇》中曾把儒者分为几个档次，最基本的一档为“能说一经者为儒生”，指的就是书馆里的普通教书先生了。

正规的书馆将启蒙教学过程划分为两段，相当于“初小”与“高小”。第一阶段主要进行识字教育和书法教育，也传授一些算术常识；第二阶段开始接触儒学基础内容。王充初入书馆，摆在他面前的有三部识字课本——《仓颉篇》《凡将篇》和《急就篇》。这些都是汉代通行的启蒙识字课本，体例多以三字、四字、七字为句。

《仓颉篇》最初为秦李斯所作，西汉学者扬雄见其重复字较多便着手修订，作《训纂篇》除掉重复字以“顺读”之。东汉和帝时贾鲂又作《滂喜篇》。后人遂以《仓颉篇》为上卷，《训纂篇》为中卷，《滂喜篇》为下卷，合称《三苍》。全书早佚，已无法知其内容。王国维的《流沙附简》中，载有散存的《仓颉篇》四简，这是现在能看到的最早字书了。王充所接触的应该是李斯和扬雄的作品。《凡将篇》出自大文学家司马相如之手。他根据音韵的规律，首创三、七字为句亦叶韵易读的习字文本，汉时颇受欢迎。可惜此书亦失传，原貌难觅，只能从《急就篇》中窥其影子了。字书中《急就篇》流传最广，而且一直保存至今。所谓“急就”，有速成和急用备查的意思，必要时可作为简易字典使用。此书为汉元帝时黄门令史游所作，采用三、四、七字合韵而成一句的形式，将约两千个单字串起来，形成能够表达一定意思的韵文。写法是领述五句之后便依姓氏、衣着、农艺、饮食、器用、音乐、生理、兵器、飞禽、走兽、医药、人事等生活知识铺排应用字。《急就篇》从两汉一直盛行至唐宋，而后以韵语编写的蒙学课本无不仿效它把日常生活常用之字汇编在一起的办法。《急就篇》有如此强的生命力，得益于它字数适中，文字押韵，内容有一定广度，比较适合儿童的心理特点，好教、易记、适用。

书馆里的教学方式以群授为主，间以个别指点，特别要求“背诵”的效果。要想掌握字书课本的内容，一般孩童是要下点功夫的，但对在家中“六岁教书”又天分极高的王充来说，领会课本知识已是驾轻就熟。古人写文章讲究韵调、节奏和音乐感，文章大家无不显出此方面的功力，而这种感觉格外倚重“童子功”。识字本皆三言、四言、七言一句的押韵体，通过在课堂上的反复诵读对孩童进行韵律感的训练，孩童开笔写文章时就会自然而然地依循声韵，使文章有节律之美。王充在《论衡》中把论证与论辩的文字写得如此优雅而朗朗上口，文韵超然，当于书馆习练时得其三昧。

在书馆教育的第一阶段中，学生要将很多精力花在练习书法上。这与当时录用官吏的选举考试中重视书法很有关系。中国的文字向来繁复，经秦代“书同文”后，有了统一的标准、格式，但对初学儿童而言，字体的笔画还是十分复杂，难以掌握。从开始悬腕握管，练横竖撇捺、间架结构，到写出像样的字体和笔致，是一个极耗时间与心力的过程。王充所读书馆的先生对书法练习要求甚严，不合格者便给以打手掌、鞭屁股的惩罚。王充练书法，专心致志且颇有心得，入门很快，出道甚早，“书馆小僮百人之上，皆以过失袒谪，或以书丑得鞭，充书日进，又无过失”[①]，深得先生喜爱。王充传下一本奇书但未留下遗墨，后人无法欣赏他书法的风韵，殊为憾事。我们只能从王充日日笔耕不辍的愉快写作生涯中，想象他提笔运腕时的美好场景。

王充以出类拔萃的成绩，转入书馆教育的第二阶段。此段学业可视为专经前的准备；如不准备继续求学，则算是既粗通了文墨又明白了如何为人做事、怎样立身处世的道理，便可走上社会谋生计了。所以，在教学安排上，虽然还要继续进行读写训练，但培育学生的思想观念和伦理道德也成为一桩要务。主

① 〔东汉〕王充：《论衡·自纪》。

教材统一指定为《论语》和《孝经》，意在要求学生接受社会主流意识形态，也体现了儒家教育思想求学问与学做人一致性的理念。王充爱好研习儒家经典，从这里开了个头。

识字的课本更新为有“中国最早之汉语辞典”美称的《尔雅》。《尔雅》从语辞学的角度对汉字的构造、组词及名物术语进行解释，在扩大识字面的同时形成对汉语言文字的系统认识。如果说《仓颉篇》等功课着眼于掌握日常字，以应付日常生活之用，那么对有志于治学的人来说，《尔雅》的帮助不可或缺。学习它，不仅能对语言文字的理解与掌握达到一定深度，更重要的是，书中蕴含着治学方法，能帮助学生训练逻辑思维能力。学习《尔雅》对十岁左右的学生来说是很难的事，但王充自幼喜爱思考问题，捧《尔雅》“学而时习之”可谓投其所好，使他的思维方式得到学理化的严格训练。

就在王充沐浴在幸福之中如饥似渴地学习之际，父亲王诵不幸中年早逝。王诵死时王充几岁史无所载，《论衡·自纪》云“六岁教书……父未尝笞”，其六岁时父亲尚在是清楚的，再往下就要推测了。研究者对此说法不一，认为其父在王充“入书馆前已去世”者有之①，同意王充“十二三岁时成孤儿”②的也不少。钟肇鹏先生于《王充年谱》中，将此事列在“十一岁”条下，但同时说明“充六岁时父母尚在，则父殁当在此数年间，故记于此”，并未做确切的结论。无论哪种见解均缺乏确实的材料。只是读史料的两点感觉让笔者认为，王充失怙时应已度过幼年而进入少年，即在他就读书馆期间。

一方面，王充的父母对其“六岁”以后到书馆之间的童子学业有直接的过问，以致父亲对儿子表现出的“巨人之志”甚感快慰。王充学业日进，同窗羡慕，先生夸奖，王诵夫妇看在眼里，乐在心头，对儿子愈加关心、爱护。王充成长于安宁、温馨的环境中，对父母恭敬亲爱，对长辈们礼貌有加，如《论衡·自纪》所云：“恭愿仁顺，礼敬具备，矜庄寂寥，有巨人之志。父未尝笞，母未尝非，闾里未尝让。”王充在远近有了点名气，街坊邻居都知道，王家出了

---

① 参见李维武：《王充与中国文化》，贵州人民出版社2000年版，第3页。

② 参见李永鑫主编：《绍兴名士》，大众艺术出版社1998年版，第45页。

一个聪明懂事的少年。王家上上下下开始品尝到受人尊重的美好滋味。这样的家庭氛围非常有利于王充身心的健康发展，不失为他非凡人生的良好开端。他的一生奋斗不已，无论顺逆，始终对社会抱有责任感，执着于治学的人间正道，与童年的生活感受大有关系。从《论衡·自纪》记述的口吻看，王充对王诵有着深刻而具体的印象，如果年龄偏小，则达不到这样的程度。

另一方面，《后汉书》本传所记“充少孤，乡里称孝”，少年儒生一般指十四岁以上的学子。王充丧父后，对母亲加倍关爱，承担了家庭中男丁的责任，获得了邻里左右的称赞。按汉代习惯，树立孝名乃乡里相当正式的一桩大事，称孝者须有能“事亲”的事迹。侍奉父母，既养且敬，与儿童期间的尊亲行为“乖”有本质的不同，所以，儿童基本上不可能得到正式的“孝”名，故认为王诵在王充十岁以后离世是比较合宜的。

王诵突然撒手人寰，王家顿失顶梁柱，留下孤儿寡母面对艰难时世。遭此巨变，一般家庭往往会大丧元气，沉沦下去，然而王充母子未向命运低头，显出他们处变不惊、庄重自强的性格来。王充的母亲不仅有主意，更具应对事变的能力，她独力撑起家庭的重担，自己再难再辛苦，也要支持儿子继续求学。王诵在世时，王充在母亲身上感受到的是无微不至的体贴和“未尝非”的母爱柔情，此际，他领受更多的则是母亲直面困难的勇气，以及认准目标后的坚忍不拔。这种伟大母性的品格春风化雨般浸润着王充，让他从少年失怙的忧伤中重新站起来，不仅不稍懈于学业，反而“知困而倍勇”，以更强劲的锐气迎接人生挑战。

无论如何，少年丧父或遭遇其他重大家变，对一个人的一生都可能产生相当大的影响，尤其是在性格方面。同为越人的鲁迅是一个例子。人们都说其祖父周福清犯科考案入狱，致周家衰败，其父周伯宜的病亡更将少年鲁迅从深宅高墙抛入闾里巷间，艰苦的人生遭际使鲁迅饱经世态炎凉，却铸就了伟大文学家的底蕴。当然这中间最关键的因素是鲁迅本人以积极的姿态从家变这一不幸中转化出发奋图强的动力。在此点上，王充与鲁迅是完全一致的。此外，家变对少年性格的影响更值得关注。失去家庭主心骨的保护，他们沦为社会中的弱势群体，容易受到周围的冷眼与欺侮。正在成长中的少年对此相当敏感，以致心灵受伤，生活感觉压抑，进而隐隐产生一种生存的焦虑。鲁迅留下许多这方面的文字，堪称刻骨铭心。鲁迅的性格也因而变得相当敏感，同时也格外坚忍、冷峻乃至孤傲。王充家变后的情形及其本人的感受虽没留下什么记述，但按理推论，类似于鲁迅的遭际在所难免。更可类比的是，王充成年后的表现与鲁迅有惊人的相似，连做派都如出一辙，“躲进小楼成一统，管他冬夏与春秋”，独扛俗论、力排众议、深思明辨、自成一言，一生敏感、坚忍、冷峻、孤傲。性格养成虽然缘由多多，但少年家变的特殊经历对于形成这样的性格，有推波助澜的作用。

王诵早逝后，王充对母亲更加“恭愿仁顺”，学习之余尽可能多地分担家务，从来不干惹母亲烦心的事情。母亲心里有什么愿望，王充总能领会，以自己的最大努力让它变为现实。中年丧夫的王母，心头的阴影逐渐散开，笑容又回到她的脸上，邻里们看在眼中，都说王母有个难得的好儿子，王充由此“乡里称孝”。

王充少有孝行的事情为正史明载，又有《论衡·自纪》辅证，本来清清楚楚。然而，王充是一个在后世大起争议的人物，又于《论衡·自纪》中据实写了一段祖上任气、凌人、怨仇众多的经历，还在反驳一些势利文人非难、嘲讽他出身寒微时，说了“鲧恶禹圣，叟顽舜神……孔墨祖愚”之类的话，这就招致道学家们对王充的孝行产生疑义，引出千年打不完的“官司”。唐史学家刘知幾率先发难：“王充《论衡》之《自纪》也，述其父祖不肖，为州闾所鄙。而已答以‘瞽顽舜神，鲧恶禹圣’。夫自叙而言家世，固当以扬名显亲为主。苟无其人，阙之可也。至若盛矜于己，而厚辱其先。此何异证父攘羊，学子名母？必责以名教，实三千之罪人也！”[①]步其后，历代皆有文士发表类似看法。到清代，竟有人认为范晔《后汉书》中“乡里称孝”的记载不实，[②]现代中国台湾学者徐复观据此进一步予以论证。他举出《论衡·物势》中的一段话，“夫天地合气，

① 〔唐〕刘知幾：《史通·序传》，上海古籍出版社1978年版，第257页。

② 〔清〕杭世骏在《道古堂文集·论王充》中，在指责王充“不孝莫大”后，还认为蔡邕、袁山松、葛洪等人对王充的称赞是“阿私所好”，范晔乃出于附和，“特书之以孝”。

人偶自生也。犹夫妇合气，子则自生也”，认为王充对父母生子完全作一种纯自然的判断，不会产生孝的观念。王充既然“自己没有孝的观念，如何会有‘乡里称孝’的事情”[①]？

对于这些质疑，张舜徽先生从剖析汉代学风入手给予解答：“汉世述作之林，治经者必问师承，立论者必稽其家学，而尤致详于门望世系。筚门寒族之士，虽文行卓异，终不为时所重，欲传其书甚难。故王充《论衡》既成，或嘲之曰：‘宗祖无淑懿之基，文墨无篇籍之遗，虽著鸿丽之论，无所禀阶，终不为高。’（见《论衡·自纪》）充欲破时俗之陋见，乃因近取譬以自解。所谓‘鸟无世凤凰，兽无种麒麟，人无祖圣贤，物无常嘉珍’，皆所以自喻其意。末又称引史事，明士贵崛起之旨。其用意固在力矫世人论士之偏，欲使其书得行于当时，而传之后世耳。其不得已之苦心，详绎通篇前后文意自见。何可责其矜己辱先，目为名教罪人乎？”[②]细细体味王充《论衡·自纪》中的那些话语，张先生之言可谓切中肯綮。

在笔者看来，后人的种种非议其实与王充是否具有“孝名”这一事实没有多少关系，只是中国社会自汉以后体制化儒家纲常伦理不断强化的一个缩影。王充的行为不过是儒家“君子”找到的一个话题而已。如果非议者对越文化的特性有更多了解的话，疑问并不难解开。

东汉初年，上距董仲舒力推“父阳子阴”纲常教化的时间未远，中间还夹着一个西汉末年之乱，“教化”效力尚浅。在王充生长的越文化环境中，“孝”虽然已是伦理规范，但尚未被强化、扭曲到宋明理学后的那种程度。越文化的价值取向比较注重实利，亦不若中原礼教文化，视伦理高于一切，讲究“父母在，不远游”“父母之命不可稍违”，隆葬礼、服重孝，“为亲者讳”等绝对化、形式化的内容。越人也讲孝，中国的第一位大孝子舜便是王充连土连根的老乡，其孝主要表现为对亲人的善言善行，没多少形式化的名堂，重点也不在死者身上大做文章，这都是越人的务实思维使然。王充在《论衡·薄葬》中也表达过

---

① 徐复观：《两汉思想史》卷二，华东师范大学出版社2001年版，第346页。

② 张舜徽：《史学三书平议》，中华书局1983年版，第94页。

这样的意思：“事生厚，化自生，虽事死泊，何损于化？”

所以说，王充是否“乡里称孝”，用后来道德家的眼光去审视、衡量是不合适的，而要以当时当地的尺度来判断。诞生了舜的越地有善待长辈的传统，对于王充这样一个少年老成又崇敬先哲的人来说，是比较容易接受并实践传统道德的。从记载看，王诵早年的性格相当暴躁，但在王充成长期间“未尝笞”，这反映出成年后王诵性格的调整，但更主要的是说明了王充的懂事和善解父母之意，举止言谈间“恭愿仁顺，礼敬具备”，尤其在“少孤”之后，关爱母亲，勇担责任，帮助家中渡过了危机。这在越地就容易得到“孝”名了，并非要达到中原礼教文化区那种处处讲规矩、重仪式的地步。

越地又是有着“归实诚”思维习惯的地方，这种思维习惯自当会渗透到伦理观念中，王充写《论衡·自纪》据实述说祖上行为，乃是他“归实诚”的一贯学风，并未感到辱没祖先。相反，他觉得“为亲者讳”、说假话才是不道德的。这就是王充的观念和标准。他这样做的时候，头脑里没有“不孝”的顾虑，时人以及范晔均无非议，亦没影响王充获得“乡里称孝”的名声和评价，只是到了唐之后方被人“从鸡蛋里挑出骨头来”。如此看来，后人用时过境迁的眼光评判前人、臆断事实，难免捉襟见肘，不能自圆其说。对这件事的大做文章倒是从侧面给人一种启示：历史上许多问题的争论皆由张冠李戴而发，争得不亦乐乎，原来却是个“伪问题”。

# 第四章　从书馆到经馆

完成书馆学业后，童生面临人生的一次重要抉择：读书求仕还是流为布衣。大部分人由于种种原因，如家里供不起学费、本人无读书天分、下不了苦功等而归于后者，只有少数升入私学的专经阶段——经馆深造。王充义无反顾地选择了读书之路。“手书既成，辞师受《论语》《尚书》，日讽千字，经明德就，谢师而专门。”①

对于这段自述，有不少学者解释为书馆学业的第三阶段，抑或是在太学的学习记录。②笔者觉得，此段问学自述与书馆和太学的授业形态均难以契合。书馆系开蒙教育，通常分为两个阶段，任务是识字练书，学经到《论语》《孝经》为止。王充讲“手书既成，辞师受《论语》《尚书》”，离开书馆另拜高师的意思是明确的。之后又有一次“辞师”的记录“谢师而专门”，这个“谢师”应是谢“经馆”之师了。另外可作佐证的是太学里的学习方式：博士传道解惑，弟子们自修研讨，背诵的功课虽有，分量已经很轻了。《后汉书》记他在太学学习时“好博览而不守章句”“遂博通众流百家之言”。以王充的性格和学习习惯，不大可能在太学里把功夫投在背诵经典上。即便因学业要求偶尔为之，他也不会在《论衡・自纪》中将这种有违自己学风的表现当作成绩述说一通。他“日讽千字”的表现，只能是“博通众流”之前，把功夫下到儒家“通经”功课时

---

①〔东汉〕王充：《论衡・自纪》。

② 周桂钿认为，王充在太学深造，拜班彪为师，读《论语》《尚书》等儒家典籍，每天可背诵一千多字。详见钟肇鹏、周桂钿：《桓谭 王充评传》，南京大学出版社1993年版，第113页。

之所为，即他在经馆中的求学状态。此外，《论语》和《尚书》作为主要教学内容，正与经馆专习一经或数经的特征相吻合。所以说，王充去洛阳太学前，在家乡有着一段经馆的学涯。

经馆又称精舍或精庐，是一些学者聚徒讲学的场所，出现于西汉初年，汉武帝时形成规模。汉代读书必须求师，“汉人无无师之学，训诂句读皆由口授”[①]。经馆与如今的大学、中学一样，有名牌和普通之分。汉代一些经师大儒得不到入仕机会时，便开经馆私人讲学收授。这种经馆名气大、学生众，多的有数百上千人，其中佼佼者还形成“师门”“学派”，堪与太学相媲美。普通经馆设于乡间或县城，由儒生中的高手开设，也搞一些研究，主要还是传授官方教育思想，为求学上进的青少年提供师教。经馆收徒分为“著录弟子”与“及门受教”两种。“著录弟子”只需在鸿儒名师下著其名，不必亲自来受业，由此，“著录弟子”有上万之众者，这显然属于名儒经馆的特权。“及门弟子”直接从师受教，规模通常数百人。老师亲教一部分，更多的学生由高业弟子转相传授，以此保证“个别教授”的落实。汉代著名经馆集中于北方官学发达之地，王充家乡上虞有的只能是普通经馆。王充就读的经馆虽算不上名牌，但该馆能给太学推荐生员，也还是颇具实力的。不过，这样的学馆不大会具备招收“著录弟子”的资望，王充当以“及门弟子”入馆。

经馆中的学习叫作专经学习，通过讲学与研讨，训练儒家经典的基本功。汉武帝以后形成的经学教育体系沿着小学与大学两种套路进行，当然也不排除交融互补。解经一支讲究“字字有来历”，一字一字地抠细节，至有“一经之说，至百余万言”；另一支则倡导微言大义，陈意高远，弘扬儒家理想与精神。

王充初入经馆，即进入大学与小学的基础学习程序，这两门课均首先要求整段整章地背诵原文。背书时，不仅仅注重文章的内容、意境，措辞用语亦不可稍违章法。对多数求学少年而言，“背诵”这门课是件苦不堪言的负担，往往意思尚未完全明白，就要硬生生地背下文章来，这实在是单调、机械、枯燥……所以许多人学了数年仍找不到感觉，不得不半途而废。对有天分又肯下

---

① 〔清〕皮锡瑞：《经学历史》，中华书局1959年版，第131页。

功夫的学生来说，背诵不无裨益。少时背熟的东西多能终生不忘，信手拈来。王充天生是块读书的料，“受《论语》《尚书》，日讽千字”，此等非凡的接受能力不仅让同窗们望尘莫及，先生更为赞叹。王充的《论衡》中，儒家经典招之即来、呼之即出，与“童子功”有很大关系。

背诵对于作文的好处常常为人们忽视，而这恰是文章高手的优势所在。经典作品使著作之人的文气和语感油然而生，“熟读唐诗三百首，不会作诗也会吟”，此之谓也。写作水平无形中也就有了一个标尺：“学乎上，得乎中”，太差的东西总拿不出手。背功之于写作的关系，林语堂先生有段精彩的见解：“背书时不仅仅注重文章的内容、知识，连文字措辞也不可忽略，因为作文章用的字汇就是从此学来的。用著名的词语与典故而不明言其来源出处，饱学之士读来，便有高雅不凡之乐。这是一种癖好相投者的共用语言。读者对作者之能写此等文章，心怀敬佩，自己读之而能了解，亦因此沾沾自喜。作者与读者所获得的快乐，是由观念的暗示与观念的联想而来，此种暗示比明白真说更为有力动人，因为一语道破，暗示的魅力便渺不可得矣。”[①]能读懂《论衡》者，谁会体味不到这样的“快乐”呢？

“日讽千字”还不算王充学习素质中最突出的部分，他远不满足于背诵和泛泛解读，还要调动自己所有的知识积累，从新的视角、更深的层面加以分析、领会。王充终生对孔子非常崇敬，评价甚高，但并不顶礼膜拜书本上的一字一句，绝非汉儒那般强解经书，唯“言”是从，该指谬时就指谬。《问孔》《刺孟》等著名篇章即为他独立思考后对儒家经典的剖析。如此者，方能于经馆结业时做到“援笔而众奇”[②]。

以往文章谈论少年王充的求学经历，常局限于他在书馆、经馆的授读内容，这些当然是他学习的主体。然而从王充成为一个见解独异之思想家的结果看，他求知的视野和范围远不限于课堂教学。王充自幼喜欢观察世界，从现实生活、历史积淀中多方汲取知识，深受本土风习濡染，更对越文化情有独钟。随着年

① 林语堂：《苏东坡传》，群言出版社2013年版，第25—26页。

② 〔东汉〕王充：《论衡·自纪》。

龄的增长、活动范围的扩大，以及理解力的提高，王充对本土文化的体验和感悟逐步超越看热闹、单向吸收的框限，伴随以考察、反思，去粗取精。汉代是天人感应说大行其道之时，民俗中的迷信成分愈加浓厚，各种祭祀名目繁多，禁忌更是无处不在，成为民间亚文化的基本内容。可以说，不了解民俗，也就不了解人们的文化生活和精神世界。王充对此下了一番功夫，《论衡》中大量“讥俗”的材料，当得自他从小的积累。

古人务农，靠天吃饭，甚忌“久旸为旱”，春秋时便形成求雨之祭，曰雩礼。汉代经董仲舒发展为“设土龙以招雨，其意以云龙相致……以类求之”①，流行于各地。王充在观察中发现，人们虔诚的求雨举动在大多数情况下并不灵验，大地依旧烧烤于毒辣的阳光之下。鬼俗风靡越地，传言活灵活现，讲究繁琐复杂。生病之人常常自言见鬼，“病者见鬼云甲来，甲时不死，气象甲形”，“枯骨在野，时呜呼有声，若夜闻哭声，谓之死人之音”②，这让人们尤其是小孩见了枯骨恐惧万分，夜晚不敢走近。因为相信“死人有知”，便大行“鬼享之祀”，“其祭祀如人之食。缘有饮食，则宜有衣服，故复以缯制衣，以象生仪”③。王充注意到，祭祀的食品、衣物，鬼神并未真正“歆享”，祭祀者不过是完成了自己“犹相宾客，宾客悦喜，报主人恩矣”④的意愿。

民俗中方方面面的禁忌讲究，让少年王充目不暇接：“世俗既信岁时，而又信日。举事若病死灾患，大则谓之犯触岁月，小则谓之不避日禁。”⑤他记录的“禳除”“避讳”诸法，大的方面有“四讳”：“一曰讳西益宅。西益宅谓之不祥，不祥必有死亡。”“二曰讳被刑为徒，不上丘墓。”“三曰讳妇人乳子，以为不吉。”“四曰讳举正月、五月子。以为正月、五月子杀父与母。”⑥与禁忌并存的还有解除之法：“谓解除必去凶。解除初礼，先设祭祀。比夫祭祀，若生人相宾

① 〔东汉〕王充：《论衡·乱龙》。
② 〔东汉〕王充：《论衡·论死》。
③ 〔东汉〕王充：《论衡·祀义》。
④ 〔东汉〕王充：《论衡·祀义》。
⑤ 〔东汉〕王充：《论衡·讥日》。
⑥ 〔东汉〕王充：《论衡·四讳》。

客矣。先为宾客设膳，食已，驱以刃杖。”[①]“世间缮治宅舍，凿地掘土，功成作毕，解谢土神，名曰：‘解土。’为土偶人，以像鬼形，令巫祝延，以解土神。已祭之后，心快意喜，谓鬼神解谢，殃祸除去。”[②]

对这些讲究，人们皆以求吉避祸的心理虔诚奉行，小王充对之虽不能完全搞懂，却也得到了某种启发，生活中所发生的例外现象有时也会适会、偶合。有些小讲究在王充看来，倒是更容易理解：“世讳作豆酱恶闻雷，一人不食，欲使人急作，不欲积家逾至春也。讳厉刀井上，恐刀堕井中也；或说以为刑之字，井与刀也，厉刀井上，井刀相见，恐被刑也。毋承屋檐而坐，恐瓦堕击人首也。毋反悬冠，为似死人服。”[③]如此等等，皆为生活经验与教训的结晶。这些观察无不让王充感到民俗内涵的丰富与复杂，为他日后思索社会教化问题埋下了伏笔。

与生活中的民俗相比，民间文化所传达的内容更让王充神往，可视之为王充成长中须臾不可离开的精神养分。历史上“越风”颇盛，诗歌于民间相当流行，其内容也多取材于大禹等越人心目中的英雄的事迹。“禹行水，窃见涂山之女，禹未之遇而巡省南土。涂山氏之女乃令其妾候禹于涂山之阳。女乃作歌，歌曰：‘候人兮猗！’实始作为南音。”[④]《吴越春秋》记录了根据禹婚娶之事形成的“涂山之歌”：“绥绥白狐，九尾庞庞。我家嘉夷，来宾为王。成家成室，我造彼昌。天人之际，于兹则行。”把禹在涂山所娶的女娇美化为“九尾白狐”，同时赞美了禹忙于治水、婚后四天即远赴治水前沿的“私不废公”精神。

《吴越春秋》中记载的《怨歌》产生于句践兵败北上入吴称臣之际，通过越王夫人之口传达了国破家亡、故土难舍之情：“妻衣褐兮为婢，夫去冕兮为奴……去我国兮心摇，情愤惋兮谁识?”《吴越春秋》还收录了为村女广为传唱的《采葛》一歌：“葛不连蔓棻台台（贻），我君心苦命更之，尝胆不苦甘如饴。令我采葛以作丝。女工织以不敢迟……群臣拜舞天颜舒，我王何忧能不移。”此

---

① 〔东汉〕王充：《论衡·解除》。

② 〔东汉〕王充：《论衡·解除》。

③ 〔东汉〕王充：《论衡·四讳》。

④ 〔秦〕吕不韦：《吕氏春秋·音初》，四部丛刊，上海商务印书馆缩印本。

歌出现于句践被吴王释放回国之后，为取悦吴王“好服之离（丽）体”，“乃使国中男女入山采葛，以作黄丝之布”而献之。故此诗又称《苦》诗，所谓“采葛之妇，伤越王用心之苦，乃作《苦》之诗”，表达了君民同心的忧患之情，深一层的意思则是忍辱负重，为重新崛起不惜卧薪尝胆。

经过“十年生聚，十年教训”，越国东山再起、出兵伐吴复仇之际，又诞生了“离别相去之词”，其中有段为：“三军一飞降兮，所向皆殂。一士判死兮，而当百夫。道佑有德兮，吴卒自屠。雪我王宿耻兮，威振八都。”[①]这首颂扬军威、王道的诗曲，通篇张扬着壮怀激烈、无所畏惧的豪情。越风中厚重的越文化含量、生动的艺术形式、内含的积极精神，在朗朗上口的音律中将越族的历史精华浓缩，为一代代越人所喜闻乐见，历久弥新，当然也就成为最能拨动青少年心弦的传统节目，诚如清代文学家蒋士铨为《越风》作序时所说：“风以动之，教以化之，用之乡人也。”在经馆的求学生涯中，王充日渐理解了比风俗人情层次更高的思想学术成果。先秦期间直至汉初，道家思想相当活跃，从上到下广为流行，越地更为甚。《论语·卫灵公》曰“无为而治者，其舜也与”。舜乃上虞人，深受越人推崇。汉武帝“罢黜百家”，道家下移民间，犹如地下暗河，依然在越地生生不息，至东汉初年，上虞孕育出一位道学大家魏伯阳，将“大易”“黄老”“炉火”三家理论参照会同而契合为一，写就了世界上最早的炼丹术著作《周易参同契》，英国科学史学家李约瑟誉之为全球“第一部以它为主题的著作”[②]。《四库全书总目》称此书为“丹经之祖”。魏伯阳的隐居炼丹处凤鸣山距王充家所在的章镇不过一二十里路程。凤鸣山地势奇峭，古木参天，山间一条溪谷，攀之峰回路转，随见幽洞奇石，弥漫着远离俗尘的超逸气氛，为道家洞天的理想处所。魏伯阳在上虞的出现有其偶然性，但起码说明此地道术之学源远流长。王充以他深邃的目光注视着这些，所得收益均体现在《论衡》浓重的道家底蕴中。

---

① 〔东汉〕赵晔：《吴越春秋》卷五。

② ［英］李约瑟：《中华科学文明史》，上海人民出版社2001年版，第43页。

当然，王充汲取思想养分的主要源泉还是具有鲜明越地色彩的学术成果，以范蠡为首之“越国三大夫”的思想生动地延续着。此三人身世极富传奇色彩，影响长盛不衰，在辅佐越王句践成就霸业的过程中，一边建功立业，一边治学论道，事功与学问相得益彰、比翼齐飞。越人尊崇“越国三大夫”，除了有视之为越地英雄的情感因素外，更在于他们的理论主张集中反映了吴越文化的思想精髓和价值取向，符合越人的气质习性。集中记述“越国三大夫”思想与作为的《越绝书》和《吴越春秋》，由东汉时期的会稽学者收集整理而成，越地文化界始终如一地维护着具有自身传统的学风、本土学术特色的阵地，思想文化领域未被体制化儒家吞噬。这种文化氛围为王充博览群书、吸纳吴越文化的思想精华提供了得天独厚的环境。

范蠡字少伯，越之上将军。范蠡虽以政治家成名，但他深刻地思考、探讨了世界本源问题，在先秦哲学思想界独树一帜。他认为“道生气，气生阴，阴生阳，阳生天地，天地立，然后有寒暑、燥湿、日月、星辰、四时，而万物备”[①]。他进一步描述宇宙图景：“天道皇皇，日月以为常。明者以为法，微者则是行。阳至而阴，阴至而阳。日困而还，月盈而匡。”[②]范蠡对天道遵循自身内在规律而往返、盈缩的认识，反映出他以自然天道观取代了盛行于周代的神道天道观。由此而来的施政指导思想为：“因阴阳之恒，顺天地之常，柔而不屈，强而不刚，德虐之行，因以为常……天因人，圣人因天，人自生之，天地形之，圣人因而成之。”“时不至，不可强生；事不究，不可强成。自若以处，以度天下。待其来者而正之，因时之所宜而定之。”[③]在尊奉自然规律、因势利导的思想基础上，范蠡制定了兼顾“持盈”“定倾”“节事”三者关系的治国方略，于促进越国强盛中大获成功。

文种也是楚人，系范蠡挚友，其思想谋略凝集为灭吴兴越之“九术”：“一曰尊天事鬼，以求其福；二曰重财币以遗其君，多货贿以喜其臣；三曰贵籴粟槁以虚其国，利所欲以疲其民；四曰遗美女以惑其心，而乱其谋；五曰遗之巧

① 〔东汉〕袁康：《越绝书》卷十三。

② 〔春秋〕左丘明：《国语·越语下》。

③ 〔春秋〕左丘明：《国语·越语下》。

工良材，使之起宫室，以尽其财；六曰遗之谀臣，使之易伐；七曰强其谏臣，使之自杀；八曰君王国富，而备利器；九曰利甲兵以承其弊。凡此九术，君王闭口无传，守之以神，取天下不难，而况于吴乎？”[①]文种的“九术”招招见效，越日强而吴日衰。

除了“经世之学”外，文种也有哲学思考等方面的成果和言论。不过他生前没有留下作品，战国至汉初间，越地后学集其思想散片，托名成《文子》一书，在西汉时期广为流行。清孙星衍《文子序》曰：“黄老之学存于《文子》，西汉用以治世，当时诸臣皆能称道其说，故其书最显。”据《文子》载，文种对道家思想十分推崇：“道者，虚无、平易、清静、柔弱、纯粹素朴。”[②]主张“怀自然，保至真，抱道推诚”[③]，推行“无为而治”。

如果说范蠡、文种主要思考宏观谋略的话，那么计然则是经济建设的大总管。史载：“计然者，范蠡之师也。”范蠡对老师深为佩服，曾说“计然之策七，越用其五而得意”。计然的思想集中于经济方面，但不乏哲学观念的引导：“凡举百事，必顺天地四时，参以阴阳，用之不审，举事有殃。”[④]其商品经济理论即建立在认识自然规律之“天道”的基础上。如主张“时用则知物”，预测什么时间会需要什么商品，事先做好准备。预测可根据对事物演进规律的认识得出：“故岁在金，穰；水，毁；木，饥；火，旱。旱则资舟，水则资车，物之理也。”[⑤]他还总结了“贱买贵卖”的商品价值规律：“论其有余不足，则知贵贱。贵上极则反贱，贱下极则反贵。贵出如粪土，贱取如珠玉。”[⑥]据《吴越春秋》载，实行计然的经济理论后，“三年五倍，越国炽富”。

“越国三大夫”的思想侧重点及风格各有不同，然吴越文化的精髓为他们所共同拥有，即信奉自然天道、尊重天时规律、为政务实求利、不尚虚功等。越国能在短时间内崛起，“越国三大夫”的思想功不可没。

---

① 〔东汉〕赵晔：《吴越春秋》卷九。
② 〔战国〕文种著，李定生、徐慧君校释：《文子校释》，上海古籍出版社2004年版，第12页。
③ 〔战国〕文种著，李定生、徐慧君校释：《文子校释》，上海古籍出版社2004年版，第73页。
④ 〔东汉〕袁康：《越绝书》卷四。
⑤ 〔西汉〕司马迁：《史记·货殖列传》。
⑥ 〔西汉〕司马迁：《史记·货殖列传》。

《论衡》中“越国三大夫”思想的影响明显而深刻。如王充构建的自然元气论中，明显汲取了范蠡等人所持的天、地、道、气观；政治思想所尊奉的“无为而治”理念，当有“顺天地之常……圣人因而成之”的启示；认识论上对“知实”与“实知”关系的阐发，可由“越国三大夫”关于“知”和“智”的思想里找到源头；基本学风方面，王充“实事疾妄”的宗旨，更是越地先贤治学风范的继承和集大成。

王充十五六岁时“经明德就”，便“谢师”而攻“专门”了。[①]此刻王充的脑子里装满了各种各样的想法，对书中的某些陈说和社会生活里流行的许多俗论很不满意，给予正误的创作激情使他拿起笔来。他的出道文章便显示出独立思考、直陈己见、知识渊博又结合现实观察的风格，颇具“实事疾妄”锋芒。师长和同学们阅后无不大感惊异，“援笔而众奇”。王充的治学之路，倘若没有特殊的命运转机，仅在家乡治学，相信他会成为一个不凡的学者，能否成为大思想家就难以推测了。

特殊的命运转机光临了。汉代各地方循例可向太学举荐有学习天赋、成绩突出且品行优异的生员。王充以其出众的德才受到推荐，获得赴洛阳太学学习的机会。

王充在汉代教育制度中完成了“中学”阶段的学习，对儒家学说的基础内容“经明德就”。然而，王充与同侪不一样的是，他不是为铺垫个人仕途而习经，在“经明德就”的同时更为越文化所深深浸润，而这种文化，在问题意识、分析框架、阅读视角和诠释方法等几个主要层面上，均异于中原文化。元脱脱所著《宋史·地理志》总叙两浙路风俗时说：“人性柔慧，尚浮屠氏之教。俗奢靡而无积聚，厚于滋味。善进取，急图利，而奇技之巧出焉。”

越地民风民俗及思想文化对王充的熏陶，主要体现为以下几个特质。

主体意识凸显。在地广人稀、“波涛浚流，沉而复起，因复相还”的水环境中，越人主要的劳动组合方式为个体家庭。越人的个体情感、价值及独立意识发育较早，社会亦无严格框限行为的一定之规。越地没有出现北方式的大家族，

① 〔东汉〕王充：《论衡·自纪》。

所谓“无冻饿之人，亦无千舍之家”[①]，对以宗族血缘为基础的极端强化群体意识的礼教文化，心存隔膜。他们信奉的天道思想，属于自然天道而非人格化的天道，迷信思想权威的概念相对淡化。无论在思想上还是行为上，越人均少受束缚，保持着自由创造的空间与活力，崇尚个人奋斗，富于进取精神和创业激情。

认知方式重实。由于生活于水文明中且接触海洋文化，越人认识世界，除了凭直观整体把握外，还讲求实证“效验”与逻辑推演，认识事物时较早地形成了自然本体的视角。越先君无余“问天地之道，万物之纪，莫失其本”[②]。《吴越春秋》记述了越人通过观察候鸟往返认识自然规律的故事：“大小有差，进退有行，一盛一衰，往来有常。”越人制造的“楼船”“越王句践剑”和他们的航海技术，均为实证逻辑思维的发达所至。

价值取向趋利。越人追求功用与实利，而不看重形式与虚名。同样讲“孝”，他们注重对长辈生前的敬奉，而看淡长辈作古后的种种。越地的青铜器中最多最精的是兵器，次多次精的是匠器和农器，乐器平平淡淡，专用的礼器几乎没有。而北方的青铜器多见于礼乐之用。

精神依托尚神。对自然的神秘和敬畏心理，使越人的自然宗教意识强于北方，天神、图腾、山川日月、风雨雷电等均构成越人的原始信仰。谈天说地、讲神论鬼的氛围助长了人们空灵、飘逸的神思。这在给他们提供精神慰藉的同时，也使他们对世俗世界产生了一定的超越性。

王充少年时耳闻目睹的文化因子，终成为他生命的组成部分，养就了可贵的主体独立意识、求实较真思维以及精明肯干的素质与激情，最终塑造出审视世界的独特眼光。这种眼光对一切知识、事物皆抱以“考论实虚”的态度，即便是圣人之言也要剖析、鉴别，证之以实，而不会盲信盲从。自然，随着年龄增长，学问长进，他也会用同样的眼光反思自己的母体文化，去粗取精，弘扬真谛。据陈桥驿先生考证，《论衡》一书涉及吴越史地的资料丰富而弥足珍贵，

---

① 〔西汉〕司马迁：《史记・货殖列传》。

② 〔东汉〕袁康：《越绝书》卷八。

不独包括山川形势、国界地域，更有虫鱼鸟兽等各种信息，“所有这些资料，都是他在自己的故乡所耳闻目睹的，加上他自己的敏锐思考和精密的分析能力。因此，较之中原学者道听途说的记载无疑要丰富和翔实得多”[①]。又如本土文化中精神寄托的内容，越人的信鬼好巫给王充的印象至深，他在理性上认识到鬼巫的荒谬时，便将之视为拨乱反正的重要课题，表现了一个大学问家所具有的理论超越性。

这是一个天资绝伦、博学多才而富有创见的读书种子，一个有着特殊文化背景、特立独行、勇于坚持己见的思想另类。历史选择王充北上洛阳，意味着创造了一次吴越文化与中原文化深层对话与碰撞的机会。没有这样的对话与碰撞，就不会有传世奇书《论衡》的诞生。

① 陈桥驿：《〈论衡〉与吴越史地》，《浙江学刊》1986年第1期，第219页。

# 第五章　受业太学

汉代太学制度始创于西汉武帝时期。董仲舒在对策中提议“兴太学，置明师，以养天下之士”，公孙弘进一步具体设计“为博士官置弟子五十人，复其身”[①]，之后，太学的体制不断完善，最终定格为集学术、教育与官员遴选数种职能于一体的权威机构。太学生的来源主要有两条渠道，一是由主管太学的太常（相当于教育部部长）主持考试选拔，范围大致限于京畿，凡“年十八岁以上，仪状端正者”，都有被选拔的资格，最后按规定名额选拔50名，为正式生。二是由地方郡国县邑选送的特别生，凡有“好文学、敬长上。肃政教，顺乡里，出入不悖，所闻”[②]者，可被选送入太学。如遇少年才子，未满十八岁亦可推荐。由此看来，王充是以特别生的资格入围的。

王充就读太学一事，《后汉书》有清晰描述：“后到京师，受业太学，师事扶风班彪。好博览而不守章句。家贫无书，常游洛阳市肆，阅所卖书，一见辄能诵忆，遂博通众流百家之言。”有地点、有学校、有老师、有活动，过程完整，明白无误，历代学者大多认同。然而近代几位中国台湾学者对此有所疑义，主要理由是，王充在《论衡·自纪》中没有讲到授业太学、师事班彪的阅历；班彪非太学博士，是否教授太学存在问号，“充受业太学，师事班彪，必须班彪与太学有关系”。而班彪在洛阳的行迹中，“与太学并无关系”[③]。黄云生的论点

① 〔东汉〕班固：《汉书·儒林传》。

② 〔东汉〕班固：《汉书·儒林传》。

③ 徐复观：《两汉思想史》卷二，华东师范大学出版社2001年版，第347页。

是："仲任是否到京师受业太学，师事班彪，颇有疑问。"①

对于上述质疑，周桂钿先生以细致周全的考证，逐条给予了回复，谨撮其大要如下：汉代在太学教授者，除博士而外的学者大有人在，事属平常，并不存在非博士不能授课的规矩。以班彪之学养、资望，到太学客座授课是很自然的事情；当时太学生有到校外拜鸿儒为师的风尚，即便班彪未到太学教授，王充也可以叩门问学，自入"师门"；王充在《论衡·自纪》中未提师从班彪，符合他实诚坦率、治学讲求博通而不拘家法的个性。所以，"未提"并不足以构成否认王充与班彪有过师生关系的依据。②

周先生的观点颇具说服力。王充受业太学为正史所载，应该有可靠的依据，不会空穴来风。王充是汉代被肯定的大学者，《论衡》诸篇一面世便引发过争议，其故世时全书已流传于越地，后由蔡邕带入京洛被视为奇书，从此奠定了王充在中国学术界的地位。王充生前身后所受到的普遍关注，必然在世间留下诸多痕迹。《后汉书》的作者范晔是位以严谨著称的史学家，如果不是见到这些"痕迹"，他是概括不出那段有血有肉之言的。

王充祖上系北方人，因军功得赏南下落户越乡，"一岁仓卒"沦为平民，家人没有机会返回故土，直到四代之后的王充，终于重踏中原了，而且直入京师洛阳。王充孤儿寡母之家，生计艰辛，哪里凑得起千里行程的川资？好在汉制规定，受到推荐的太学生若为平民之子，无路费赴京师者，由当地官府给予资助。家人欢天喜地地打点行装，送他出远门。长期与王充相依为命的王母此刻的心情甚为矛盾，一方面，她为儿子不负父母之望，跻身于全国少年才俊行列而欣慰；另一方面，她又与普天下所有的母亲一样，"儿行千里母担忧"，更何况王充还是个只身远赴京城的孩子。

王充在母亲的叮嘱和乡亲们的祝愿声中向洛阳进发。这一路从南到北，出吴越、穿楚域、过韩境、入魏地，途艰道难，不过，王充是个求知欲极强的人，旅途中，他兴致盎然地观察风情、了解民俗，比较各地之不同，在好奇和收获

---

① 周桂钿：《王充评传》，福建教育出版社2015年版，第12页。

② 参见钟肇鹏、周桂钿：《桓谭 王充评传》，南京大学出版社1993年版，第98—105页。

中度过了孤旅遥遥的时光。

王充到达时，洛阳新城粗具规模。新城堪称宏观，内有南北两宫，城四面共有城门十二座，南向东边第一座城门曰“开阳门”。开阳门外的南郊一带，是设计规划中的中央官学及皇家礼典场所，“太学、明堂、辟雍者，礼乐之府，诗书之林”[①]。辟雍、明堂、灵台等用于祭祀、宣教、讲学的宏伟建筑群，均列布于开阳门外大路的东西两侧。开国未久，百废待兴，刘秀出于尊经选士的考虑，“太学者，贤士之所关也，教化之本原也”[②]，优先建设太学，地点就放在辟雍选址的东侧“去宫八里”。“建武五年，乃修起太学，稽式古典，笾豆干戚之容，备之于列，服方领习矩步者，委它乎其中。”[③]贴傍宫阙的太学，“承天行化”的使命表现于建制规模上：门前，两排高大石碑上的四部经书不仅是形式上的高雅、庄重，传达着国家最高学府垂意古典、崇仰道统的学术姿态，更有经典范拓之用。太学内的主建筑为大讲堂，长十丈，宽三丈，气派非凡。讲堂中央供案环列，竹制、木制的祭器内盛满了祭品，四时常备，处处皆以古代祭祀的最高规格“尊敬先圣”。讲堂两侧坐落着雅致、整洁的博士舍。王充此前的求学均在乡间，初见此状，学术神圣、学海无涯的感慨油然而生。

王充终于跨进向往已久的最高学府，报名注册。那么，此时王充究竟青春几何？这也是一件众说纷纭的事情，约有十五岁、十八岁、二十岁等几种意见。[④]统观诸家说法，唯见一条材料具有明确的年龄界定，即班固十三岁时，因显示出不凡的治史才华，“王充见之，拊其背谓彪曰‘此儿必记汉事’”[⑤]。王充长班固五岁，胡适由此认为王充十八岁入京师。胡适先生的断言还有一个辅证，即太学生的选拔资格明文规定“年十八岁以上”。

但笔者认为，王充入太学时的年龄当小于十八岁。十八岁虽是入太学年龄的基本尺度，但非硬性规定，上下皆有浮动，有关太学生的记载中，不乏“十

① 〔清〕严可均辑：《全后汉文》卷二十三，中华书局1958年版，第599页。

② 〔东汉〕班固：《汉书・董仲舒传》。

③ 〔南朝宋〕范晔：《后汉书・儒林列传上》。

④ 钟肇鹏、周桂钿：《桓谭 王充评传》，南京大学出版社1993年版，第98—105页。

⑤ 〔南朝宋〕范晔：《后汉书・班彪列传第三十上》注引。

五岁在太学”者，也能见到“年四十”始入太学的。袁山松的《后汉书》曰：“充幼聪明，诣太学。”这与范晔《后汉书》记述贾逵、杨终等以十五六岁之少年入太学的表述几无二致。王充以“少年俊彦”的资格受到推荐应无疑义，也就是说年龄当在十八岁之前。但从他在家乡有一段经馆受业的经历看，年龄也不会太小，谓之十六七岁比较切当。为什么不说十八岁？另一条理由是，班彪非太学博士，属于客座教授，王充以一介平民少年书生的身份结识这位学界泰斗不免需要一个过程，初来乍到便用如此口吻与班彪说话是不可想象的，也不符合王充“不及不对”的为人作风。至熟悉到可“抚其儿之背”随便发表议论的地步，就更少不了一段相契的时光了。

王充办完入校手续安顿下来之后发现太学生的待遇和处境并不平等。太常选定的50名正式生由政府供给伙食及学习费用，像自己一般的特别生只享有少量津贴。学业未开却先要自谋稻粱，好在他从小过惯了边劳作边读书的日子，行走市肆也很习惯，更不惧怕吃苦受累，很快安排好了生活，心无旁骛地投入学业之中。

太学生的学业主要是跟随博士习经，所以又称“博士弟子”。“博士”称谓，先秦时随诸子百家的兴起而诞生。秦及汉初，诸子百家各立博士，博士地位并不显赫。汉武帝“兴太学，置明师”，立五经博士，五经博士尊为专掌经学传授的最高学术官员，位重而身隆，贵为百官师。博士首领官名仆射，也就是太学的主持。到王充问学的东汉初期，博士增至14人，“比六百石”，领班者更名为祭酒，食“六百石”①。博士因其名高望重，位置稀有，入选的标准相当严格。入选途径有两种：一是通过推荐、考核、选拔的程序后，由政府任命；二是从有学术声望的官员中升调而来。无论来路如何，均要求本人熟通经史百家，“明于古今，温故知新，通达国体”②，并且言行有矩，为人敦厚、谦逊，具长者风度。为慎重起见，选拔中还要求荐举博士者呈《保举状》，对博士日后的道德行为给予担保。

① 〔南朝宋〕范晔：《后汉书·百官志二》。

② 〔东汉〕班固：《汉书·成帝纪》。

《后汉书·郑范陈贾张列传》中记载了一段太学选博士、立学科的故事："建武初，元与桓谭、杜林、郑兴俱为学者所宗。时议欲立《左氏传》博士，范升奏以为《左氏》浅末，不宜立。元闻之，乃诣阙上疏曰……书奏，下其议，范升复与元相辩难，凡十余上。帝卒立《左氏》学，太常选博士四人，元为第一。帝以元新忿争，乃用其次司隶从事李封，于是诸儒以《左氏》之立，论议讙哗，自公卿以下，数廷争之。会封病卒，《左氏》复废。"王充亦在《论衡·案书》评述了这件事情："光武皇帝之时，陈元、范叔，上书连属，条事是非，《左氏》遂立。范叔寻因罪罢。元、叔天下极才，讲论是非，有余力矣。陈元言讷，范叔章诎，左氏得实明矣。"可见当时选博士、立学科实属朝政中的一桩大事，上上下下无不认真对待。建武中"云会京师"的硕学大儒范升、陈元、郑兴、杜林、伏恭、卫宏、桓荣等，大多有在太学任博士的经历，当然也就成为王充的授业老师。

王充进入太学后，首先感受到的是汉王朝浓厚的学术文化精神。这是他在越地乡间难以企及的，对他成长为一位大思想家具有决定性的影响。秦汉大一统国家形成，一种新的社会景象、天下概念呈现于世人面前，进入体制化生存空间的知识分子为大一统国家的雄浑气度所呼唤，为放大的天下所着迷，迸发出前所未有的学术文化精神、宽阔的学术视野和高昂的创造热情，司马迁以"究天人之际，通古今之变，成一家之言"一言蔽之。在不长的一段时间里，汉代推出了一大批堪与先秦诸子百家相媲美的学术成果，造就了诸多令后人仰望的文化伟人。陆贾的《新语》、贾谊的《新书》、董仲舒的《春秋繁露》、司马迁的《史记》，还有自然科学领域的《黄帝内经》《九章算术》《氾胜之书》等，旺健的学术创造一直延续到西汉末年和东汉之初，刘向、刘歆、扬雄、桓谭等大学者尤其是新说迭出。面对汉代如此恢宏的学术气象，王充深受濡染。他非常钦佩各有建树的学术前辈。"《新语》陆贾所造，盖董仲舒相被服焉。皆言君臣政治得失，言可采行，事美足观，鸿知所言，参贰经传，虽古圣之言，不能过增。""太史公，汉之通人也。"① "夫通览者世间比有，著文者历世希然。近世

①〔东汉〕王充：《论衡·案书》。

刘子政父子、扬子云、桓君山，其犹文、武、周公并出一时也。”[1]同时他努力汲取他们学术精神的真谛，作为自己治学境界的起点。之后几十年的岁月中，“究天人之际，通古今之变，成一家之言”的精神，在王充身上得到了创造性的展现。

在太学中，一种未尝见过的学习形态让他新奇万分，思路大开。过去在乡间学习，《论语》也好，《尚书》也罢，皆限于一个版本、一种解释，要求背诵、硬记。而太学的课程同为一经，却“学不厌博”，分为不同的流派与讲法，14个博士讲“五经”，课程便设为14门，“各以家法教授”，所谓《鲁诗》《齐诗》《韩诗》《欧阳书》《大夏侯书》《小夏侯书》《大戴礼》《小戴礼》《施氏易》《孟氏易》《梁丘易》《京氏易》《严氏公羊》《颜氏公羊》等。这些学科总体上皆属今文经学，对于同一经的看法并不存在“大义”上的根本差别，然受先秦时代百家争鸣、学派纷立又各有师传的影响，诸门派形成了各自独到的解读，并且均视自家为经典真传，相互间争得不亦乐乎。如范升以《梁丘易》见长，他曾多次就不宜立《费氏易》与公卿、大夫、博士在朝中互相辩难[2]，讲课中自然也就带着自守家门的学风。

经过一段时间的学习，最初的新鲜感过去之后，王充对注重师门的治学与授课方式产生了新的感受与看法：有利有弊，瑕瑜互见。其好处是各持一说，互有争锋，有益于钻研，既开阔眼界又推进学术深入，他颇有体会地记道：“汉立博士之官，师弟子相呵难，欲极道之深，形是非之理也。不出横难，不得从说；不发苦诘，不闻甘对。”[3]但同时因为过于拘泥家门，导致各家沉溺于寻章摘句不能自拔，治学之路越走越窄，各派之间的分野毕竟同属于注经之学，谈不上真正意义上的“百家争鸣”。此中弊端已为一些学者所认识，后来搞到连皇上也有点不胜其烦了。王充密切关注着这一学术动向。桓荣从博士朱普学《欧阳尚书》，受“章句四十万言，浮辞繁长，多过其实”，遂“减为二十三万言”，

① 〔东汉〕王充：《论衡·超奇》。

② 〔南朝宋〕范晔：《后汉书·郑范陈贾张列传·范升》。

③ 〔东汉〕王充：《论衡·明雩》。

其子桓郁“复删省定成十二万言”[1]。“王莽之时，省五经章句，皆为二十万”[2]，光武“诏令定《春秋》章句，去其复重，以授皇太子”[3]。

桓荣、伏恭皆光武朝太学博士，王充听他们授课，内容虽已经过“省减浮辞”，但仍未跳出章句繁冗的囹圄。从专经的角度讲，王充感到颇为受益，在学习一经一典的过程中，旁及许多相关知识，从而对经典的了解达到普通习者难以企及的深度，同时也就掌握了专经之路“小题大做”“发微及远”的治学方法。

然而，王充自幼在吴越文化熏陶下所养成的对一切知识、事物“考论实虚”的思维习惯，与主流文化中以注经为正途的学风格格不入。他觉得即使对先圣之书，也没有必要盲目迷信，至于把功夫都下在寻章摘句上就更不值得了。“夫儒生之业，五经也，南面为师，旦夕讲授章句，滑习义理，究备于五经可也。五经之后，秦、汉之事，无不能知者，短也。夫知古不知今，谓之陆沉。”[4]“诸生能传百万言，不能览古今，守信师法，虽辞说多，终不为博。”[5]为害尤烈的是，一意注经，势必导致压抑与扼杀创造性理论思维。“世儒学者，好信师而是古，以为贤圣所言皆无非，专精讲习，不知难问。”[6]这种授业方式只能培养出“能说一经者”[7]的儒生，至多再出几位被称为“世儒”的说经者，“传者传学，不妄一言，先师古语，到今具存，虽带徒百人以上，位博士、文学，邮人、门者之类也”[8]，却难以造就“博览古今”的“通人”和“著书表文，论说古今，万不耐一……博通所能用”[9]的文儒；至于自己理想中“论世间事，辨照然否，虚妄之言，伪饰之辞，莫不证定……笔能著文，则心能谋论。文由胸中而

① 〔南朝宋〕范晔：《后汉书·桓荣丁鸿列传·桓荣》。
② 〔东汉〕王充：《论衡·效力》。
③ 〔南朝宋〕范晔：《后汉书·儒林列传下·钟兴》。
④ 〔东汉〕王充：《论衡·谢短》。
⑤ 〔东汉〕王充：《论衡·效力》。
⑥ 〔东汉〕王充：《论衡·问孔》。
⑦ 〔东汉〕王充：《论衡·超奇》。
⑧ 〔东汉〕王充：《论衡·定贤》。
⑨ 〔东汉〕王充：《论衡·超奇》。

出，心以文为表”[①]的鸿儒，就愈加不可能通过“从师习经”栽培而出了。

王充跳出注经的窠臼，博览群书，融会贯通，联系自然与社会现象，在太学中以“好博览而不守章句”“博通众流百家之言”而引人注目。有意思的是，王充在完成“习经”学业的过程中，以自己“归实诚”的眼光去看“五经”，竟发现了“五经”中的一些纰漏，由此开始对“五经”的准确性进行反思。《论衡·谢短》集中写了对“五经”各种版本的质疑：

> 各以其经旦夕之所讲说，先问《易》家。《易》本何所起？造作之者为谁？彼将应曰：“伏羲作八卦，文王演为六十四，孔子作彖象系辞。三圣重业，《易》乃具足。”问之曰：“《易》有三家，一曰连山，二曰归藏，三曰周易。伏羲所作，文王所造，连山乎？归藏、周易也？秦燔五经，易何以得脱？汉兴几年而复立？宣帝之时，河内女子坏老屋，得《易》一篇，名为何易？此时《易》具足未？”问《尚书》家曰：“今旦夕所授，二十九篇奇，有百二篇，又有百篇；二十九篇何所起？百二篇何所造？秦焚诸书之时，《尚书》诸篇皆何在？汉兴始录《尚书》者，何帝？初受学者何人？”问《礼》家曰：“前孔子时，周已制礼，殷礼夏礼，凡三王因时损益，篇有多少，文有增减；不知今礼周乎？殷夏也？”

结论是“五经皆多失实之说”，“经之传不可从”[②]。这些想法成熟于后来，却萌发于太学分门别类的习经之际。王充在“专经”中博采众长、以我为主，既有所得又没有陷入失去已见的泥沼，在太学生中并不多见。

由于博士少而学生众，太学在长期的教学实践中摸索出数种相辅相成的教学方法。其一，博士讲大课，称为“都授”。此时书多用竹简、木牍及布帛制成，写书相当不易。师长口授、学生记录便成为学习知识的主要渠道。其二，聘社会名儒或朝中“通经郎官”兼课。其三，高徒代讲，代讲者称“都讲生”。

① 〔东汉〕王充：《论衡·超奇》。
② 〔东汉〕王充：《论衡·正说》。

由博士指定年资长、程度高的“学长”辅导水平低的学生。聚众授课与个别指导兼而用之。其四，学生自学，互相交流。因上课时间有限，自学讨论是最为常见的学习方式。其五，学生可到校外拜师求学。此等比较宽松自由的教学方式，十分符合王充的学习习惯，可以说，他把每一条渠道都充分利用了，学问日进。

班彪以硕学鸿儒的身份授课，他不是那种专守一经的学者，而是贯通经史百家、自有建树的通儒。王充钦佩不已，便主动请益，结识了班彪。以王充之聪明，班彪自然欣赏有加，双方问疑解惑，一来二往之间逐步熟悉起来。于是，王充产生了拜入班彪师门的念头，班彪“得天下英才而育之”，何乐而不为，王充遂成为班彪的及门弟子。

班彪，字叔皮，扶风人，出道于西汉末年新莽乱世中，富远见卓识，助窦融定河西，配合刘秀成就帝业。建武年间，拜为徐令，后“复辟司徒玉况府”，再被推荐出京任望都（今属河北省保定市）长，“吏民爱之”。建武三十年（54），卒于任上。史评班彪“以通儒上才，倾侧危乱之间，行不逾方，言不失正，仕不急进，贞不违人，敷文华以纬国典，守贱薄而无闷容。彼将以世运未弘，非所谓贱焉耻乎？何其守道恬淡之笃也”[①]。观其一生，此论可谓精当。班彪的人生阅历足令王充追慕，其遍览先秦诸子，“专心史籍之间”的求学问道精神，以及续写《太史公书》（后称《史记》）的志向，更让王充深受熏陶。据钟肇鹏先生考证，王充就读太学期间，班彪“是时正撰著《史记后传》”[②]。王充在《论衡》中多次说到恩师：“班叔皮续《太史公书》，百篇以上，记事详悉，义浅理备。观读之者以为甲，而太史公乙。”[③]王充著述立说，自成一家言，与曾经师从班彪这样一位硕儒不无关系。学问上的指点不消再言，关键是引导和提升了王充的治学精神，帮助他树立了“一览众山小”的眼界与心气。

王充师事班彪并不意味着尊奉恪守师门不逾雷池的俗风，而是一如既往地汲取精华，独立思考。班彪凭学问之广博，鹤立于群伦，但他始终以儒家正统

---

① 〔南朝宋〕范晔：《后汉书・班彪列传》。

② 钟肇鹏：《王充年谱》，齐鲁书社1983年版，第14页。

③ 〔东汉〕王充：《论衡・超奇》。

自许，思想观念偏于保守，如他评司马迁《史记》缺失时说："至于采经摭传，分散百家之事，甚多疏略，不如其本，务欲以多闻广载为功，论议浅而不笃。其论术学，则崇黄老而薄五经；序货殖，则轻仁义而羞贫穷；道游侠，则贱守节而贵俗功。此其大敝伤道。"[①]对于这种极端"独尊儒术"的思想，王充持保留态度，而就老师《王命论》的观点，在阐发自己的命定论时，加以扬弃。《王命论》云："昔在帝尧之禅曰：'咨尔舜，天之历数在尔躬……神器有命，不可以智力求也。'""夫饿馑流隶，饥寒道路……所愿不过一金，然终于转死沟壑，何则？贫穷亦有命也。"又曰："穷达有命，吉凶由人。"[②]《论衡》说："尧遭洪水，汤遭大旱……天地历数当然也。""命贱，从富位自危。故夫富贵若有神助，贫贱若有鬼祸。"两者间的承续性显而易见。然而，王充没有认同老师讲的天的概念。班彪认为，天是有意志的，命是天有意识的安排。王充讲的天属于自然的天，没有任何主观能动性，故谓"命自然也"。正因为王充抱着这样的学习态度，方得超越前贤，推陈出新。

王充就读太学之际，桓谭正在洛阳朝中任议郎。桓谭，字君山，沛国人，少年成名，"好音律，善鼓琴。博学多通，遍习五经，皆诂训大义，不为章句。能文章，尤好古学"[③]。他富有个性，"性嗜倡乐，简易不修威仪，而喜非毁俗儒"[④]。王莽当政，众士大夫争相献媚，"谭独自守，默然无言"。刘秀享国后，向司空宋弘问"通博之士"，"弘荐沛国桓谭，才学洽闻"，于是诏拜议郎给事中。未久，桓谭专任议郎。桓谭此刻正走向晚年，他在履行"上书言事"职责的同时，开始为自己一生的治学心得做总结，"著书言当世行事二十九篇，号曰《新论》，上书献之，世祖善焉"[⑤]。桓谭为学界宗师又是标准的"通经议郎"，所授内容不外正在撰写的《新论》。这样，王充就有不少机会聆听桓谭的面授。

---

① 〔南朝宋〕范晔：《后汉书·班彪列传》。

② 〔清〕严可均辑：《全后汉文》卷二十三。

③ 〔南朝宋〕范晔：《后汉书·桓谭冯衍列传·桓谭》。

④ 〔南朝宋〕范晔：《后汉书·桓谭冯衍列传·桓谭》。

⑤ 〔南朝宋〕范晔：《后汉书·桓谭冯衍列传·桓谭》。

汉人求学讲究师门，所谓“无无师之学”，王充对此记曰：“不入师门，无经传之教。”[①]师门的严格必限制学生转投他人门下。王充先在班彪门下受业，后来虽对桓谭的学问更加心向往之，却无法另拜师门了。不过，这并不妨碍他抓紧一切机会听课、问学，竭力从桓谭身上学到更多的东西。比较班彪、桓谭和王充三人，可发现王充与桓谭在各个方面均更为接近。班彪对王充的帮助主要在于知识的广度与深度方面，而桓谭对王充的影响体现在思想理念上；班彪为史学家，桓谭为思想家，王充是以思想家自期的。他在《论衡·超奇》中对儒者的层次作了一个排列：司马迁、刘向等史家能汇集古今，“文以万数”，诚难可贵，不足在于“无胸中之造”，也就是思想见识欠缺，而桓谭属于顶尖级的论世传道者。

王充对于近世学者的赞扬首推桓谭。他评价《新论》云：“论世间事，辨照然否，虚妄之言，伪饰之辞，莫不证定。”他认为桓谭的见识超越了董仲舒、扬雄的学说，直追孔子。“彼子长、子云说论之徒，君山为甲。”[②]“《新论》之义与《春秋》会一也。”[③]又说：“世间为文者众矣。是非不分，然否不定，桓君山论之，可谓得实矣。”[④]现在的研究者也大多认为，在思想上对王充思想影响最大者当属桓谭，“王充的思想渊源是直接继承了桓谭”[⑤]。观《新论》与《论衡》，两者所关注的问题、分析论述的方法，以及所得出的许多见解，如在批驳谶纬与卜筮、反对迷信鬼神与神仙长生之说、质疑神学目的论、主张天道自然以及阐发形神关系等方面的观点，都有着明显的承继关系，王充在行文中甚至多次流露赓续与弘扬君山之学的口吻，所谓“君山之论难追”[⑥]，作《论衡》正是“追”桓谭的努力。同时，王充一生为人处世的形态也显见桓谭的影子，只是在“不修威仪”“非毁俗儒”方面走得更远罢了。在洛阳太学期间，王充遇到

① 〔东汉〕王充：《论衡·量知》。
② 〔东汉〕王充：《论衡·超奇》。
③ 〔东汉〕王充：《论衡·案书》。
④ 〔东汉〕王充：《论衡·定贤》。
⑤ 钟肇鹏、周桂钿：《桓谭 王充评传》，南京大学出版社1993年版，第61页。
⑥ 〔东汉〕王充：《论衡·案书》。

桓谭并研习他的学说，桓谭对他日后的治学道路影响之深，超过了他一生中所遇到的其他任何人。

王充有幸，太学期间有许多风格不同的硕学鸿儒为之传道授业解惑。更为幸运的是，太学以自学为主，既安排高徒代讲又鼓励学生间相互交流讨论。王充十分喜欢这种学习方式，颇有感触地说："学士同门，高业之生，众共宗之，何则？知经指深，晓师言多也。"①诺贝尔奖得主杨振宁讲过一个切身体会：读研究生时，学习上对自己帮助最大的地方，在于同学之间的交流与辩论。就研究性的求学而言，古今中外同理，多读书，有了体会便随时与"知音"交换意见，通过思想碰撞引发深入思考，无疑为最好的学习方式。《论衡》中的大部分篇章皆具讲座与辩驳的风格，这种风格的养成与王充在太学中的学习习惯不无关系。建武朝的太学里有不少个性鲜明的读书种子，前前后后与王充做过同学。王充"游必择友，不好苟交。所友位虽微卑，年虽幼稚，行苟离俗，必与之友。好杰友雅徒，不泛结俗材"②，对平庸者，他不爱搭理，对有共同语言的优秀人才，他便视为知己，切磋论辩，无所不谈。

与王充同在太学但年龄稍大些的同学中，有几位学问好又颇具个性的人物。随范升学《梁丘易》的弟子杨政学问出类拔萃，"为人嗜酒，不拘小节，果敢自矜，然笃于义"。范升因受冤告，"坐系狱"，杨政抱着老师的独子拦光武帝车驾"哀泣辞请"，帝卫士弓举叉戳，杨政"犹不肯去"。最终"有感帝心，诏曰：'乞杨生师。'……政由是显名"。杨政问学有一个特点，顶真较劲，好论辩，无论与谁交流"每共言论，常切磋恳至，不为屈挠"③。在历史上传下"举案齐眉"掌故的主人公梁鸿当时也在太学，史称："受业太学，家贫而尚节介，博览无不通，而不为章句。"梁鸿在太学中出名更得益于他淡泊名利的个性。他说到做到，"学毕，乃牧豕于上林苑中"④，终身未仕，得高节之名。

这些担任"都讲生"的学长各具才名，杨政就因"善说经书，京师为之语

① 〔东汉〕王充：《论衡 · 别通》。
② 〔东汉〕王充：《论衡 · 自纪》。
③ 〔南朝宋〕范晔：《后汉书 · 儒林列传上 · 杨政》。
④ 〔南朝宋〕范晔：《后汉书 · 逸民列传 · 梁鸿》。

曰：‘说经铿铿杨子行。’教授数百人”[①]。王充有这样气味相投的学友，自然乐于交往，时不时与其“切磋恳至”一番。交往深了，各自的品行、爱好都会相互感染。

《论衡·别通》中有这样一段话：“是以兰台之史，班固、贾逵、杨终、傅毅之徒，名香文美，委积不继，大用于世。”王充提起这些名重当世的才子时，口气亲切、随便，还有点居高临下，是一种熟人间的点评。阅史可知，王充不独熟悉他们，还是他们在太学中的“师兄”。建武年间，太学里“少年俊彦”齐集，《后汉书·崔骃列传》曰：“（崔骃）年十三能通《诗》《易》《春秋》，博学有伟才……少游太学，与班固、傅毅同时齐名。”是知崔骃、班固少时便扬名太学。史载，杨终“年十三，为郡小吏，太守奇其才，遣诣京师受业，习《春秋》”[②]。贾逵“弱冠能诵《左氏传》及五经本文，以《大夏侯尚书》教授，虽为古学，兼通五家《穀梁》之说。自为儿童，常在太学，不通人间事”[③]。贾逵年纪较王充小八九岁，不过其儿童时即在太学，也就自然加入了少年博士弟子行列。因为师事班彪的关系，王充与班固相识相知甚早，进而与太学中的少年班底过从甚密。王充年长于他们，算是学兄，以他出众的才华作为“高徒代讲”乃是教学中的应有之义。随着班固等人年龄的增长、学识的成熟，他们之间的共同语言日益增多，交谈的范围越来越宽广。

这班少年才子有着相近的治学风格和性格特征。班固之博学自不待言。崔骃“博学有伟才，尽通古今训诂百家之言，善属文……常以典籍为业，未遑仕进之事。时人或讥其太玄静”[④]。杨终“深晓《春秋》，学多异闻”，“著《春秋外传》十二篇，改定章句十五万言”。[⑤]傅毅“少博学”，后著“诗、赋、诔、颂、祝文、七激、连珠凡二十八篇”。[⑥]贾逵“性恺悌，多智思，俶傥有大节”，

---

①〔南朝宋〕范晔：《后汉书·儒林列传上·杨政》。

②〔南朝宋〕范晔：《后汉书·杨李翟应霍爰徐列传·杨终》。

③〔南朝宋〕范晔：《后汉书·郑范陈贾张列传·贾逵》。

④〔南朝宋〕范晔：《后汉书·崔骃列传》。

⑤〔南朝宋〕范晔：《后汉书·杨李翟应霍爰徐列传·杨终》。

⑥〔南朝宋〕范晔：《后汉书·文苑列传上》。

后“所著经传义诂及论难百余万言……学者宗之，后世称为通儒”[①]。可谓个个博学多思又恃才傲物，书生气十足。毕业后，他们将人生的价值目标定位于治学著述上，在不同的领域各有建树，共同推动着汉代学术思潮由“专”向“通”演化。东汉学术最终走出章句泥沼，转向“博通自由”，子学复兴，与建武朝中这批太学生才子是分不开的。

置身于这样一批志同道合的同学中，王充如鱼得水，平时不善多言的他，每逢讲座与辩论，便情绪高涨，思维格外活跃，在不同观点的碰撞中又会产生许多新的念头。王充的分析能力不断提升，知识结构日益拓宽，思路越来越活跃，有了新奇的想法便著文成篇。在太学里，与他志向投合的才俊们构成了一个“评论员”圈子，每有新作，即于“圈内”传阅，提出意见，《论衡・自纪》中的“援笔而众奇”，此“众”主要指的便是太学中的同学圈子。评论的过程和情形往往是“其论说始若诡于众，极听其终，众乃是之。以笔著文，亦如此焉；操行事上，亦如此焉”[②]。许多在太学时写下的不成熟的文稿，积累成《政务》《论衡》等书的思想资料。

王充在第一波创作冲动的迸发中便确立了“奇”的特色，不独思路奇、见解奇，连行文的笔调也是奇的，与传统的文章格式迥然不同，虽在喜好新颖的同学中获得好评，但在正统儒者眼中不免被视为“野路子”。然而王充依然我行我素，义无反顾地在学术主流之外走自己的路。他在《论衡・对作》中表明初衷：为文不求“与前相似”“合于众心”，亦不作“深迂优雅”“指意难睹”状，但求“辩论是非”“实事疾妄”“冀俗人观书而自觉，故直露其文”，因而铸就了一种朴实无饰、明白易晓、直奔主题的文风。这种文风贯穿于《论衡》之中，虽屡遭儒者非议，但终不能抹杀，与其所表达的思想一样，都是独树一帜的。

---

①〔南朝宋〕范晔：《后汉书・郑范陈贾张列传・贾逵》。

②〔东汉〕王充：《论衡・自纪》。

# 第六章　感受光武中兴

王充自幼养成了博览群书、观察万象的求学习惯。虽然太学中名师毕至，才俊云集，但他所喜爱的诸子百家之书及稗史杂说、博物自然等，不入太学授业之流。好在洛阳人文底蕴深厚，坊间书肆叠屋充巷，王充课余，广泛采摭。他逛遍洛阳的山山水水，历史、风情、现状无一不是喜闻乐读的“大书”，并对所见所闻记录在心：“洛阳城中之道无水，水工激上洛中之水，日夜驰流，水工之功也。”[①]

洛阳在《尚书·禹贡》中为豫州之地，古人谓其域居天下之中，遂有中原、中州之称。洛阳平原背负邙岭，面对伊阙。北界黄河，有太行之险；南通宛叶，有鄂汉之饶；东临江淮，食湖海盐之利；西驰渑骰，据关河之胜。盆地狭长，群山环绕，伊、洛、瀍、涧四水交流，土质肥沃，物产丰茂，自古以来就是理想的聚落耕耘之邑，被誉为“天室”。西周初，武王在这里建洛邑、下都二城，为镐京之辅，至周平王东迁，洛邑更为京都。秦至西汉间，首都虽在长安，然洛阳始终为东方大邑。刘秀平新莽之乱后，深感东方形势之重要，定都洛阳于掌控全国来说最为有利，遂在周下都址建新城。王充就读太学期间，洛阳正步入它有史以来最繁荣的时期。史载，汉光武建洛阳“城东西六里十一步，南北九里一百步”[②]。城门十二座，城内大街纵横二十四条。刘秀所居之南宫，有朱

① 〔东汉〕王充：《论衡·率性》。

② 〔南朝宋〕范晔：《后汉书·郡国一》注引《帝王世纪》。

雀、玄武、青龙、白虎四座门阙，高大恢宏，“去宫四十三里，望朱雀五阙，德阳其上，郁律与天连”[①]。商业兴隆一时，“船车贾贩，周于四方”，俨然全国货物交易中心。金市、马市、羊市三大市布列于城之东、西，班固《东都赋》记云：“扇巍巍，显翼翼，光汉京于诸夏，总八方而为之极，于是皇城之内，宫室光明，阙庭神丽，奢不可逾，俭不能侈。”

王充信马由缰地徜徉于洛阳街头，观世象，领风情，大开眼界：“人之游也，必欲入都，都多奇观也；入都必欲见市，市多异货也。百家之言，古今行事，其为奇异，非徒都邑大市也。游于都邑者心厌，观于大市者意饱，况游于道艺之际哉？”[②]王充每回出游，转了一大圈后，落脚点总在书肆。但他无钱购买，只好“阅所卖书”，靠“咏诵”的办法来满足自己的求知欲。一捆捆竹简木牍，被王充展开、卷起，再展开……凡未识之书，无不通览。凭着过目不忘的卓绝记忆力，王充“一见辄能诵忆”，再览而能识精劣。后人读《论衡》无不惊叹连连，其涉猎之广泛，为后人在诸多领域保存了可贵的文字资料。洛阳书肆正是成就王充“博通众流百家之言”的沃壤。王充学习思考的视野不限于经史，甚至也不拘泥于前人所有的书本知识，他将目光投向自然万象，十分有心地记录了在洛阳的位置上观察到的宇宙天象，《论衡·谈天》中曰：“洛阳，九州之中也。从洛阳北顾，极正在北。东海之上，去洛阳三千里，视极亦在北。推此以度，从流沙之地视极，亦必复在北焉。”“今从洛地察日之去远近，非与极同也，极为远也。”以此作为印证自己方天说的一个极为重要的中心地标，他不仅以自己在越地的旧录来验证，还找到从日南郡来洛阳的移民询问：在远离中原的南方，中午时刻，太阳的位置在哪里？“日南之郡，去雒且万里。徙民还者，问之，言日中之时，所居之地，未能在日南也。”[③]这种开阔的视野，以及从不同角度思考问题，尤其是从多种渠道获取知识、证实一说的治学精神，是他得以超越同侪脱颖而出的重要因素。

在全国的政治中心洛阳，王充读社会之“大书”主要不在于观风情、灵市

① 〔南朝宋〕范晔：《后汉书·礼仪中》注引《汉官典仪》。

② 〔东汉〕王充：《论衡·别通》。

③ 〔东汉〕王充：《论衡·谈天》。

面，当朝的政治走向以及社会发展变化的大框架更为他所关注。王充出身平民，来自底层，初到洛阳对朝政事宜感到陌生而又好奇。是时，光武中兴的大政方针已然明朗，主要举措正一个个推出，并初见成效。太学自创立起即养成了参政议政的风尚，朝中每有举动，太学内无不评说得失，构成热门话题，尤其是出身官宦世家的子弟，更喜欢谈论高层动态、为官之道。置身于如此的氛围之中，王充对当朝政治的状况及其利弊有了比较实在的认识。

东汉建武九年（33）天下初定后，刘秀抓准时机在政治棋盘上走了重要的两招："退功臣而进文吏"和"事归台阁"。历史上多数王朝创建之初，新立君主畏开国将领功高盖主而行"兔死狗烹"之术，往往搞得朝中一片血腥，政局震荡，存者寒心，西汉高祖刘邦"罪萧何，诛韩信"的做法，尤令汉代士人难以释怀。刘秀处理这个问题的方式比较高明，"吾理天下，亦欲以柔道行之"[①]。除留用邓禹等个别治世良材"与公卿参议国家大事"外，大多数元勋"以列侯就第"，"阖门养威重"[②]。这既权收文官又稳定政局，颇得舆论好评。对待同姓王，也相应宽容，没有弄出你死我活、兵刃相见、殃及百姓的紧张局面。西汉时位高权重的"三公"大司徒、大司马、大司空，于建武中逐步虚化，原属少府的尚书一职，从内朝浮出，组成直接对皇帝负责的尚书台，"秩卑而权重"，相权由此进一步削弱。王充认为，最高统治者的开明不失为"汉德"的重要内容，后来他写《论衡》时，便以政治上的"宽"与"狭"，将东汉与前代做了对比。

对于吏治的新气象，太学中的学子们津津乐道于这样一件事：董宣任洛阳令，不畏刘秀大姐湖阳公主的淫威，当面将她一个敢于以身试法的贴身奴仆"格杀之"。官司打到刘秀处，刘秀令董宣向湖阳公主叩头赔错，董宣不肯，脖子硬摁也摁不下去。最后刘秀还是表扬了董宣，赐以"强项令"的诨名。董宣声威大振，"由是搏击豪强，莫不震慄。京师号为'卧虎'"[③]。从长远看，以上皆属皇权专制不断强化进程中的一环，但在东汉开国之初，对于巩固新生政

① 〔南朝宋〕范晔：《后汉书 · 光武帝纪》。

② 〔南朝宋〕范晔：《后汉书 · 冯岑贾列传 · 贾复》。

③ 〔南朝宋〕范晔：《后汉书 · 酷吏列传 · 董宣》。

权、稳定朝局还是立见成效的。时人感受到太平世道的来临，太学生们自然对此多作正面评价。

出身平民的王充，最为关注的还是与百姓休戚相关的经济政策，考察的结果也令人满意：军队垦荒屯田，恢复农业生产，同时削减了财政在军费上的开支；“释放奴婢，免为庶人，听其自由”；安置流民，促使无地者与土地结合；改什一税为三十税一，减轻徭役，与民休养生息；鼓励手工业、商业发展，复行西汉“五铢钱”。虽然此过程中存在功臣豪右封赏繁多，导致土地过度集中之弊，但东汉初年的社会、经济在总体上步入了快速复苏的轨道，为明帝间“百姓殷富，粟斛三十，牛羊被野”的繁荣景象奠定了基础。王充的理想治世中，基本内容为“谷足食多”“民不乏饿”而“百姓宁集”[①]，光武中兴时的民生状况与之已经有点接近了。对于王充与同窗而言，光武中兴的切身感受莫过于“敬先圣”“修文德”了，史载：“及光武中兴，爱好经术，未及下车，而先访儒雅，采求阙文，补缀漏逸。先是，四方学士多怀协图书，遁逃林薮。自是莫不抱负坟策，云会京师。”[②]“自光武中年以后，干戈稍戢，专事经学，自是其风世笃焉。其服儒衣，称先王，游庠序，聚横塾者，盖布之于邦域矣。”[③]让刘秀痴迷的学术不独经学一种，对起于西汉末的谶纬之学，他亦情有独钟，将之与经学并而尊为国宪“宣布图谶于天下”[④]，以为决定嫌疑之必用。刘秀尊崇经学的本意当然与汉武帝一样，欲实现儒家修德致远的政治理想，但客观上在社会中所营造的修文习尚，则势必超出儒学的窠臼，使暗淌于民间的诸家子学跟着活跃起来。“四方学士”或聚而论学或开馆授徒，私学空前发展，在洛阳就出现了“诸生横巷，为海内所集”的盛况。[⑤]王充和他的同学们皆为“修起太学”“垂意古典”的受益者。尊儒崇经是他们发自内心的价值认同，被视为治国之本：“儒生治本，文吏理末”[⑥]。“国之所以存者，礼义也；民无礼义，倾国危

① 〔东汉〕王充：《论衡·宣汉》。

② 〔南朝宋〕范晔：《后汉书·儒林列传上》。

③ 〔南朝宋〕范晔：《后汉书·儒林列传下》。

④ 〔南朝宋〕范晔：《后汉书·光武帝纪》。

⑤ 〔南朝宋〕范晔：《后汉书·杨李翟应霍爰徐列传·翟酺》。

⑥ 〔东汉〕王充：《论衡·程材》。

主。今儒者之操，重礼爱义，率无礼之士，激无义之人，人民为善，爱其主上，此亦有益也。”①王充认为，这一国策实乃长治久安的命脉。

国家安全、“天下定宁”一直是王充观察治国方略和政治状况的砝码，《论衡》中所概括的“德力俱足”，其中“力”就是强调有足够的军力保境安民。太学期间，他正好目睹了东汉王朝在解决北患问题上转守为攻的准备过程。建武初年，匈奴复南下侵扰，汉廷或战或和，与之周旋二十余载。“匈奴时扰，正朔不及，天荒之地，王功不加兵。”②建武二十二年（46）后，匈奴遭重灾致国力削弱，主动提出与汉朝和亲。两年后，匈奴分裂为南北二部，南匈奴请求内附，随之乌桓、鲜卑亦前来和亲，汉王朝的周边出现了一段难得的平安时光。从得以安心读书的快乐中，王充充分体验到“天下定宁”的重要性。

王充是一位见解独立、个性鲜明的思想家，关注和感受朝政当然不会局限于单方面的德政，他的视野较普通学子更为广阔。在王充就读太学的前前后后，朝中发生的几件朝野喧哗以至于载于史书的大事，强烈地震荡着士人和太学生的心灵，在他们的头脑中留下刻痕。王充概莫能外，且思考得更为深刻。

以打天下起家的汉光武帝刘秀，是位有血有肉、个性丰富的政治家，曾传出一句非政治类的“语录”——“娶妻当得阴丽华”，表达了他对阴丽华的钟爱。他本欲立阴丽华为皇后，然贵人郭圣通生了头一个皇子刘彊，按成法只好先尊郭氏为国母，立刘彊为太子。阴丽华不久也生了儿子，取名刘阳，深受刘秀宠爱。建武十七年（41），刘秀不顾舆论压力废郭后，更立阴氏为皇后。朝中人无不明晓此乃废长立爱之举，刘秀偏下诏罗织郭后之罪：“皇后怀执怨怼，数违教令，不能抚循它子，训长异室。宫闱之内，若见鹰鹯。既无《关雎》之德，而有吕、霍之风，岂可托以幼孤，恭承明祀！”③刘彊惶惶不可终日，经老臣郅恽点拨辞去皇太子位，归家奉母，过起小心翼翼的日子。建武十九年（43），刘秀正式立刘阳为太子，刘阳改名为刘庄，即后来承绪大统的汉明帝。王充到洛阳的时候，这件事情刚刚尘埃落定，朝中舆论哗然，紧张的气氛仍未消散。皇

① 〔东汉〕王充：《论衡・非韩》。
② 〔东汉〕王充：《论衡・恢国》。
③ 〔南朝宋〕范晔：《后汉书・皇后纪上・光烈阴皇后》。

权政治的现实及其残酷无情，给王充上了书本外的一课。

随后发生的另一件大事，更让王充对皇权政治的认识加深了一层。建武二十四年（48），武陵五溪蛮叛乱，武威将军刘尚率兵讨伐，全军覆没。败报传来，名将马援以六十多岁高龄请缨南征。行前他担心后方有小人使坏，曾说："今获所愿，甘心瞑目。但畏长者家儿或在左右，或与从事，殊难得调，介介独恶是耳。"事态的发展不幸被他言中。在充满瘴气的环境中，马援率军与敌人对峙，一时不能取胜。后方果然有人捣鬼，刘秀立派自己的女婿中郎将梁松赴军前监督。梁松到军中时，马援已染疾而死。梁松因骄横跋扈被马援教训过，"宿怀不平，遂因事陷之"①。刘秀得报大怒，追收马援新息侯爵位，还要查办其生前之"罪"。马援的灵柩运回时，家人不敢报丧，偷葬于城外。马夫人不得不入宫内向刘秀"请罪"。后来有个叫朱勃的人上书为马援鸣不平，刘秀阅后才消了气，允许马援棺木归本乡入土。战事的发展证明，马援的办法十分有效，敌人不久后投降。然马援的冤情终未昭雪平反。马援有大功于汉室，其"男儿要当死于边野，以马革裹尸还葬耳"的名言，广为传诵，而他自己却差一点野葬他乡。马援的临终遭际引起朝野的极大同情，为之鸣不平者甚众。王充在著述中对"谗佞"格外警惕与反感："谗人无诈虑，佞人有术数。故人君皆能远谗亲仁，莫能知贤别佞。""佞人材高，论说丽美。因丽美之说，人主之威人立心，并不能责，知或不能觉。"②其最初的感触便来自这里。

最让王充刻骨铭心的莫过于桓谭、郑兴等学界宗师的遭遇。刘秀信谶纬，投其好者众，但也有坚持己见不随声附和的。东汉初的学界有"郑、贾之学"的说法，"郑"即郑兴，曾任太中大夫，也是太学中的教授。刘秀尝问郑兴郊祀事。"曰：'吾欲以谶断之何如？'兴对曰：'臣不为谶。'帝怒曰：'卿之不为谶，非之邪？'兴惶恐曰：'臣于书有所未学，而无所非也。'帝意乃解。"史载，郑兴"数言政事，依经守义，文章温雅，然以不善谶故不能任"③。郑兴没受重用，不过还算幸运，未遭杀身之危，桓谭却因此几至送命。建武中，桓谭以学

① 〔南朝宋〕范晔：《后汉书·马援列传》。

② 〔东汉〕王充：《论衡·答佞》。

③ 〔南朝宋〕范晔：《后汉书·郑范陈贾张列传·郑兴》。

术重镇地位几次上书述达己见，不赞同以图谶决事。在一次以谶纬定灵台地址的会议上，“帝谓谭曰：‘吾欲谶决之，何如？’桓默然良久，曰：‘臣不读谶。’帝问其故，谭复极言谶之非经。帝大怒曰：‘桓谭非圣无法，将下斩之！’谭叩头流血，良久乃得解。出为六安郡丞，意忽忽不乐，道病卒，时年七十余”[①]。

桓谭的老师扬雄也有一段类似经历。扬雄为西汉末年学界领袖，年轻时曾与王莽同为仪郎。新莽间，扬雄不随众颂王莽，独自在天禄阁校阅古书。因受无端牵连，有司前来收他审问。扬雄想着自己年逾古稀，不愿受辱，遂从天禄阁上一跃而下，没想到只摔得半死。王莽念及旧情，方“有诏勿问”，扬雄还是不得不写了篇颂章，未几便抑郁而终。这些都不能不引起王充对士人的使命及其与体制关系的反思。

士阶层从春秋战国“礼崩乐坏”之际分化出来后，就担当着文化传统负载者的角色。儒、墨、道、法诸家创始人都是以士的身份，整理国故，传承道统。孔子说：“士志于道，而耻恶衣恶食者，未足与议也。”其弟子曾参的表述更为明确：“士不可以不弘毅，任重而道远。仁以为己任，不亦重乎？死而后已，不亦远乎？”

从先秦诸子游于帝王间的情况看，他们俨然真理在握，以道自任，驾驭并指导着“政统”的走向。关于“道统”与“政统”的关系，当时亦有讨论。孟子说：“古之贤王好善而忘势，古之贤士何独不然？乐其道而忘人之势，故王公不致敬尽礼，则不得亟见之。见且由不得亟，而况得而臣之乎？”在“道”与“势”的关系上，孟子显然视“道”为主导方面。当时士人的这种观念和地位并非一厢情愿，而是上上下下的共识，也为当政者所认可。《淮南子·修务训》引魏文侯语：“段干木不趋势利，怀君子之道。隐处穷巷，声施千里。寡人敢勿轼乎？段干木光于德，寡人光于势；段干木富于义，寡人富于财。势不若德尊，财不若义高。”

这种先秦时得到普遍认同的观念体现在体制结构中，君权与士权之间虽算不上平衡，但也未过分倾斜于君权，士人批评君王尚属正常现象，基本上发挥

① 〔南朝宋〕范晔：《后汉书·桓谭冯衍列传·桓谭》。

了坚持道统的职能，并大体维护了做人的尊严。至汉初董仲舒“君阳臣阴”论的推出，天平的砝码倾向君权，君权完全凌驾于政府权力之上，士人沦为匍匐在君主脚下的“罪臣”，再也无法站直说话、真实做人，成为失去尊严的政治工具。如果说先秦时代的学者、臣子有时还可充当“君师”角色，还能以平等的身份说出建议和劝告的话，到此时只有“不辞其诛”的份了。君权神圣势必连带着行政体制纵向强制关系的膨胀，每一级官员均要求士人听命服从，以道自任、具有独立个性的士人，不独在君主面前丧失发言权，于整个体制中也难有立足空间，正直的士人不能不深感悲哀。至东汉之初，虽然士人于大是大非上，还在做“拥经自重”的努力，仍抱有“被服圣教”“轨德立化”[①]的理想，毕竟身属附在“皮”上的“毛”了。桓谭之死，再次表明了君主可以不在乎经学的规范，君主的是非便为是非。王充不得不展开思考：现行体制是否完全符合儒家学说，以孔子为“素王”的理想能否在现实中行得通，坚持己见的性格会不会重蹈老师的覆辙……

王充在洛阳感受光武中兴的时候，正值他人生观、价值观逐步成熟的阶段。他从国家强盛、社会复兴过程所展现的时代面貌中，得到多方面的体验和认识。世人的舆论、同学的“裁量”，给了他许多参考与启发。而他观察政事、感受社会的角度却有所不同，他更注意考察一项项决策的实施效果，于社会、于百姓是否带来实惠，有没有实现“百姓安乐”“德力俱足”。从这一角度出发，他得出了当朝无愧为难得之“盛世”的基本看法。《论衡》中，他写下了不少颂扬当朝的篇章，如《齐世》《宣汉》《恢国》《须颂》等，“极论汉德非常，实然乃在百代之上”。这些内容招致了后人尤其是近代学者的纷纷议论。批评者说，王充在这件事情上缺少骨气，为了仕途而违心媚上；有的人更认为他无力洞察政治，这些议论“可称为乡曲之见”。[②]而为王充辩护的人则解释说，这些篇目不过是官样文章，人在仕途身不由己，可以理解。

无论非议还是谅解，上述看法均没有把王充对光武中兴的体验与他心目中

---

① 〔东汉〕王充：《论衡·程材》。

② 参见徐复观：《两汉思想史》卷二，华东师范大学出版社2001年版，第345页。

的儒家治国理想联系起来看，也未能把握王充作为平民思想家的特殊视角，与真实的王充隔了一层。虽不排除王充撰写《宣汉》《须颂》时带有向朝廷传达“效力”信息的用意，但其根本性的出发点，还是得自一个乡间学生在洛阳所感受的时代风貌和盛世气象。王充下笔历数“汉德”时，更多的是想到了民生状态，而淡然于有没有“守道”抑或“媚上”等士大夫特有的情结与顾虑。所谓“知屋漏者在宇下，知政失者在草野”[①]，说他是“乡曲之见”也不算错，如果不从贬义去理解的话，便会觉得王充书写称颂“汉德”的文字时并不违心，这是理性思考后的落笔。其一，王充“表德颂功”，举灾荒之年朝廷将余粮运往灾区赈济之例，有着为后世作则的功效。其二，王充深知“生逢盛世”的难能可贵。虽然统治者和儒家传道士从来把德政挂在口头，可德政对于老百姓来说罕有几分真实。春秋无义战，战国七雄相斗，秦朝苛政不已，汉楚争国战乱，其后又边患起、繁政兴、民生困、新莽乱，中间只一小段“文景之治”。社会整体上置于稳定、发展的秩序中，对于世人来说实在是件可遇不可求的幸事。尤其对学者而言，且毋论拥有了求学、治学，学问不间断积累、长进的机会，单说精神风貌，治世所赋予的自信、充实和乐观的心气，也足以受益终生。王充书写颂“汉德”文字之际，是以他“通古今之变”的历史眼光，为生活在光武中兴的百姓和自己由衷庆幸的。这种历史感非普通书生所能体察。

当然，光武中兴留给王充的印记远不限于颂“汉德”的范围，而是一种立体化的影响，这种影响在他的学术视野、政治立场乃至人生定位和道路选择等方面均留下了深深的印痕。王充离开洛阳后长期蛰居基层、乡间，但他一直怀有放眼天下、关注政治大局、心系国计民生的胸襟。尽管他自走出太学之门便多受庸吏排斥，仕途不顺，他始终对当朝的大政方针给予认同，对体制持以合作态度。同时，通过就近观察，皇权政体的各种弊病，如思想禁锢、迷信蔓延、权贵横行、官场腐败等，在建武朝皆有表现，《论衡》对此不无批评。与此同时，对体制中权力与学术的矛盾之处，他也看得清清楚楚。欲独立思考，创立己说，就得和体制保持一定的距离。这一点，他意识到了，并做了初步的思想准备。

---

① 〔东汉〕王充：《论衡・书解》。

# 第七章　告别求学生涯

听课、自学、交友、讨论、灵市面、逛书肆、谈朝政、思考问题……王充紧凑而丰富的太学生活很快过去了八九年。

汉代的太学既是国家的最高学府，也是国家的考试和遴选机关，太学生没有规定肄业年限，只要通过考试即可以毕业。考试课目主要有“策试”和“设科射策”两种。“数举贤良，令人射策甲乙之科，若董仲舒、唐子高、谷子云、丁伯玉，策既中实，文说美善，博览膏腴之所生也。”① “策试”考察对章句的解释功夫，“射策”出题则按水平高低分为两档，以检验学生根据经典解疑答难的能力。“射策”考试时，将疑难问题写于竹签上，事先密封不使其外泄，临时听凭被试者抽一种或两种答问。答问须紧扣主题，引经据典展开论述，文字还要通达雅致。《论衡·超奇》中曾这样总结：“选士以射，心平体正，执弓矢审固，然后射中。论说之出，犹弓矢之发也；论之应理，犹矢之中的。夫射以矢中效巧，论以文墨验奇。奇、巧俱发于心，其实一也。”考官根据试卷评判优劣，合格者曰“中”。再进一步细分出不同的等级，并按考试成绩的高低授予相应的官职。起初，太学每年考试一次，称“岁试”。随后，岁试不断调整、演化，最终定型为甲、乙、丙三科考试。三科考试亦称上第、中第和下第，不同等第是不同官职的授予依据，通常甲科授郎中、乙科授太子舍人、丙科授文学掌故。

① 〔东汉〕王充：《论衡·别通》。

东汉太学的考试、毕业程序如同其教学方式，也是比较宽松的。考试合格者即步入仕途；已在仕途上走了一段的人，为谋求更好的发展机会，还可回炉再考；机会最好的是赶上皇帝来视学。冬十月，“车驾还宫，幸太学，赐博士弟子各有差”[①]。对于考试未通过的，亦实行给出路的政策：允许重试，没有年龄和年限限制，直至考出为止，有人“结童入学，白首空归”，一辈子都待在太学中。

像王充这样“少游太学”的人，一般在太学待的时间都比较长，原因倒不是通不过“射策”，凭他们的水平通过考试是游刃有余的。主要是他们年龄尚小，未通世事，在太学中多学点东西显然是更好的选择。如贾逵、班固等均少年成名，“自为儿童，常在太学，不通人间事”，多到成年之后才出来做官。王充也属于这种情况。他是个读书种子，虽然也希望入仕为官，使所学付诸事功，但读书仍为最大的乐趣所在，拥有洛阳太学这样举世无双的求学条件，自然不会轻易放弃。王充在《论衡·别通》中，就都邑大市与百家之言的关系作了一番比喻、类推。“人之游也，必欲入都，都多奇观也；入都必欲见市，市多异货也。”“故入道弥深，所见弥大。”接着引申道：“百家之言，古今行事，其为奇异，非徒都邑大市也。”所论是博学达通的道理，但从他的思考过程看，显然是相互联想，有感而发的。在纸张尚未广泛用于印书的年代里，倘若未经学术前沿的熏陶，错失授业名师的教导，没资格披阅国家图书馆的藏书，也无机会接触全国最大的书肆……那么，无论在知识的广博上还是见解的深度上，欲达到撰写《论衡》这样一本“尽知万物之性，毕睹千道之要”理论著作的水平是不可想象的。王充清醒地认识到这一点，万分珍惜在太学的时光，为治学生涯夯实尽可能厚的基础。除了熟读百家之言外，还把触角伸向自然科学的各个领域，涉猎或钻研天文学、物理学、地理学、昆虫学等。

王充无论如何留恋太学，终究是要走上社会的，他在二十四五岁的时候，不得不做出这一决定。通过“射策”之类的考试，并非王充关注的重点，他考虑的事情比周围的同学们要复杂、深远许多。进入太学的学子们的目标通常都

---

①〔南朝宋〕范晔：《后汉书·光武帝纪》。

简单而明确：学而优则仕。即使有人还想兼治学问，只要不触犯官方意识形态的雷区，实现当官、治学两不误也不是没有可能。成功的先例远有董仲舒、桑弘羊，近有班彪、桓荣等，皆得名利双收。

然而王充的事情没有这样简单。太学期间是王充人生观的成熟期，他出身平民，来自底层，尊奉儒家理想人生，在洛阳亲身体验光武中兴的气象后，对当朝政治基本认同，进入体制施展所学的想法逐步明朗。关于王充对待仕途的态度，历代皆有学者不以为然，尤其是近代中国台湾学者有许多微词，批评他来自乡曲，求官心切，仕途不顺又牢骚多多，遂倾泻于《论衡》之中。[①]这样的批评不免角度过于简单，更存有脱离历史条件之嫌。虽然古代社会“学而优则仕”的价值导向弊端不少，但是当时也并不存在一条更为合理的选官途径。学子抱此想法，符合社会的理想准则，被视为人生正途，无可厚非。与此同时，淡化仕途、专心他务亦不失为另一种人生态度，多种人生方式完全可以并存，因人而异，各美其美，无须厚此薄彼。不以入仕而掉价，亦不因归隐而高标，关键还是看个人自我定位后做了些什么。事实上，这两种态度从来就不是水火不容的，相反，倒像是一块硬币的正反两面，所谓“穷则独善其身，达则兼济天下”。两汉之际，此种现象尤其明显。扬雄、桓谭、马融、仲长统等均有清静自守与入朝为官相互交叉的经历，时论并没有不以为然。社会是复杂的，人的性格、想法、行为也非白纸一张或者一成不变，将多样性、多色调集于一身，才是更为真实可信的人生。根据不同境遇、不同感受和不同年龄段的人生目标，沉浮于出处两可之间，显然更符合一些学者的生存境况。

王充的情形正是这样，在没有切身体验官场滋味之前，他是想浮沉宦海一试身手的，更为良好的结果当然是求道与功利得以两全。问题是，考虑到自己治学问道、自成一说的志向以及坚守己见、宁折毋弯的个性后，他便不能不对是否见容于体制心存顾忌。一旦两者发生矛盾，自己的追求与性格为体制所不容时，怎么办？做官与治学，孰轻孰重，孰进孰退？因此，必须明确自己树立的终极目标是什么。王充在思考这些问题的时候，老师桓谭的影子总在眼前晃

① 徐复观：《两汉思想史》卷二，华东师范大学出版社2001年版，第344—345页。

动，其最后的命运更是不断向他发出警示。让王充找不出圆满答案的症结在于，他清楚地知道，自己不苟同俗见的习性较老师有过之而无不及。在反复思考、比较了各种条件和可能性之后，王充初步完成了自己的人生设计：究天人之际、自立一说是他最终的人生目标。在为官的同时，能自由著述最为理想，若两者难以兼容，则义无反顾地“归乡里，屏居教授”①。王充选定了治学为重、出处两可的人生之路，栖身仕途的前提是不丧失自己人格的独立性和思想的发言权。这样的选择，意味着一生中可能遭遇逆境、困境乃至极为孤寂的命运，王充做了必要的思想准备。

唯一让他感到遗憾的是，出洛阳或“归乡里”后，欲求京师这种得天独厚的读书问学条件而不可得也。好在他于近十个春秋的太学生活中积累了丰厚的知识，产生了许许多多的想法，毕业前最重要的事情，应该是把自己的求学经历与体会做一番承上启下的梳理和总结，以更强大的理论自觉为日后确立一个明晰的治学思路。王充的治学观脱胎于此时，在他的研究生涯中不断完善、成熟，终而发展为他学说的组成部分。

王充带着吴越文化养就的务实眼光和个性来到京师求学。对于在中国思想史上有着承上启下地位的汉代学术思潮，王充的感悟经历了三个阶段的发展与变化：首先为之辉煌的成果所吸引、震撼，继而为它的学术观点和思维方式所影响、浸润，最后又对其优点和局限进行总结、反思。

秦汉时期大一统中央集权国家的出现，催生了汉代学者重新构建世界的愿望和勇气，他们在先秦思想家从道德法则和道德精神的角度论说“天人合一”的基础上，试图寻找一种能够容纳、囊括整个宇宙万物的理论框架，最终说明大一统帝国的合理性和永恒性。汉儒在以阴阳五行言天道的思想框架内将关注的目光集中在两个基本问题上。关于第一个基本问题，任继愈先生说：“秦汉哲学基本上讲的是关于宇宙构成的认识之学。”②中国古代宇宙论发端于战国时代，在汉代天文学进展的推动下，汉儒无不放眼宇宙，思考自然万物的起源问题。

---

①〔南朝宋〕范晔：《后汉书・王充王符仲长统列传・王充》。

②任继愈主编：《中国哲学发展史・秦汉卷》，人民出版社1985年版，第4页。

自陆贾开讲："张日月，列星辰，序四时，调阴阳，布气治性，次置五行，春生夏长，秋收冬藏，阳生雷电，阴成霜雪，养育群生，一茂一亡。"[①]汉儒相继探讨了气生成万物的问题，催生了宇宙生成论的问世。另一个基本问题为天地人的关系。汉儒通过反思，摒弃了韩非子"不相容之事不两立"的思维模式，转而认同天地人相统一的思维模式："天生万物，以地养之，圣人成之。功德参合，而道术生焉。"[②]这种汉代学术思潮经陆贾、贾谊、晁错以及《淮南子》作者的不断推进，至汉武帝时由董仲舒终其成，编织了一个有着深厚学理之本的天人贯通的庞大思想体系。它以儒家经典为基础，以《周易》的阴阳五行概念来解释、推演天象与人事间的关系，通过对天文、地理等诸多自然现象精致而详尽的分类，并巧妙地与人间活动对应、搭配，描绘出天人相互感应、贯通的世界图式，所谓"以类合之，天人一也"。按徐复观的说法，就是"有动力、有秩序、有反应（感通）的气的宇宙法则，及由此所形成的有机体的世界"[③]。它的认识方法论主要是比附、穿凿与阐释、推理，属于直觉把握的经验范畴，但因其结构的精致和头上所罩的神圣光环而产生了很强的理论穿透力，成为汉儒信而不疑的世界观和治学观。即便如大学者扬雄，虽在某些方面对这一思想体系有所疑问，但总体上还是被笼罩其中，曾说："通天、地、人曰儒。"[④]

汉代学术思潮放眼宏观、注重整体性思维的基本特征及其在所关注的根本问题方面取得的成就，对王充的学术活动有着深刻影响，构成他思考问题的学术背景和从事研究的思想平台。《论衡》中对宇宙论的探讨就天地人关系的论述，虽有不少创见和突破，但还是在汉代思潮的大框架中构想运思的。

王充之所以为王充，不同于汉儒，甚至有别于那些名重一时的思想家，于汉代学术思潮入乎其中又超乎其外，除了在于天道自然的根本点上，他对汉代宇宙论和天人关系论增添新意外，更在于对大多数儒者奉行的治学方式不予苟同。董仲舒构建的天人感应说，以阴阳五行重释儒学经典为基本学术构成，更

① 〔西汉〕陆贾：《新语·道基》，四部丛刊，上海商务印书馆缩印本。
② 〔西汉〕陆贾：《新语·道基》，四部丛刊，上海商务印书馆缩印本。
③ 徐复观：《两汉思想史》卷二，华东师范大学出版社2001年版，第50页。
④ 〔西汉〕扬雄：《法言·君子》，四部丛刊，上海商务印书馆缩印本。

是意识形态化的“罢黜百家，独尊儒术”。汉儒视解经习经为治学的主流，纷纷拿阴阳五行之说，各附一经，以言天人合一，“孝武时有董仲舒、夏侯始昌，昭、宣则眭孟、夏侯胜，元、成则京房、翼奉、刘向、谷永，哀、平则李寻、田终术”[①]，使学术思潮渐呈僵化之态，后学之辈循“六经”而行，局限于天人感应的思维框架内。汉代谶纬流行，与此等思想状况大有关系。王充求学的东汉初年，开始有个别学者反思一百多年来的学术思潮，范围限于对寻章摘句和谶纬的批评，就基本学理尚无怀疑。这说明，当一种思想体系在封闭的情况中被奉为神圣之后，在没有外来文化撞击或者内部批判精神得不到滋生的情况下，人们欲突破既定的思维定式、实现思想创新是一件相当困难的事情。与绝大多数学子不同，王充不是抱着习经证经的态度来求学的，他身上具有周围同学所鲜见的思想品质：独立思考，发现问题，深具怀疑精神、批判精神。受业太学对他来说，既是增长见识、接受学术熏陶的过程，也是与主流思想文化平等对话的过程。他在获取许多收益的同时，亦自觉地打造着自己与众不同的治学思路，表现出别具一格的问题意识、阅读视角和认知框架。

汉儒虽然也讲自己治学的目的在于“究天人之际，通古今之变”，但他们大多认为，这件事情在孔子的经典中和董仲舒的学说里已经有了圆满而权威的答案，终极问题已经解决，所谓“天不变，道亦不变”，后人认识世界于基本方面已不存在什么疑问了。也就是说，他们在认识论上信奉的是价值判断。

王充觉得这种认识事物的思路很成问题，正确的态度应该是事实判断。他反对简单化的尊贤称圣，所谓经典的作者并非先知先觉，他们的知识也与常人一样，是后天学习得来的。“人才有高下，知物由学。学之乃知，不问不识……以圣人学，知其非圣。”[②]那种“儒者论圣人，以为前知千岁，后知万世，有独见之明，独听之聪，事来则名，不学自知，不问自晓，故称圣则神矣”[③]的说法，皆属“虚言”。圣贤之所以表现出过人才华，无非学习比常人更努力，知识比常人更丰富而已，圣贤之言就不能被视为真理和知识的唯一源头，而应被看

① 〔东汉〕班固：《汉书・眭两夏侯京翼李传》。

② 〔东汉〕王充：《论衡・实知》。

③ 〔东汉〕王充：《论衡・实知》。

作所要认识的“天下之事，世间万物”的重要组成部分。

在别人均以成论毋疑的地方，王充以为大可设疑。“夫贤圣下笔造文，用意详审，尚未可谓尽得实；况仓卒吐言，安能皆是？不能皆是，时人不知难；或是而意沉难见，时人不知问。案贤圣之言，上下多相违，其文前后多相伐者，世之学者，不能知也。”[①]任何学问、论点，皆有重新认识的必要，统属于以“实”衡量的对象，都需自己在客观观察、广闻博学和思考比较的基础上，拿“事莫明于有效，论莫定于有证”[②]的筛子过滤一番。“凡学问之法，不为无才，难于距师，核道实义，证定是非也。问难之道，非必对圣人及生时也；世之解说说人者，非必须圣人教告，乃敢言也。苟有不晓解之问，造难孔子，何伤于义？诚有传圣业之知，伐孔子之说，何逆于理？”[③]这便是王充所认定的治学时必先要树立的怀疑精神，不能认为圣贤穷尽了所有事理，后学只有接受、理解的份儿。对于这种问题意识，有学者用“唯实论”予以概括。[④]

当王充以“归实诚”的思路“效验”贤圣之书时，果然发现不少问题，无论对宇宙天象的解释，还是就社会历史的论述，乃至一些事件、现象的记载，多“虚妄言也”。王充又用这种思路去考察俗论，益觉“浮华虚伪之语”流行，“非其实也”，现今社会中通行的道理、知识，以及人们认识世界的思路，全方位地存在着误区，自己有责任给予拨乱反正。此种治学指导思想的形成，标志着王充达到了与众不同的新境界：求知问道不受经典的框限与束缚，用自己的头脑思考问题；经典既是知识的来源又是道实证验的对象；求知和思考的范围应放眼至“万物”与“千道”。著述立说的宗旨亦由此开始在王充的心中酝酿：

> 是故《论衡》之造也，起众书并失实，虚妄之言胜真美也。故虚妄之语不黜，则华文不见息；华文放流，则实事不见用。故《论衡》者，所以

① 〔东汉〕王充：《论衡・问孔》。

② 〔东汉〕王充：《论衡・薄葬》。

③ 〔东汉〕王充：《论衡・问孔》。

④ 钟肇鹏、周桂钿：《桓谭 王充评传》，南京大学出版社1993年版，第369页。

铨轻重之言，立真伪之平，非苟调文饰辞，为奇伟之观也。其本皆起人间有非，故尽思极心以讥世俗。[1]

夫贤圣殁而大义分。蹉跎殊趋，各自开门；通人观览，不能钉铨；遥闻传授，笔写耳取。在百岁之前，历日弥久，以为昔古之事，所言近是，信之入骨，不可自解，故作实论。其文盛，其辩争，浮华虚伪之语，莫不澄定；没华虚之文，存敦庞之朴，拨流失之风，反宓戏之俗。[2]

汉儒阅读世界的视角相对机械、单一，即循先圣目光、经典思路，拘泥于书本知识。王充感到，读书如果仅限于一经或数经，那是可怜又可悲的，就跟聋人、盲人差不多。“其为闭暗甚矣！此则土木之人，耳目俱足，无闻见也。”[3]要正确、全面地认识世界，必须跳出象牙塔，把目光和思绪投向无所不包的大千世界之中。他抱着“尽知万物之性，毕睹千道之要”的信念，研习各个学科的内容，采摭鸿博，收集四面八方的知识，所谓“游遍群山打腹稿”。观《论衡》诸篇章，除了社会知识和人文学科的内容外，还覆盖了天文学、气象学、物理学、医学、生物学、昆虫学、药物学等自然学科的各个领域，而这些恰是自命“微言大义”的圣人经典中所缺乏的，甚至被视为不屑入目的“雕虫小技”。

对于前人留下来的百家之言，王充一直将其作为获取知识的主要渠道，“须博览”，并达到“怀百家之言”“博通众流百家之言”的程度。他认为，前人知识与经验的结晶是一笔宝贵的思想财富，就像百条溪流所汇集的海洋：“大川旱不枯者，多所疏也。潢污兼日不雨，泥辄见者，无所通也。是故大川相间，小川相属，东流归海，故海大也。海不通于百川，安得巨大之名？夫人含百家之言，犹海怀百川之流也。”[4]

王充对儒家经典与诸子百家的关系更有着独到的体会。百家之说可视为经

① 〔东汉〕王充：《论衡・对作》。
② 〔东汉〕王充：《论衡・自纪》。
③ 〔东汉〕王充：《论衡・别通》。
④ 〔东汉〕王充：《论衡・别通》。

典的背景与重要补充，还可以当作参照，以纠正经书中的纰漏，“知经误者在诸子。诸子尺书，文明实是”①。博览诸子百家足以令人开拓视野，活跃思路，通过多种知识的比较，得出更加正确的看法。他打比方说，经典如同阳光，那么众流百家就像窗户，如果没有窗户，阳光再强，也无以照亮各处。只有了解百家之说，方能进一步理解经典的真谛，否则曲解多多，所谓“多闻博识，无顽鄙之訾；深知道术，无浅暗之毁也”②。概而言之，“百家之言，令人晓明。非徒窗牖之开，日光之照也”③。这种独到的见解，使他成为学术史上“以子证经”思路的首创者。

王充认识世界的视角，与汉儒的最大区别处还在于对现场观察与考察的注重，也就是充分体现经验实证的治学方法，“不目见口问，不能尽知”④“远不如近，闻不如见”⑤，从中获取知识与书本记载的互证互补。为此，他在洛阳观察天象，还向来自日南郡的人询问同期日食的情况，以研究北极星与太阳的运行规律。在研究蝗虫、雷电之灾等问题时，无不到现场观察，以亲眼所见为最终证明。

在如何看待和取舍知识的问题上，王充提炼出富于创见的着眼点：“凡贵通者，贵其能用之也。”⑥无论在王充出生前的经学还是在王充出生后的儒家，讲“致用”，多为经邦治国、化民驭民之术。王充的“贵用”，则在于明道安邦、益世佑民，如同孔子和诸子百家那样的鸿儒所为，“著书表文，博通所能用之者也”。“孔子作《春秋》，以示王意。然则孔子之《春秋》，素王之业也；诸子之传书，素相之事也。观《春秋》以见王意，读诸子以睹相指。”⑦先贤所传正是自己求知问学的追求。

关于“贵用”，王充的眼界较同时代的汉儒要广阔、实在许多，拓宽至化自

---

① 〔东汉〕王充：《论衡·书解》。
② 〔东汉〕王充：《论衡·别通》。
③ 〔东汉〕王充：《论衡·别通》。
④ 〔东汉〕王充：《论衡·实知》。
⑤ 〔东汉〕王充：《论衡·案书》。
⑥ 〔东汉〕王充：《论衡·超奇》。
⑦ 〔东汉〕王充：《论衡·超奇》。

然为人利的所有方面："入山见木，长短无所不知；入野见草，大小无所不识。然而不能伐木以作室屋，采草以和方药，此知草木所不能用也。夫通人览见广博，不能掇以论说，此为匿生书主人，孔子所谓诵《诗》三百，授之以政不达者也；与彼草木不能伐采，一实也。孔子得《史记》以作《春秋》；及其立义创意，褒贬赏诛，不复因《史记》者，眇思自出于胸中也。凡贵通者，贵其能用之也。"[①]

注重实用构成了王充既考证经典又"效验"俗说的治学风格。《论衡》包罗万象，内容宽泛到让后人感到"芜杂"的程度，以至于有人以"杂家"来概括王充的学说特征。

人如何获得知识？又怎样知道所学知识是否正确？这个关系到认知框架的问题。主流文化的解释或者说人们普遍接受的看法是，知识来自圣人的"达视远见，洞听潜闻"[②]，后人只要掌握圣人传下的东西即可知天下事了，以致后来出现"半部《论语》治天下"的说法。

王充的认识方法论是通过四个层面步步深入又相辅相成的认知框架。求知的第一步从"任耳目"开始，通过个人的感觉器官直接取得感性经验，"如无闻见，则无所状"[③]。人们正是通过对耳闻目睹的各种现象的思索与整理，才在头脑中初步形成相对完整、系统的知识结构："实者，圣贤不能知性，须任耳目以定情实。其任耳目也，可知之事，思之辄决；不可知之事，待问乃解。"[④]

王充注意到，面对相同的现象世界，每个人感知的程度存在差异巨大的问题。求知欲强烈的人善于主动观察，能够"见窍睹微"，展开联想，并不断整理自己的知识库，所谓"据象兆，原物类，意而得之。其见变名物，博学而识之。巧商而善意，广见而多记，由微见较。若揆之今睹千载，所谓智如渊海"[⑤]。各种各样的知识经过这样的用心整理，见识上的深度自然胜于他人，这就叫用心

① 〔东汉〕王充：《论衡・超奇》。
② 〔东汉〕王充：《论衡・知实》。
③ 〔东汉〕王充：《论衡・实知》。
④ 〔东汉〕王充：《论衡・实知》。
⑤ 〔东汉〕王充：《论衡・知实》。

的“任耳目”。

仅靠“任耳目”所得的经验，往往只停留在事物的表面，带有局限性甚至谬误。王充因此认为，认识过程有必要深入下一个层面——“开心意”。对所获取的大量经验性知识，结合着前人留下来的思想文化遗产，展开联想与思考，将自己直观的、多来路的、杂驳混淆的知识进行梳理，去粗取精，生发出新的体会与见解：“夫论不留精澄意，苟以外效立事是非，信闻见于外，不诠订于内，是用耳目论，不以心意议也。夫以耳目论，则以虚象为言；虚象效则以实事为非是。故是非者，不徒耳目，必开心意。”[①]

“开心意”的运思方式主要是推类，“揆端推类，原始见终，从闾巷论朝堂，由昭昭察冥冥”[②]，即把不同的两类对象进行比较，根据它们在一系列属性上的相似，并且已知其中的一类对象还具有其他属性，由此推出另一类对象也具有相似的其他属性。这种集归纳、演绎和类比等多重功能为一体的方法，为古代学者普遍采用，王充于此最为精到，法宝有两招。

一招是从前因推后果。以已有的自然社会观察经验和所学书本知识为前提，就一些现象的发展趋向作出分析与预测，对未知的情况作出推论，所谓“缘前因古，有所据状”。他用“人之瘟病”与“国之乱亡”的关系，阐明了推论的道理：

> 人之瘟病而死也，先有凶色，见于面部；其病，遇邪气也：其病不愈，至于身死，命寿讫也。国之乱亡，与此同验。有变见于天地，犹人瘟病而死，色见于面部也。有水旱之灾，犹人遇气而病也。灾祸不除，至于国亡；犹病不愈，至于身死也。[③]

由此可见，凡事发生皆有先兆，能敏锐地觉察先兆，则可预判后果的发生。一些圣贤之所以能对历史发展作出正确的判断与把握，并非先知先觉，而是根

---

① 〔东汉〕卫充：《论衡·薄葬》。

② 〔东汉〕王充：《论衡·实知》。

③ 〔东汉〕王充：《论衡·治期》。

据“兆象”做出正确推论。

另一招是由此况类彼况。对于经验之外的、感官上又难于把握的现象，认知的办法为：同样以已知的经验和知识为基础，找出或想出不同事物之间的共同特性，由此物的状态推知彼物的状态。王充认为，世上一切事物“无与钧等，独有一物，不见比类，乃可疑也”[1]。他在认识太阳和月亮上有无动物的问题上就是如此运思的：

> 儒者曰：“日中有三足乌，月中有兔蟾蜍。”夫日者，天之火也，与地之火无以异也。地火之中无生物，天火之中，何故有乌？火中无生物，生物入火中，焦烂而死焉，乌安得立？夫月者，水也，水中有生物，非兔蟾蜍也。兔与蟾蜍，久在水中，无不死者。日月毁于天，螺蚌汨于渊，同气审矣。所谓兔蟾蜍者，岂反螺与蚌耶？且问儒者，乌兔蟾蜍，死乎生也？如死，久在日月，焦枯腐朽；如生，日蚀时既，月晦常尽，乌兔蟾蜍皆何在？[2]

王充生活的时代，天人感应的观念极为盛行，王充正是以类比的方法发现了许多将天人格化的破绽。同时，他也运用这种方法将探索的触角深入自然界的未知领域，极大地扩充了自己的知识面，并对大多数事物建立了比较准确的看法。

看待、分析事物的批评眼光，构成王充认知框架中的重要一环。王充治学中鲜明的批判精神源自他认识事物的怀疑目光。古人认识世界，包括学者求学，多守陈说，也就是“信”的态度。王充则是倒过来认知的，无论对圣贤之说还是世间经验，在接受之前须先经过怀疑和挑剔程序，“细说微论，解释世俗之疑，辨照是非之理，使后进晓见然否之分”[3]。结果他在读书与了解俗见中，发现了许多“虚言”，提出了一系列问题。这些遂成为王充树立正确认识的思想前

---

① 〔东汉〕王充：《论衡 · 四讳》。
② 〔东汉〕王充：《论衡 · 说日》。
③ 〔东汉〕王充：《论衡 · 对作》。

提，“伤伪书俗文多不实诚，故为《论衡》之书”①。

王充认识论的落脚点最终定在“效验”上：“凡天下之事，不可增损，考察前后，效验自列。自列，则是非之实，有所定矣。”②书本中、传闻间的大量知识是否正确，全部要经过实际的验证，“如实考之”。如果没有这道最终程序的过滤，就是圣人之说也不能成立，“无兆象效验，圣人无以定也”③。

那么，如何“效验”呢？王充总结：“论则考之以心，效之以事，浮虚之事，辄立证验。”④主要是通过观察的经验、实际的测试、结果的效证以及推类的分析、论辩等途径，从多个侧面加以检验，综合得出结论。对于这种方法，他在否定“雷为天怒”、证明“雷之为火”时，运用得淋漓尽致，可视为范例：

> 何以验之？雷者，火也，以人中雷而死，即询其身，中头则须发烧焦，中身则皮肤灼焚，临其尸上闻火气，一验也。道术之家，以为雷烧石色赤；投于井中，石燋井寒，激声大鸣，若雷之状，二验也。人伤于寒，寒气入腹，腹中素温，温寒分争，激气雷鸣。三验也。当雷之时，电光时见，大若火之耀，四验也。当雷之击时，或燔人室屋，及地草木，五验也。夫论雷之为火有五验，言雷为天怒无一效。然则雷为天怒，虚妄之言。⑤

从这样的眼光和标准出发，王充对已有书本和传闻中的知识进行了全面的清理，发现许多地方“实事则不然”“未必得其实”。他根据自己从多方面获取的资料，加以考证、分析，进而得出新的结论。

在求知过程中，王充也发现，一些问题虽经过实际感受和认真思考，仍无法得出令人信服的答案。他坦率地承认：

---

①〔东汉〕王充：《论衡·自纪》。
②〔东汉〕王充：《论衡·语增》。
③〔东汉〕王充：《论衡·知实》。
④〔东汉〕王充：《论衡·对作》。
⑤〔东汉〕王充：《论衡·雷虚》。

天下事有不可知，犹结有不可解也。见说善解结，结无有不可解。结有不可解，见说不能解也。非见说不能解也，结有不可解，及其解之，用不能也。圣人知事，事无不可知，事有不可知。圣人不能知，非圣人不能知，事有不可知，及其知之，用不知也。故夫难知之事，学问所能及也；不可知之事，问之学之，不能晓也。①

在复杂而变幻莫测的大千世界面前，纵有“尽知万物之性，毕睹千道之要”的雄心，亦不可能不遇到难以穷尽其理的困惑。王充与圣贤们不同的是，他不去包打天下，而持以“知之为知之，不知为不知”的求实的治学态度。王充的治学观清晰易懂，算不上深奥。然而，正是这个为今人理解与接受的治学观，说明了王充的认识水平在当时的领先程度。当东汉初年汉儒们还在神学加经学中打转之际，王充构架了一个感性知识与理性思维交叉互动，书本记录与观察经验相互印证，最终将一切真知考于“效验”的治学思路。他之所以在学术成果上超越同时代汉儒，在思想方法上的优势是关键。

具备了如此知识观和治学志向的王充，对于太学毕业程序中的“射策”考试，自然不会当回事儿认真对待。在他看来，程序是不能不通过的，但也无须曲笔表达“虚言”，以迎合流行的套路与口味。王充毕业分配的出路不是留朝中任职，而是外放为郡县小吏，可能因为他“射策”的成绩一般。这个“一般”不是说他学问有限，恰恰相反，是知识、见解太多。在只能讲一种道理、一个说法的地方，考生擅自发表一番论议，轻则易走题，重则会触禁，犯了考试之大忌。

王充自己当然知道，考试成绩与学识之间并不能简单地画上等号，出京任职虽与理想存在距离，但毕竟洛阳求学所得是终生财富。他从此告别了学生身份，走向另外一番天地。

① 〔东汉〕王充：《论衡・实知》。

# 第八章　初涉官海

尽管这一天迟早都会到来，王充离开京师、太学时还是恋恋不舍。这里有他尊敬的师长、意气相投的同窗，以及读不完、阅不尽的洛阳书册。自己仕途的前景如何？王充既充满期待又心里没底。

王充于《论衡·自纪》中写到自己的仕途阅历：“在县位至掾功曹，在都尉府位亦掾功曹，在太守为列掾五官功曹行事，入州为从事。”《后汉书》亦记：“仕郡为功曹，以数谏争不合去。”是知王充离开太学后曾在县、郡、州诸级地方政府中任过属官。至于任职的具体地点，《论衡·自纪》和《后汉书》均未说明。过去学者根据汉代属官由地方官聘任，且主要由本郡士人充任的惯例，多以为王充任职于老家上虞。周桂钿先生根据他对王充及《论衡》的研究，推出王充离开洛阳后“可能先到陈留（今河南省开封市陈留镇）一带任职”的说法。“王充对陈留地方的风土人情比较熟悉，《论衡》中多处提到陈留的人和事。”如《论衡·感虚》载：“建武三十一年（55），陈留雨谷，谷下蔽地。案视谷形，若茨而黑，有似于稗实也。”《论衡·商虫》又记：“建武三十一年（55），蝗起太山郡，西南过陈留、河南，遂入夷狄，所集乡县以千百数。”他看到“蝗食谷草，连日老极，或蜚徙去，或止枯死”。在《论衡》的《程材》《效力》等篇中，王充多次说到陈留太守的事情，相当具体，似非根据传闻所记。“陈留太守陈子瑀，开广儒路，列曹掾史，皆能教授。簿书之吏，什置一二。”

此外，周桂钿先生还提出一条重要的旁证。“袁山松《后汉书》载王充，‘观天子临辟雍，作《六儒论》’，据《后汉书·祭祀志中》载，建武中元元年

(56)，'初营北郊，明堂、辟雍、灵台，未用事'。刚建辟雍，尚未使用。明帝永平二年（59）三月，明帝'临辟雍，初行大射礼'，这是明帝第一次'临辟雍'。明帝第二次'临辟雍'，是在永平八年(65)。王充'观天子临辟雍'可能是在这两次中的一次。"[①]这时候，王充已从太学毕业，如果任职远在会稽一带，则不大可能专门赶来参与这场盛事。王充此刻出现于洛阳，说明他司职掾功曹的地点就在附近。

笔者以为周桂钿先生言之有理，对进一步了解王充的身世富有启示。读《论衡》时不难感到，王充对中原文化中的民间习俗相当熟悉且有深刻理解，他讥俗的内容中不限于南方，也包括许多北方风俗。认识到如此深度既非仅通过阅读书籍所能达到，亦不是调查、采风可以实现的，应属经历过当地生活积累而成的见识。

从这点上说，以陈留为出仕的第一站，既是有司的安排，也不失为王充的主动选择。这里是北方文化的核心区域，战国时属于魏国的地盘。东汉时，陈留郡为兖州第一大郡，也是兖州境内最靠近洛阳的区域，位置重要，经济文化比较发达。陈留县为郡治所在，距京都四百来里，可以比较快地感受朝中动态，欲了解学术信息以至于赴洛阳游书肆、会师访友也是旬日即可的事。这些都是刚出道的王充所需要的，他首选在陈留任职也就显得合乎情理。此外，陈留靠近魏赵边境，比邻王充的祖籍魏郡元城，两地隔着黄河，一衣带水。王充对此自有一分故土的亲近感。只有对北方文化有全面深刻的理解，才能实现其与吴越文化在深层次上对话与交流的目的。王充这一段在北方基层生活的经验，对写作《论衡》帮助不小。

王充在县"位至掾功曹"。东汉正式的地方行政建置分郡、县两级，该建置定型于秦代，汉承秦制，《后汉书 · 百官五》载其职能："皆掌治民，显善劝义，禁奸罚恶，理讼平贼，恤民时务，秋冬集课，上计于所属郡国。"县级政权的官员设置为："县万户以上为令，不满为长……丞各一人。尉大县二人，小县一人。本注曰：丞署文书，典知仓狱，尉主盗贼……各署诸曹掾史。本注曰：诸

① 钟肇鹏、周桂钿：《桓谭 王充评传》，南京大学出版社1993年版，第95—97页。

曹略如郡员，五官为廷掾，监乡五部，春夏为劝农掾，秋冬为制度掾。”秦汉之际，行政机构还比较简单，县级衙门的官吏也就几十号人。县主官称长吏；诸署曹掾称属吏，各管一摊，向县主官负责，其中有掌文案的，有理财税及司刑罚的。后人将县衙的事务概括为“刑名钱粮，书启朱墨”八字。周作人在《关于绍兴师爷》中云：“刑名钱谷古今称司法与财政，书启乃是秘书，朱墨则是书记之流。”①王充所任职的掾功曹在县府诸属吏中处于重要位置，相当于萧何秦时在沛县所任的主吏掾，“以文无害为沛主吏掾”，管草拟文案、人事、总务等，有点庶务主任的意思。

二十多年饱读诗书，王充树立了“士志于道”的高远理想，任职做事就是要把志向付诸现实。然而，宦海初航经历了一个积极用事—遭遇困惑—深刻反思—重新定位的曲折过程。初到县衙，万事新鲜，他怀着一展身手、做出成绩以求功业的热望，积极从事职内的公务，“儒生受长吏之禄，报长吏以道”②。同时也在认真观察、感受东汉王朝基层政权的运行规则和同僚们为人处世的套路。王充聪明、精干，有从政的激情，尤为笔健，每临具公文拟告示，他出手极快，显示出深厚的“胸中之藏”，而且文辞得当精美，他自我感觉良好，也颇得长吏赏识。但是，做属吏的无非是给主官办事，每天都要处理大量琐碎的日常事务，王充不擅长甚至感到不耐烦。他觉得，这些都是“与木土之匠同科”的程序性杂事，具有普通头脑的人均能操作，让博览群书、通经明典的学者整日对付“治书定簿”，是一种生命的浪费，就像是用“牛刀割鸡”，不是干不了，而是不屑去做，“儒生之不习，实优而不为”。有了这样的心思，他在办理日常政务方面便无意追求滴水不漏的效果，“将有烦疑，不能效力”。于是，在办事能力上，他“不习于职”，未能给主官留下良好的印象。

王充涉足宦海的开局阶段苦乐共存、喜忧参半，无论顺水还是逆风，均在意料之中。随着时间的推移，他越来越觉得临官场果如临深渊，其表层讲的都是“圣人之道”，但实际通行的则是另一套不成文的心照不宣的潜规则，他更多

① 冯牧、柳萌主编：《周作人小品文全集》（下），时代文艺出版社1996年版，第352页。

② 〔东汉〕王充：《论衡·量知》。

的是感到不适与困惑，处境亦变得有点艰难了。在处理许多事务的时候，他坚持严格按朝廷诏令、儒家原则行事，不随意走样。“志在修德，务在立化……建蹇蹇之节，成三谏之议，令将检身自敕，不敢邪曲者，率多儒生。”[①]结果他往往得不到上司与同僚们认同，反倒陷于孤立，被视为书生气重，拙于变通，不开窍，“力无益于时”。更为难堪的是，他对大量的事情“守古循志，案礼修义”，不仅办不成事，反而把上下左右全给得罪了，为“将相所不任，文吏所毗戏”。王充觉得并未有意跟谁过不去，只是按照儒家“修身齐家治国平天下”的理想境界为人做事而已，为何就难以融于当时的官吏氛围，而陷入“俗共短之”的窘境呢？

按“修德立化”原则行事而遭遇了一次次碰壁后，王充发现实际主宰官场运作的另有一只“看不见的手”。大部分官吏在表面上、口头上，都高举“仁义道德”，大讲以身作则，教化万民。然而这种超越功利的理想主义，在纵向服从体制的磨砺下，演变为一种实用主义的官场规则，即说一套做一套。冠冕堂皇的大道理讲予外人装点门面，实际上“暗度陈仓”，按照向上负责、获取功名利禄的价值取向行事。这种利益关系的最主要表现，是权势重于是非。大大小小的官吏沉浮于宦海的第一道“护身符”叫作“学求合于上”[②]，投上司所好。官场行事，大的原则是朝廷诏令，落实于操作层面就演化为层层官员的指示，执行情况实际上掌握在官员手中。下级无不揣摩上级的心理，“文吏所学者，事也”，而不是以怎样合于“道”来考虑问题。上司为人正派，事情可能办得比较合理、公正，一旦心术不正，“经”就会念歪，至少是掺杂私利于其中的，一级级下属追求让长官顺心、舒心，一直到皇上的龙廷里也不例外。一些“大佞”为讨人君欢心，常用“损下益上”的办法获取宠幸：“误设计数，烦扰农商，损下益上，愁民说主。”[③]如此者，“道”便主要存在于条条的诏令之中，却在体制运作中暗废了。让王充感到不可思议的是，大量按原则不可行的事情，竟由文吏在变通中一一落实，甚至转化为冠冕堂皇的所谓“政绩”。多数官员就是这样

① 〔东汉〕王充：《论衡·程材》。

② 〔东汉〕王充：《论衡·答佞》。

③ 〔东汉〕王充：《论衡·答佞》。

台前一套，幕后一套，大要两面手法，却自以为得计，“勤力玩弄，成为巧吏，安足多矣”[①]。表里如一的正人君子几乎很难遇到，“案世清廉之士，百不能一，居功曹之官，皆有奸心私旧”[②]。各种各样的不正常现象在官场中大行其道，而且在所难免，以致造成正常者被视为不正常，不正常者反倒成为正常了。

如果说利益关系作用下的种种官场之怪状让王充困惑不已，这个潜规则孵化出的又一景象更让他吃足苦头。在官场待的时间越长，王充越感到，这是一块“小人得志”的天地，书生型的正派人士必然陷入谗人与佞人遍布的泥沼，进退失据，难以应付。谗人是让人无可忍受的一个群体，无处不见他们的身影，他们热衷于向主官打小报告，混淆是非，把功劳归于自己，将过错推给他人。他们还常常无端地“以口害人”，损人不利己。谗人可恶，危害还在明处，佞人则让人防不胜防。这个不起眼的群体颇通权术，行为相当特别，明里并不与谁过不去，和和气气的背后却暗藏着杀机：“佞人毁人，誉之；危人，安之。”当他们要打击某人时，表现出来的却是吹捧和劝慰，所谓擒纵之术。王充将自己的观察与感受浓缩于《论衡·答佞》中：

> 假令甲有高行奇知，名声显闻，将恐人君召问，扶而胜己，欲故废不言，常腾誉之。荐之者众，将议欲用，问人人必不对。曰甲贤而宜召也。何则？甲意不欲留县，前闻其语矣。声望欲入府，在郡则望欲入州。志高则操与人异，望远则意不顾近，屈而用之，其心不满，不则卧病。贱而命之则伤贤，不则损威。故人君所以失名损誉者，好臣所常臣也。自耐下之，用之可也；自度不能下之，用之不便。夫用之不两相益，舍之不两相损。人君畏其志，信佞人之言，遂置不用。

王充总结出一条重要的官场要诀：佞人做事十分隐蔽和精明，即使作风正派的长官也难以察觉他们的险恶用心。儒生对这样的人，必须时时警惕。然佞

① 〔东汉〕王充：《论衡·程材》。

② 〔东汉〕王充：《论衡·遭虎》。

人的出现并非偶然，他们是与官场的平庸保护机制相伴相生的。

官场的种种怪状令王充愤愤不平，但在一段时间里他仍对自己获得发挥才华的舞台抱有希望，即渴望遇到“慧眼”：“且骥一日行千里者，无所服也。使服任车舆；驽马同音。骥曾以引盐车矣，垂头落汗，行不能进。伯乐顾之，王良御之，空身轻驰，故有千里之名。”①随着时光的推移，他不得不沮丧地承认，欲碰到对自己有“知遇之恩”的主官委实很难。在不求有功但求无过、多一事不如少一事的行政体制中，“主官不识贤儒”是普遍的现象。“今贤儒怀古今之学，负荷礼义之重，内累于胸中之知，外劬于礼义之操，不敢妄进苟取，故有稽留之难。无伯乐之友，不遭王良之将，安得驰于清明之朝，立千里之迹乎？”②

饶是这样，王充仍不愿意改变自己以合俗流，依然故我地坚守着以“道统”引导“政统”的信念。日子一久，他便显得与周围格格不入，处境越来越不妙了，不仅在同僚中被视为古板，就是在上司眼中也属“迂腐”，有碍手碍脚之嫌，不得欢心。上司和同僚客气时对他敬而远之，不客气时更会摆出冷脸。“论者多谓儒生不及彼文吏；见文吏利便而儒生陆落，则诋訾儒生以为浅短，称誉文吏谓之深长。”③像自己这样具有高志妙操的儒生，坚守节操，不愿屈志献媚，“儒生学大义，以道事将，不可则止；有大臣之志，以经勉为公正之操，敢言者也……位又疏远”④，等待他们的结局往往是“郁郁不得志”，空怀报国热望。所为不识“时务”，便“力无益于时，则官不及其身”⑤，“焉敢望官位升举”⑥。王充凭借自己“文章滂沛”、深明大义的才能以期“得升陟圣主之庭”⑦的热望严重受挫，他不得不发出“卑位，固常贤儒之所在也”⑧的无奈叹息。

---

① 〔东汉〕王充：《论衡·状留》。
② 〔东汉〕王充：《论衡·状留》。
③ 〔东汉〕王充：《论衡·程材》。
④ 〔东汉〕王充：《论衡·量知》。
⑤ 〔东汉〕王充：《论衡·程材》。
⑥ 〔东汉〕王充：《论衡·状留》。
⑦ 〔东汉〕王充：《论衡·效力》。
⑧ 〔东汉〕王充：《论衡·状留》。

在一段时间里，王充很为和自己一样的书生的遭际和处境鸣不平。他认为，儒生无论在才能上、德行上，以及对朝廷的负责态度上，都远为文吏所不及。“夫文吏之学，学治文书也，当与木土之匠同科，安得程于儒生哉？”①现实中“儒者寂于空室，文吏哗于朝堂”②的情况真是本末倒置，岂有此理。

王充在度过心理不平衡期后，开始深入反思现状何以如此不堪的原因所在。他发现，对基层衙门的职能和长吏的实际需求来说，“好不好用”乃“重吏轻儒”的决定性因素：“夫儒生材非下于文吏，又非所习之业非所当为也；然世俗共短之者，见将不好用也。将之不好用之者，事多已不能理，须文吏以领之也。夫论善谋材，施用累能，期于有益。文吏理烦，身役于职；职判功立，将尊其能。儒生栗栗，不能当剧；将有烦疑，不能效力；力无益于时，则官不及其身也。将以官课材，材以官为验，是故世俗常高文吏，贱下儒生。”③自名教之治推行之后，在体制内的实际运作中，“轨德立化”对各级官长来说是一种软任务，虽然旗帜举得很高，“优事理乱”才是他们天天面临的实际问题。从“好不好用”考虑，便“贱儒生之不习；不原文吏之所得，得用而尊其材”。

“上有政策，下有对策”，每一级官员在贯彻上级指示时，无不施以变通之术。其有让诏令因地制宜利于实行的考虑，也不乏渗入私心以图己利。种种“对策”，有的可以明讲，大多则属于不可泄露的“暗箱操作”。操办“暗箱”事宜，既需要淡化良心的参与，“循今不顾古，趋仇不存志，竞进不案礼，废经不念学”，做到“适时所急，转志易务，昼夜学问，无所羞耻”；也要求能够“习对向，滑习跪拜”“阿意苟取容幸”，无条件地投靠长官充当心腹。这只能由文吏来担当。相反，儒生恰恰是“对策”行为的绊脚石，动不动拿“归化慕义”的标准，“成三谏之议，令将检身自敕，不敢邪曲者”④，这不是堵了长吏“暗箱操作”之门吗？岂能将这类人放在身边重用？

在崇儒尊经的体制中，“儒生摘经，穷竟圣意”，终归还有为朝廷所看重之

---

①〔东汉〕王充：《论衡·量知》。

②〔东汉〕王充：《论衡·程材》。

③〔东汉〕王充：《论衡·程材》。

④〔东汉〕王充：《论衡·程材》。

处，但这种看重到了基层，便以长吏的感觉为转移了。这就碰到当时体制内存在的又一痼疾——“武大郎开店”。坐在长吏的位置上，无论他是否读书人出身，考虑现实问题的出发点主要是如何做官、用人、向上负责，明经问道非其所长，更不是心思所在。面对手下那种以“含怀章句，十万以上，行有余力，博学览古今。计胸中之颖，出溢十万”[①]为能的儒生，他会感到无形的压力。尤其是，当有的贤儒“文章滂沛”，显露出“升陟圣主之庭”的才气与志向，他便自觉相形见绌，“长吏力劣”“而贤者道大，力劣不能拔举”的尴尬局面势必出现，“长吏妒贤，不能容善”的情况也就随之发生了。所用招数，不外以己之长克人之短，极力压制儒生论文说道、秉公办事的价值，抬高“笔墨簿书”“破坚理烦”“舞文巧法”的作用。在这种情况下，儒生的“被服圣教，日夜讽咏，得圣人之操”“怀先王之道，含百家之言”，不仅不能成为仕途上的动力资源，反倒沦为包袱，“学多道重，为身累也”。王充最后下了悲观的结论：如是者，“不被钳赭之刑，幸矣，焉敢望官位升举，道理之早成也?”[②]此谓官场上长盛不衰的“逆淘汰制”：按主流文化原则处世立身的精英，在实际的体制运行中无立足之地，一个个过早出局；留在体制中的生存者，要么做适应性调整，淡化原则意识、顶真脾气，要么认同文吏所主宰的官场“亚文化”，卷入利益关系结构，干脆把良心抛至九霄云外。

王充的思考没有停留于人事长短得失的层面，更没有把改变现状的希望寄托在明察的君王或正直的主官身上，而是进一步从体制上深挖根源：

> 非文吏，忧不除；非文吏，患不救，是以选举取常故，案吏取无害。儒生无阀阅，所能不能任剧，故陋于选举，佚于朝廷。聪慧捷疾者，随时变化，学知吏事。则踵文吏之后，未得良善之名；守古循志，案礼修义，辄为将相所不任，文吏所毗戏。不见任则执欲息退，见毗戏则意不得，临职不劝，察事不精，遂为不能，斥落不习。[③]

---

① 〔东汉〕王充：《论衡·程材》。
② 〔东汉〕王充：《论衡·状留》。
③ 〔东汉〕王充：《论衡·程材》。

汉朝选拔官吏大抵有四条渠道。一曰官宦世袭，达官贵人的子弟成年后可由朝廷直接委任，袭爵并担负实职。二曰学优而仕，如王充所走之路。三曰举孝廉、贤良、方正，地方官每年向朝廷按名额推荐“道德标兵”、儒学才俊。四曰主官自辟。汉世用人之法，唯守令命自朝廷，属吏则悉辟当地人而为之。由地方主官聘任的当地士人构成属吏主要部分。官吏队伍的成分比较复杂，素质各有不同。由于属吏“选举取常故”，长吏根据自己的利益需要，喜欢选任“学知吏事”的士人，使得像王充这样自幼习经、毕业于太学、志在问道传道的书生型属吏在体制内只占很少部分，大部分则归属文吏之列。儒生处于文吏的包围之中，文吏在官场运作中发挥着主导作用。

选举制度的偏差还只算是局部的原因，王充进而深刻大胆地指出，政府整体上“轻道重事”“薄儒厚官”的体制导向，才是总的根源。虽然国家体制是按照儒家理想构筑的，“习善儒路，归化慕义”被视为立国之本，抬得极高，但实际上朝廷是用两套标准管理国家、铨选并考核官吏的：“儒生材无不能敏，业无不能达，志不有为。今俗见不习谓之不能，睹不为谓之不达，科用累能，故文吏在前，儒生在后，是从朝廷谓之也。如从儒堂订之，则儒生在上，文吏在下矣。”①朝廷在不成文的习惯中，把能够为自己分忧解难的文吏，放在儒生之上，只不过不明说而已。在朝廷眼中，治事的官吏与治学的儒生比起来，官吏显然是值得依赖的“自家人”：“今从朝廷谓之，文吏朝廷之人也，幼为干吏，以朝廷为田亩，以刀笔为耒耜，以文书为农业，犹家人子弟，生长宅中，其知曲折，愈于宾客也。宾客暂至，虽孔墨之材，不能分别。儒生犹宾客，文吏犹子弟也。以子弟论之，则文吏晓于儒生，儒生暗于文吏。”②王充以“子弟”与“宾客”的区别来说明体制导向上的倾斜，揭示出在中国古代社会的“家国”天下中，圣上所行“春秋”之事，落到根底上其实是《孝经》所规的“纲常伦理”。文吏是“子弟”，是“家主”依靠的对象；儒生反而是“宾客”，是“致用”的辅助工具。这已隐约触摸到中国古代主流文化以理想主义为表、实用主义为实

① 〔东汉〕王充：《论衡 · 程材》。

② 〔东汉〕王充：《论衡 · 程材》。

的本质了。

王充对官场上“道”之不行大抵就是因为谋食要紧的现象进行了批判性反思，又回过头来站在朝廷和主官的角度，重新审视问题，结果又看到了事物的另一面。他说：“文吏以事胜，以忠负；儒生以节优，以职劣。二者长短，各有所宜。世之将相，各有所取：取儒生者，必轨德立化者也；取文吏者，必优事理乱者也。”[①]就治理国家而言，“子弟”和“宾客”都是需要的。“治书定簿，佐史之力也；论道议政，贤儒之力也。”[②]“儒生文吏，学俱称习，其于朝廷，有益不钧。”[③]偌大一社会，只有儒生说教而无文吏办事，也是无法运转，难以平衡的。长吏重用文吏也是很自然的，“事多已不能理”，靠儒生办又多有梗阻，“须文吏以领之也”。这便是庸官冗吏虽遭世人共讨，然仍生生不息的缘由所在。

尽管承认文吏存在的合理性，王充仍认为，他们的地位绝不能在儒生之上，如果让他们主宰官场风气，会给国家和社会造成很大危害。“儒生所学者，道也；文吏所学者，事也。”“儒生治本，文吏理末，道本与事末比，定尊卑之高下，可得程矣。”[④]这是说，儒生所尊奉的乃儒家经典中治国为人的大道理，其所行事，以道为准绳，引导事情按理想的价值取向发展。这样的处世方式虽然常让长吏难堪、不舒服，意志得不到贯彻，但最终结果是保证了“为长吏立功致化”[⑤]的长远利益。“文吏幼则笔墨，手习而行，无篇章之诵，不闻仁义之语；长大成吏，舞文巧法，徇私为己，勉赴权利。考事则受赂，临民则采渔，处右则弄权，幸上则卖将；一旦在位，鲜冠利剑，一岁典职，田宅并兼，性非皆恶，所习为者，违圣教也。”[⑥]由于他们缺乏理想，道德修养又不足，手中一旦有权，便容易欺上瞒下，大谋私利。尽管文吏是长吏治事中不可或缺的左膀右臂，如控制不好，便弊大于利。理想的状态应该是“将明道行，则俗吏载贤儒，贤儒

---

① 〔东汉〕王充：《论衡・效力》。
② 〔东汉〕王充：《论衡・效力》。
③ 〔东汉〕王充：《论衡・量知》。
④ 〔东汉〕王充：《论衡・程材》。
⑤ 〔东汉〕王充：《论衡・量知》。
⑥ 〔东汉〕王充：《论衡・程材》。

乘俗吏”，而令人遗憾的是，现实往往多为“将暗道废，则俗吏乘贤儒”[1]。

毕竟王充是理想主义者，尽管他看到了官场上种种难以改变的积习痼疾，本人还是信守“从儒堂订之”，以求道之士自期自许，不肯降志，随波逐流，而对那种“道统”驾驭“政统”的境界心向往之。他又是那种“知其不可而为之”的人，纵然无力改变大局，也要尽尽人事，行政办公仍坚持按道论定是非，即使有拂上司之意也认理不认人。一个小小的掾功曹挑战强大的习惯势力，无异于鸡蛋碰石头，结果可想而知。王充入仕前，对自己的性格与追求能否见容于官场，是有一定顾虑和思想准备的，亲身下海试水一番后，还是难以适应。好在他既不屑习文吏，也不甘当儒生。“夫儒生能说一经，自谓通大道，以骄文吏；文吏晓簿书，自谓文无害，以戏儒生。各持满而自藏，非彼而是我，不知所为短，不悟于己未足，《论衡》訷之，将使懴然各知所之。夫儒生所短，不徒以不晓簿书；文吏所劣，不徒以不通大道也。反以闭暗不览古今，不能各自知其所业之事，未具足也；二家各短，不能自知也。”[2]王充的志向和心气远比文吏和儒生高远，博古通今、做旷世鸿儒才是人生的目标。王充在处理公事之余把所有的精力投入治学之中。

在陈留期间，王充保持着观察自然、考察社会的习惯。中州地区的自然万物与他所熟悉的吴越之地有诸多不同。从山川形势、风雨雷电到草虫树木，他无不处处留意。陈留历史底蕴深厚，先秦间，魏国强盛一时，齐桓公会盟、孟子见梁惠王、孙膑与庞涓恶战斗法等重大历史事件都发生在这块土地上。秦统一后遇到头一波挑战——张良刺杀秦始皇，亦于陈留境内。王充一一走访，无不感慨系之。

同时他对境内发生的异常自然现象更是认真研究。当时谶纬流行，每有灾情便流言四起，或歪曲事实，或将灾情视为世道有变的兆象，搞得真假莫辨，人心惶悚。王充做学问有志于指谬讥俗，让世人正确认识“天下之事，世间万物”，因而带着目的和责任感认真研究：“建武三十一年（55）中，陈留雨谷，

① 〔东汉〕王充：《论衡·状留》。

② 〔东汉〕王充：《论衡·谢短》。

谷下蔽地。案视谷形，若茨而黑，有似于稗实也。”[1]同年，蝗虫起泰山，漫入陈留，王充赴现场查看：“蝗食谷草，连日老极；或蜚徙去，或止枯死。”[2]他还在此间详细考察了雷电击死人的情况，发现“中头则须发烧焦，中身则皮肤灼焚，临其尸上闻火气”[3]，由此而否定了雷为上天发怒的俗见。这些都构成了王充思考、探索宇宙之谜的重要资料。

在观察世间百态的同时，王充依然如饥似渴地博览群书，他一边精读藏书，一边收集当地所能借到的书籍。陈留毕竟只是小县，图书有限，难以满足他求知的胃口。王充因此十分想念洛阳的书肆，那是个丰富多彩的知识海洋。好在陈留距洛阳仅数百里路程，欲“游洛阳书肆”，不是件很困难的事情，王充抽空跑一趟“饱餐”一顿，在为大脑充电的同时，也顺便掌握最新的学术动态。他的小师弟班固、贾逵等从太学毕业后都留在京城台阁间，时有新作推出，王充有机会就与他们当面切磋切磋，在学问方面保持不可或缺的对话关系。他们之间的每次会面，正应了孔夫子的那句名言：“有朋自远方来，不亦乐乎。”

朝廷中的大典更是王充开眼界的好机会。汉明帝刘庄登基不久将视察太学的消息轰动朝野，王充闻讯赶回母校观礼。永平二年（59）三月，明帝“临辟雍，初行大射礼”。袁山松《后汉书》载王充“观天子临辟雍，作《六儒论》”。虽然，袁山松记王充“观天子临辟雍”，未讲明是哪一位天子，然从“辟雍”建设和使用的情况看，王充参加的应该是这一次。《后汉书·祭祀志中》记，建武中元元年（56），“初营北郊，明堂、辟雍、灵台，未用事”。王充读太学时，太学草创于南门开阳门外，还没有灵台、辟雍等建筑。新的皇家祭祀、宣教建筑群兴建于光武帝末年，未及使用，刘秀即撒手人寰。明帝是东汉第一个“临辟雍”的皇帝，当时王充三十三岁，正在陈留任职，常来洛阳，能赶上这场盛事。

辟雍之意，本为西周天子所设大学，《礼记·王制》曰：“大学在郊，天子曰辟雍，诸侯曰泮宫。”同时，辟雍还特指太学主体建筑的独特格式。“王者作圆池如璧形，实水其中，以环雍之，故曰辟雍。言其上承天地，以班教令，流

---

① 〔东汉〕王充：《论衡·感虚》。
② 〔东汉〕王充：《论衡·商虫》。
③ 〔东汉〕王充：《论衡·雷虚》。

转王道，周而复始。”[①]蔡邕《明堂月令论》载：“辟雍之名，乃‘取其四面周水，圜如璧。’”高大精美的明堂坐落在中心圆形的岛上，四周碧水环绕，河沿砌以汉白玉护栏，东南西北各一座汉白玉拱桥连通内外。建筑风格高贵典雅，展示着学术的重要、清高和对世俗的超越性，任何学人置身其中，无不产生一种心灵净化、超凡入圣的感觉。“天子立辟雍何？所以行礼乐，宣德化也。”[②]自东汉以后，辟雍的这种形式便固定下来，历代相传。

汉明帝此次“临辟雍”盛况空前，影响巨大，历史上传为美谈。刘庄以好经术而出名，造诣颇深，在位期间不遗余力地尊经明道。他来到太学，依古制“冠通天，衣日月，备法物之驾，盛清道之仪，坐明堂而朝群后，登灵台以望云物”[③]，“又多征名儒，以充礼官……或安车结驷，告归乡里；或丰衣博带，从见宗庙，其余以经术见优者，布在廊庙”[④]。礼毕，他召集教授会面座谈，考察学生成绩，与师生同堂聚乐，最后，还登上高坛“正坐自讲，诸儒并听”[⑤]，以显帝意。明帝宣经时，“诸儒执经问难于前”，明帝即席释解，对答如流，表现了厚实的经学功底。洛阳的社会贤达们闻讯都赶来听讲，“是时学者尤盛，冠带缙绅，游辟雍而观化者以亿万计”[⑥]。一时名流、学子云集，汉白玉拱桥之畔挤满了听众。这种对经学尊崇的社会风气在后世少见，至有“济济乎，洋洋乎，盛于永平矣”[⑦]的史评。

王充作为听众中的一员，站在辟雍之畔，望着社会名流的尊经热情，聆听刘庄的高谈阔论，不由联想起自己在县里执着于“道”的遭际，真是别有一番滋味在心头。他已经不是多年前在太学读书的天真青年了，基层官场的见闻、人间冷暖的体验使他对经术、儒生在社会中的真实状况有了客观的了解。眼前理想高扬的场面与实际生活的巨大反差，强烈地刺激着王充的心灵。尽管如此，

---

① 〔东汉〕桓谭：《新论·正经》。

② 〔东汉〕班固：《白虎通德论》卷四，上海古籍出版社1990年版，第40页。

③ 〔南朝宋〕范晔：《后汉书·儒林列传》。

④ 〔南朝宋〕范晔：《后汉书·樊宏阴识列传》。

⑤ 〔南朝宋〕范晔：《后汉书·樊宏阴识列传》。

⑥ 〔宋〕李昉等编：《太平御览》卷九十一。

⑦ 〔南朝宋〕范晔：《后汉书·儒林列传》。

他对“道”的信仰依然没有动摇，而且相信只要朝廷极力宣扬，有更多像自己一样的士人身体力行，“道统”还是能够发挥出驾驭“政统”的力量。在经过一番结合现实的理论思考之后，《六儒论》面世，流传一时，其能被袁山松记录一笔，即为明证。可惜，《六儒论》未能流传下来。不过，从篇名和王充当时的心态推测，内容当为抱着弘扬儒学的宗旨，批评官场上种种不合儒家精神的现象，主张继续遵循刘向《说苑·臣术》所提出的为臣“六正”之道，做“必有益于国，必有补于君，故其身尊而子孙保之”的圣臣、良臣、忠臣、智臣、贞臣及直臣。有关具体内容可从《论衡》的许多篇章如《程材》《定贤》《超奇》《别通》《效力》中窥其梗概。

写完《六儒论》，王充对官场的认识又深了一步，感到以自己的志趣和性格，继续当这个县里的掾功曹很难有出头之日。既然考察、体验北方文化与民俗的目的业已实现，他便萌生去意，决定回到阔别多年的家乡，要么教书写作，要么有机会转投他门再图发展。

# 第九章 “屏居教授”著《讥俗》

少小离家中年归，王充自十六七岁赴京求学，在北方学习、生活了十多年时光，当他再度踏上暌违已久的乡土时，已经是位饱读诗书又富有理性头脑的学问家。经历了多年奔波，王充感到家乡分外亲切，山川灵秀，物产丰富，是生活的好地方，更是静心做学问的好处所。摆脱了官场事务与人际关系的纠缠，王充在精神上轻松了许多，实现人生旅途中第一次“出”与“处”的角色转换。读书，写作，教教学生，过上了“归乡里，屏居教授”的生活。

王充是历史上少见的生前身后都充满争议的人物。他的每一段经历几乎均有人提出疑问，“屏居教授”也不例外。徐复观根据《论衡·书解》中“弟子门徒，不见一人”之语，引申发挥说：“这不是很清楚说明他不曾‘屏居教授’吗？”[①]谢朝清亦认为，王充“即以‘著书’寄托其晚年心境，并未有‘教授’之事也”[②]。周桂钿先生反驳了上述观点，认为《论衡·书解》所云的“弟子门徒，不见一人”，就比较世儒与文儒而言，带有一般性，不特指某人，更不能认为一定是说王充自己。同时，周先生又说：“从《论衡》中，我们查不到王充教学的痕迹，也没有什么出名的学生，但也没有他从未教授的例证……史书上记载的内容，如果没有明确的反证资料，就不能轻易否定。”[③]

从道理上讲，王充归乡后，“屏居教授”是件再正常不过的事情了。东汉私

---

① 徐复观：《两汉思想史》卷二，华东师范大学出版社2001年版，第348页。

② 谢朝清：《王充治学方法研究》，台北文津出版社1986年版，第7页。

③ 钟肇鹏、周桂钿：《桓谭 王充评传》，南京大学出版社1993年版，第106—107页。

学发达，名师开学授徒乃一时之风尚，学者无不以学问得以传承而得意，学生亦把拜名师求学视为荣幸。王充毕业于太学，有如此经历者在会稽这样的“古荒流之地”[①]可谓凤毛麟角，其号召力不言而喻。慕名前来的学子当不在少数。王充是位极富责任感的人，性格上又雄辩滔滔，一生以“澄定”“众书并失实”“拨流失之风，反宓戏之俗”为己任。这个志向主要通过两条途径来实现：著述立说与教授传播。最让人感到王充有教授阅历的，还是《论衡》自身的风格。不少学者都议论过《论衡》的体例与风格，认为这不像一部体系严谨、体例精致的著作，行文也比较随便，随意发挥之处很多，故而得出王充学说博而杂的看法。其实这正是《论衡》的许多篇章起初为讲义的印痕。

《论衡》一书篇目繁多，就当时的知识范围而言，几乎无所不谈。在教学方面，王充同样贯彻自己“实事疾妄”的精神，努力给他们传授真实有用的东西，对世俗流行的许多“虚妄之语”加以澄清。这样的讲义写出来，论理与叙事交融，驳难与讽刺并存，有的地方非常雄辩，有的地方又娓娓而谈，有的内容思辨深邃，有的内容则浅显易懂，甚至可以感受到风趣和口语化的味道。将这么多不同因素融为一体的，只能是课堂教授的内容，如为了证明儒书不实的《论衡·儒增》中写道：

> 儒书称：“楚养由基善射，射一杨叶，百发能百中之。”是称其巧于射也。夫言其时射一杨叶中之，可也；言其百发而百中，增之也。夫一杨叶，射而中之，中之一，再行，败穿不可复射矣。如就叶悬于树而射之，虽不欲射叶，杨叶繁茂，自中之矣；是必使上取杨叶，一一更置地而射之也。射之数十行，足以见巧。观其射之者，亦皆知射工，亦必不至于百，明矣。言事者好增巧美，数十中之，则言其百中矣。百与千，数之大者也。实欲言十则言百，百则言千矣。是与《书》言“协和万邦”，《诗》曰：“子孙千亿。”同一意也。

① 〔东汉〕王充：《论衡·须颂》。

反证的过程轻松自如，就像讲故事一样，也不十分讲究逻辑的严密，显然有着上课时兴之所致临场发挥的色彩。《论衡》中，如此风格的篇章和段落比比皆是。当然，这与王充写作《论衡》时，有意改变时行的文风，除对文章进行规范处理外，尽可能地保留了“为文欲显白其为”的讲义底本风格有关。

旁征博引、自由发挥、正误验实，构成了王充教学的独特风格。学生眼前打开了学习知识、认知世界的另一扇窗口，许多原以为天经地义的事情在王充的辩驳论证中露出了原形。经过王充教授的学生，大多有茅塞顿开、恍然大悟的感受，受益匪浅，然而不大会继续追求习经与注经的学问。这当是王充没有“出名”弟子的一个原因吧。

此时王充正值精力旺盛的中年，“屏居教授”、全力治学固然是人生的一种选择，但他关心政治、追求建功立业的愿望依然炽热，古代正直士人那种“长安不见使人愁”“处江湖之远，则忧其君”的情怀，时时萦绕在他心里。他的目光密切关注着朝局走势和社会变化。经过光武中兴进入汉明帝时期的东汉王朝达到了鼎盛阶段，“百姓殷富，粟斛三十，牛羊被野”，史称“民安其业，远近肃服，户口滋殖焉”[①]。继永平二年（59）“临辟雍”后，刘庄于永平八年（65）再度视太学，“养三老、五更”，推动全社会“继体守文”的尊经热潮继续升温。刘庄还是位以“察察”著称的皇帝，对吏治抓得很紧，几近严苛。“善刑理，法令分明。日晏坐朝，幽枉必达。内外无幸曲之私，在上无矜大之色。断狱得情，号居前代十二。故后之言事者，莫不先建武、永平之政。而钟离意、宋均之徒，常以察慧为言。”[②]在这样的政治环境中，虽然官场上陈陈相因的敷衍习气得不到根除，但贪污腐败、鱼肉百姓的现象在一定程度上受到遏制，成就了历史上不多见的吏治清明时期。社会安定，国力强盛，东汉王朝的周边亦无大患，虽然匈奴再度崛起并构成边境上的威胁，但总的来说，汉廷还是处于强势，掌握着边事上的主动权。在太平景象全面展现的过程中，刘庄做了一件引人注目的事情，王充对之亦大感兴趣。

---

① 〔南朝宋〕范晔：《后汉书·显宗孝明帝纪》。

② 〔南朝宋〕范晔：《后汉书·显宗孝明帝纪》。

汉明帝即位时正好三十岁，已经是位成熟的政治家了。他从刘秀及开国元勋手中接过政权，深知善待功臣对于巩固政权和赢得人心的重要。邓禹去世后不久，刘庄选定以邓禹为首的二十八位功劳最大的元勋，让画匠于南宫云台中图绘遗像，表著千秋，号称“云台二十八将”。令世人议论纷纷的是，是时名将马援蒙冤的真相已大白天下，以伏波将军之资望入选“云台二十八将”应绰绰有余，然云台仍未有他的位置。说来另有缘故。此时马援之女因品行超群刚刚被立为明帝皇后，马援在阴间成了明帝的老丈人。考虑到举贤避亲的习惯，明帝与马皇后律己以示天下之公。此举无论有无故作姿态的成分，反正在人们的关注和议论中，刘庄于人心上又得分不少，至有“马援不列云台，马后传名千古”之说。在王充的心目中，“汉德”自是又增添了一块筹码。

种种政治信息吸引着王充，刺激着王充，同时也撩拨着他继续入仕之心。就在此刻，王充收到一个重要的邀请，会稽郡东部都尉府聘他入府任“掾功曹”。《论衡・自纪》云，“在都尉府位亦掾功曹”，即指此事。关于王充仕郡府的经历，就其地点有多种说法，如会稽说、陈留说、颍川说等。王充曾仕颍川郡，《论衡・对作》有明载，时间在建初年间。问题是，颍川只有郡太守府，而不存在都尉府。从时间上看，王充去颍川也是晚些时候的事情。

汉制中州以下监管郡与国。郡首长为太守，王国以国相主政。此外，在边郡或重要地区并设有属国的建置。“属国，分郡离远县置之，如郡差小，置本郡名。”[①]属国的机构建置称都尉府，长官就叫都尉，“比二千石，丞一人”，其官品高于县令而稍逊于郡太守。都尉一职的最初设置，系对应于中央三公中掌兵权的太尉，后军事职能渐淡，演变为“郡守之佐贰，然仍为与守并置之要职。盖以郡境太广，沿边或繁剧之区不能不置官分任，故京畿有三辅都尉，边境有属国都尉，屯垦区有农都尉，关隘有关都尉，各有其专责，亦有其所辖之县，有时郡或不置守而以都尉行太守之职”[②]。东汉开国后，刘秀对都尉体制进行了整顿，“中兴建武六年（30），省诸郡都尉，并职太守，无都试之役。省关都尉，

① 〔南朝宋〕范晔：《后汉书・百官五》。

② 〔清〕黄本骥：《历代职官表》，上海古籍出版社1980年版，第121—122页。

唯边郡往往置都尉及属国都尉，稍有分县，治民比郡”[①]。这说明，东汉时期，中州等地区已经没有都尉建置，王充任职的都尉府不可能位于这些地区。他头一回入郡一级衙门的经历，只能在属于“边郡”的会稽一带。《后汉书·郡国四》记会稽郡辖领范围，于最后单列“东部侯国”，明载其存在都尉府建置。查史可知，汉代因会稽边远而地阔，一直设有会稽郡东部都尉，分治管辖着目前的浙江东部沿海一带。更有意思的是，王充在《论衡·遭虎》中说到会稽郡东部都尉的事情：“会稽东部都尉礼文伯时，羊伏厅下，其后迁为东莱太守。都尉王子凤时，麇入府中，其后迁丹阳太守。”从叙述的口气看，似为所在见闻。

按汉代惯例，地方士人肩负着服务于本地方的责任，“自文书事务以至奔走伺应之役，皆本地人之义务”，而且“不需官俸”[②]。王充毕业于太学，写文章又颇具名气，都尉府慕名前来延聘他是顺理成章的事情。王充亦有心找机会重新入仕，双方一拍即合。于是，王充进入会稽郡东部都尉府重操旧业。

王充对自己的又一次“出山”充满期待，希望此间与陈留县能有所不同，遇到一位正派的能够赏识自己才华的长吏，以获得进一步升迁的机会。汉代属吏有这样一条发迹之路，“若服务成绩优异，则由县吏而升郡吏，由郡吏而入为中央官”[③]。王充是一直很想进入“台阁”有所作为的。王充在都尉府所任的掾功曹，职责与县掾功曹基本相同，只是职权行使的范围有了扩大。起草文书、告示仍是王充的强项，然一进入办事与人事的领域，王充很快发现，天下衙门一个样，文吏的思路主宰着一切，是“势利小人”如鱼得水的地方，像自己这样坚持以道衡事、不善通融的人，照旧没有市场。王充原以为体制中上一级衙门距朝廷近了一步，风纪应该好于基层。经历之后，他遂得大悟，利益导向机制同样主导着官吏们的行为，这种实用主义倾向就像“大染缸”似的，让人不知不觉间便同流合污，士人很难以道德自守。个别坚守“公正之操，敢言者也，位又疏远”，免不了一个个落荒而去。因此，他得出结论说：“此则郡县之府庭，

① 〔南朝宋〕范晔：《后汉书·百官五》。
② 〔清〕黄本骥：《历代职官表》，上海古籍出版社1980年版，第121—122页。
③ 〔清〕黄本骥：《历代职官表》，上海古籍出版社1980年版，第121—122页。

所以常廓无人者也。”[①]“道不同不相为谋”，王充这次没有像在陈留那样熬年头、磨资历。没过多久，当他看清不可能得到赏识与升迁的形势后，便果断地再度辞官，回乡治学。

在家乡出仕的挫折深化了他对官场痼疾和世俗风气的认识，同时也加重了他怀才不遇的挫折感，从而对世俗习惯势力愈加痛恨。他在《论衡·自纪》中吐露心迹：“俗性贪进忽退，收成弃败。充升擢在位之时，众人蚁附；废退穷居，旧故叛去。志俗人之寡恩，故闲居作《讥俗》《节义》十二篇。冀俗人观书而自觉，故直露其文，集以俗言……充既疾俗情，作《讥俗》之书。”

很可惜，王充的这部著作未能流传下来，后人无缘展读。不过，学者们认为，《论衡》作为王充思想的集大成之作，其中讥俗的内容无处不在，“疾俗情”的精神更是通贯《论衡》全书。朱谦之先生曾将《论衡》中《言毒》《薄葬》等批评民间迷信观念的12篇内容单独抽出，以为这就是《讥俗》的篇目。周桂钿先生不同意此说，认为《讥俗》所讥对象主要是“贪进忽退，收成弃败”的势利观念。笔者觉得，两位先生所论都是《讥俗》中的应有之义。不管怎么说，今天我们都只能从《论衡》中推测其内容了。《讥俗》一书应该由三大块内容组成。写书之起因乃《论衡·自纪》所言，有感于世态炎凉的势利观念，故此类内容构成本书的头一部分。然而，一旦以一本书的框架来构想，势利观念还不能涵盖俗论的全部，有必要扩展到传书中误记且世论普遍信以为真的“虚妄”之言，以及在庶民百姓中流行的迷信观念。

王充以过人之才华而屡仕不顺，受到世俗舆论的非议与鄙薄，所以他对俗论中衡量一个人成败得失的尺度——“有没有做官，官做得大还是小”，而不是全面地看待品行、才华或机遇如何很有些看法：“今俗人既不能定遇不遇之论，又就遇而誉之，因不遇而毁之，是据见效案成事，不能量操审才能也。”[②]“世俗见人节行高，则曰：‘贤哲如此，何不贵？’见人谋虑深，则曰：‘辩慧如此，何不富？’”[③]这种世俗的眼光不仅势利，更是非常的愚蠢，从大的方面讲，是

① 〔东汉〕王充：《论衡·量知》。
② 〔东汉〕王充：《论衡·逢遇》。
③ 〔东汉〕王充：《论衡·命禄》。

连人生际遇不同的道理也不了解。“操行有常贤，仕宦无常遇。贤不贤，才也；遇不遇，时也。才高行洁，不可保以必尊贵；能薄操浊，不可保以必卑贱。或高才洁行不遇，退在下流；薄能浊操〔而〕遇，〔进〕在众上。世各自有以取士，士亦各自得以进〔退〕，进在遇，退在不遇。处尊居显未必贤，遇也；位卑在下未必愚，不遇也。”①

王充认为，有多种多样的因素和情况制约着“遇”或“不遇”的命运。“或时贤而辅恶，或以大才从于小才，或俱大才。道有清浊。或无道德而以技合，或无技能而以色幸……异操而同主也。或操同而主异，亦有遇不遇。”②如此者，“伊尹、箕子，才俱也，伊尹为相，箕子为奴；伊尹遇成汤，箕子遇商纣也”。贤圣之人，“虽才智如孔子，犹无成立之功”，难道能因为箕子、孔子、孟轲没有仕宦尊贵，就否认他们的“才高行洁”吗？退一步讲，就是碰上“贤圣道同，志合趋齐”的天时地利，良才也未必得志。微妙之处在于，“道虽同，同中有异；志虽合，合中有离。何则？道有精粗，志有清浊也”。由此，许由、伯夷这样“皇者之辅”的古贤亦分别归于“入山林”和“饿死”之途。相反，像伯喜这样的奸人官运亨通，受到“尊重”。所以说，官场中实际通行的规则是“合幸得进，不幸失之”，“是故才高行厚，未必保其必富贵；智寡德薄，未可信其必贫贱”③。

俗论对以“遇”或“不遇”的解释还不以为然：“世俗之议曰，贤人可遇，不遇，亦自其咎也。生不希世，准主观鉴，治内调能，定说审词，际会能进，有补赡主，何不遇之有？”④圣上都是英明的，关键在于士人能够识时务，调整自己的才能和策略以合主用。王充反驳道，“进能有益，纳说有补”是人人都明白的道理，问题是，一个人的才能与特长乃长期练习、积累的结果，非根据形势需要成就于一朝一夕：“文与言尚可暴习，行与能不可卒成。学不宿习，无以明名；名不素著，无以遇主。仓猝之业，须臾之名，日力不足不预闻，何以准

① 〔东汉〕王充：《论衡·逢遇》。
② 〔东汉〕王充：《论衡·逢遇》。
③ 〔东汉〕王充：《论衡·命禄》。
④ 〔东汉〕王充：《论衡·逢遇》。

主而纳其说，进身而托其能哉？”[1]这种投上所好的“仓猝之业”算不上真才实学，也就很难用于现实之中。更何况真正的“节志高妙”之士，对待仕途是“不为利动，性定质成，不为主顾者乎”，而持以顺其自然的姿态：“春种谷生，秋刈谷收，求物得物，作事事成，不名为遇；不求自至，不作自成，是名为遇，犹拾遗于途，摭弃于野。”[2]那种“准（推）主调说，以取尊贵”的做法，已经不能称作“遇”，当“是名为揣”了。

在“遇”或“不遇”的事情上，大贤、大才的情况如此，小才、小人物的命运也是同样的。儒生身在郡县衙门，亦处于“世俗共短儒生”的“不遇”中。“夫论善谋材，施用累能，期于有益。文吏理烦，身役于职；职判功立，将尊其能。儒生栗栗，不能当剧；将有烦疑，不能效力……是故世俗常高文吏，贱下儒生。”[3]不是儒生的能力不及文吏，而是衙门中事务的内容与性质合文吏之所长，投儒生之所短，让儒生处于学非所用的窘境中。这也是一种“不遇”。当儒生坚持“修德立化”的主见时，还会受到“长吏妒贤，不能容善”的待遇，所谓“学多道重，为身累也”，结果只能是“故世人迟取，进难也”，“焉敢望官位升举”。高才洁行的人不仅会遭逢“不遇”，而且完全有可能比“薄能浊操”者，更容易“退在下流”。所以，出现下述情况是不足为奇的：“智虑深而无财，才能高而无官。怀银纡紫，未必稷、契之才；积金累玉，未必陶朱之智。或时下愚而千金，顽鲁而典城。”[4]王充于讥俗的同时，还非常感慨人生的机遇。逢遇，则平庸之人亦能发达；不逢遇，高才洁行者亦无以显露，以仕途是否发达来衡量人实在不公平。

痛批了势利眼的俗见之后，王充意犹未尽。《讥俗》作为一本著作，仅此还不够丰满，更重要的是，社会上误国误民的俗见还有许多，有的甚至源于经典著作，为害尤烈：“世信虚妄之书，以为载于竹帛上者，皆贤圣所传，无不然之

① 〔东汉〕王充：《论衡・逢遇》。
② 〔东汉〕王充：《论衡・逢遇》。
③ 〔东汉〕王充：《论衡・程材》。
④ 〔东汉〕王充：《论衡・命禄》。

事，故信而是之，讽而读之。”[①]两汉期间，上上下下流行天人感应说，反映在俗见上，便是编造了许许多多圣人与天相沟通、相感应，经常得到天告、天助的神话故事。几乎所有知名人物都发生过不同于凡人的神迹异行。世人津津乐道，信以为真，这些故事成为知识结构的基本内容，代代沿袭，影响深远。王充小时候因“圣迹遍越地”，也曾经深受感染。现在他发现，这些说法虽大多来自书传，但流播中经添油加醋，穿凿附会，失真之处比比皆是，已经对百姓的观念形成一种误导，让人们盲目地相信天有意志、人格，圣人自与神通，糊里糊涂地将自己的命运拱手交予地上的和天上的统治者。因此，有必要将这些说法去除光环，还原面目。王充就读太学时，便对经典误传误记的内容做过研究、清理，现在，他结合民间流行的错误说法，大体分类，逐一给予拨乱反正。这部分内容多存留于《论衡》之《奇怪》《变虚》《异虚》《感虚》《书虚》《道虚》《语增》《儒增》《艺增》诸篇中。

其一，圣人生而与众不同。“儒者称圣人之生，不因人气，更禀精于天。禹母吞薏苡而生禹，故夏姓曰姒；卨母吞燕卵而生卨，故殷姓曰子；后稷母履大人迹而生后稷，故周姓曰姬……谶书又言：‘尧母庆都野出，赤龙感己，遂生尧。’《高祖本纪》言：刘媪尝息大泽之陂，梦与神遇。是时，雷电晦冥，太公往视，见蛟龙于上。已而有身，遂生高祖。”[②]从“世儒学者”到民间俗论，莫不认为，尧、禹及刘邦等贤主之所以成就伟业，奇异的出身似得到神意，是首要的先天因素。王充从人生成的原理和物种遗传规律两个方面，证明“圣人异出”说是难以成立的。按汉代“天人合一”观点，人是天地间一种精气活动的产物：“天地，夫妇也，天施气于地以生物，人转相生，精微为圣，皆因父气，不更禀取。”由此验之，说圣人因吞“薏苡”“燕卵”等而出，在根本上违背了人生成的道理。“且夫薏苡，草也；燕卵，鸟也；大人迹，土也：三者皆形，非气也，安能生人？”如果说气属于一种看不见但为人们普遍认可的概念，接下来，王充就用世人熟知的现象来说明问题了。自然界的物种遗传，都是同类相

① 〔东汉〕王充：《论衡·书虚》。
② 〔东汉〕王充：《论衡·奇怪》。

感相交的，“万物生于土，各似本种，不类土者，生不出于土，土徒养育之也。母之怀子，犹土之育物也”。与之并存的现象是，“天人同道，好恶均心，人不好异类”，“异类殊性，情欲不相得也”，“天地之间，异类之物，相与交接，未之有也”。所以说，禹等“三家之祖”的传说纯属“虚言”。其产生的原因为：“世好奇怪，古今同情。不见奇怪，谓德不异，故因以为姓。世间诚信，因以为然；圣人重疑，因不复定；世士浅论，因不复辩；儒生是古，因生其说。”

其二，圣人得到神助，具有可感动天地的超人能量。“传书言：武王伐纣，渡孟津，阳侯之波，逆流而击；疾风晦冥，人马不见。于是武王左操黄钺，右执白旄，瞋目而麾之曰：‘余在天下，谁敢害吾意者？’于是风霁波罢。”[①]武王替天行道，吊民伐罪，理当得到天助，这是汉代的普遍观念。王充认为，这从自然现象上是讲不通的：“如风，天所为，祸气自然，是亦无知，不为瞋目麾之故止。夫风，犹雨也，使武王瞋目，以旄麾雨而止之乎？武王不能止雨，则亦不能止风。”所谓“麾风而止之，迹近为虚”。古书又传：“颜渊与孔子俱上鲁太山。孔子东南望，吴阊门外有系白马，引颜渊，指以示之，曰：‘若见吴阊门乎？’颜渊曰：‘见之。’孔子曰：‘门外何有？’曰：‘有如系练之状。’”[②]王充首先考证，此说未见于《论语》，当起自民间传言，接着以常识论之：“盖人目之所见，不过十里；过此不见，非所明察，远也……案鲁去吴，千有余里，使离朱望之，终不能见……非颜渊不能见，孔子亦不能见也。”[③]所讲的道理并不深奥，但在当时是挑战天人感应说的石破天惊之论。

其三，圣人死后仍能感天动地、有作为于人间。“传书言：‘舜葬于苍梧，象为之耕；禹葬会稽，鸟为之田。盖以圣德所致，天使鸟兽报佑之也。’世莫不然。”[④]这是王充自小熟闻的故事，尽管出自家乡人美好的愿望，王充仍认为据实考之，于理不通。如果说，这体现了天对圣人的怀思，为何只发生在舜、禹身上，而冷落了其他人呢？再说，“使鸟田象耕，何益舜、禹？”所以说，这般

① 〔东汉〕王充：《论衡·感虚》。
② 〔东汉〕王充：《论衡·书虚》。
③ 〔东汉〕王充：《论衡·书虚》。
④ 〔东汉〕王充：《论衡·书虚》。

不合情理的事情是不会存在的。他通过考察上古时苍梧、会稽的地理和动植物状况后得出结论："苍梧多象之地，会稽众鸟所居。《禹贡》曰：'彭蠡既潴，阳鸟攸居。'天地之情，鸟兽之行也。象自蹈土，鸟自食苹。土蹶草尽，若耕田状，壤靡泥易，人随种之。世俗则谓为舜、禹田。海陵麋田，若象耕状，何尝帝王葬海陵者邪？"①

在越地民间，影响深远的书论还有："传书言：吴王夫差杀伍子胥，煮之于镬，乃以鸱夷橐投之于江。子胥恚恨，驱水为涛，以溺杀人。今时会稽丹徒大江、钱唐浙江，皆立子胥之庙。盖欲慰其恨心，止其猛涛也。"②对于这种将自然现象附会以人事，累及世人做无谓祭祀的迷信，王充先以科学常识指谬，"一子胥之身，煮汤镬之中，骨肉糜烂，成为羹葅，何能有害也？"在说明伍子胥不可能死后有作为的道理后，他进一步从自然现象的角度对潮涌给予解释："夫地之有百川也，犹人之有血脉也。血脉流行泛扬，动静自有节度。百川亦然：其朝夕往来，犹人之呼吸气出入也。天地之性，上古有之。经曰：'江、汉朝宗于海。'唐、虞之前也。其发海中之时，漾驰而已。入三江之中，殆小浅狭，水激沸起，故腾为涛。广陵曲江有涛，文人赋之。大江浩洋，曲江有涛，竟以隘狭也。"③王充已经认识到浙江潮涌乃因海湾宽阔，江口骤然变窄，潮汐突至而兴。

王充从经书中逐条选出世论信之而在实际上经不起推敲的内容，一一加以廓清，显其虚妄，同时主张正确的知识和认识方法。在他之前，历史上还没有人以如此的博学和批判精神来做同样的工作。

讥完儒书中影响广泛的俗论，王充笔锋一转，把问难讥刺的矛头对准世俗的迷信观念，这方面的内容多而驳杂，王充挑出一些要害问题重点批驳。《论衡》内《福虚》《祸虚》《龙虚》《雷虚》《明雩》《顺鼓》《乱龙》《论死》《订鬼》《薄葬》《四讳》《卜筮》《辨祟》《诘术》《解除》《祀义》《祭意》等篇皆有论述，大致可归纳为五类现象。

---

①〔东汉〕王充：《论衡·书虚》。

②〔东汉〕王充：《论衡·书虚》。

③〔东汉〕王充：《论衡·书虚》。

第一类，生活的法则是“善有善报，恶有恶报”，一切皆由上天主宰。“世论行善者福至，为恶者祸来。福祸之应，皆天也。人为之天应之。阳恩，人君赏其行；阴惠，天地报其德。无贵贱贤愚，莫谓不然。徒见行事有其文传，又见善人时遇福，故遂信之，谓之实然。”[①]“以为有沉恶伏过，天地罚之，鬼神报之。天地所罚，小大犹发；鬼神所报，远近犹至。”[②]王充认为，这些说法可能产生于“时贤圣欲劝人为善，著必然之语，以明德报；或福时适遇者以为然”[③]。但这与真实情况不符，他以广博的知识列举了古时从圣人到君主、自名臣及武将的大量生活经历予以反证。孔子的弟子颜渊、子路均为贤人，“然回也屡空，糟糠不厌，卒夭死”。按福祸论，这便是行恶之故了，而颜渊、子路却是没有做过坏事的人。相反，“盗跖日杀不辜，肝人之肉，暴戾恣睢，聚党数千，横行天下，竟以寿终，是独遵何哉？若此言之，颜渊不当早夭，盗跖不当全活也。”[④]由此观之，“世谓受福佑者，既以为行善所致，又谓被祸害者，为恶所得”的观念，是站不住脚的，只是人们的自我欺骗与麻痹。人的行为不可能让天地感知，无论取福还是遇祸，都是个人行为的自然结果，有偶然因素也有必然因素：“一身之行，一行之操，结发终死，前后无异。然一成一败，一进一退，一穷一通，一全一坏，遭遇适然，命时当也。”[⑤]王充以此告诉世人，自己的命运是自己一生必然承担的过程，需要自始至终都认真负责地对待，不能指望先前的所作所为给日后的行为规定结局。

第二类，对神秘的自然现象给予人格化解释，以示敬畏。龙的传说在汉代相当盛行。世俗中之所以相信龙的存在，与人们看到的雷击现象有很大的关系。“盛夏之时，雷电击折破树木，发坏室屋，俗谓天取龙，谓龙藏于树木之中，匿于屋室之间也。雷电击折树木，发坏屋室，则龙见于外，龙见，雷取以升天。世无愚智贤不肖，皆谓之然。”[⑥]王充虽然认识到这些均属无稽之谈，但没有采

---

① 〔东汉〕王充：《论衡・福虚》。
② 〔东汉〕王充：《论衡・祸虚》。
③ 〔东汉〕王充：《论衡・福虚》。
④ 〔东汉〕王充：《论衡・祸虚》。
⑤ 〔东汉〕王充：《论衡・祸虚》。
⑥ 〔东汉〕王充：《论衡・龙虚》。

取简单否定的办法，而是将古籍中关于“龙”的记载统统撷取出来，与俗论中“龙”的概念加以对比，从记载与俗论的不同说法中印证俗论的不实。《淮南子》《韩诗外传》《吕氏春秋》等多部书籍中均有蛟龙水居之类的记载。水中的动物怎么会跑到树上去呢？这说明，匿树者，非龙也。王充接着又从其他书中找出“龙为鳞虫之长”，龙为马、蛇、蚓、蚁之类的材料，让世人明了，所谓龙只是一种形态特殊的动物，“龙不能神，不能升天，天不以雷电取龙”。这种论证方法有点绕弯子说话，但自有它的道理和长处。现代考证，龙是人们将蛇、龟等水中动物神化，再经综合加工而成的图腾。王充虽不能确证“龙”的存在与否，但他采用逆证法，即追溯其原型，让人们明晓龙的本来面目和演变过程，自然也就戳破了“天取龙”的虚妄。

然后，王充正面回答了雷电究竟为何这个问题：“实说雷者，太阳之激气也。何以明之？正月阳动，故正月始雷；五月阳盛，故五月雷迅；秋冬阳衰，故秋冬雷潜。盛夏之时，太阳用事，阴气乘之。阴阳分事则相校轸，校轸则激射，激射为毒：中人辄死，中木木折，中屋屋坏。”[①]他举例说，打雷的声音与灼人的情形，与拿一瓢水浇到火中的状况十分相似，道理也是一样的，乃是火与水、阳与阴突然间的强烈交汇，而出现“分争激射”之故。“阳气之热，非直消铁之烈也；阴气激之，非直土泥之湿也；阳气中人，非直灼剥之痛也。”[②]最终，他用自己观察与思考的五点论据（五验）说明“夫雷，火也”[③]。打雷闪电的神秘造成人们产生了龙的幻影，实际上则是自然界的正常运动，“雷龙同类，感气相致”，“天极雷高，云消复降。人见其乘云，则谓升天；见天为雷电，则为天取龙”[④]。这样，王充就从“疾虚”和“验实”两个方面否定了“天取龙”之说。

第三类，相信祷祭活动可以求福解祸。“《春秋》，鲁大雩，旱求雨之祭也。

① 〔东汉〕王充：《论衡·雷虚》。
② 〔东汉〕王充：《论衡·雷虚》。
③ 〔东汉〕王充：《论衡·雷虚》。
④ 〔东汉〕王充：《论衡·龙虚》。

旱久不雨，祷祭求福。若人之疾病，祭神解祸矣。”[1]又有“《春秋》之义，大水，鼓用牲于社。说者曰：‘鼓者，攻之也。’或曰：‘胁之。’胁则攻矣，阳胜攻社以救之”[2]。这种起自先秦的祷祭仪式，至汉代经董仲舒“申《春秋》之雩，设土龙以招雨”愈加风行于民间，王充生活所在的越地尤甚。王充认为，这是没有根据的一厢情愿。天之阴晴雨雪，受制于“日月之行，有常节度”的自然规律。“夫一旸一雨，犹一昼一夜也，其遭若尧汤之水旱，犹一冬一夏也。如或欲以人事祭祀，复塞其变，冬求为夏，夜求为昼也。何以效之？久雨不霁，试使人君高枕安卧，雨犹自止。止久至于大旱，试使人君高枕安卧，旱犹自雨。何则？旸极反阴，阴极反旸。”[3]天道如此，决定了人们的祷祭活动要么徒劳无功，要么干脆就是牛头不对马嘴。雩祭之家，“设虚立祀”以期“感天”，然“如云雨者，气也；云雨之气，何用歆享？”即便“诚令人君祷祭水旁，能令高分寸之水，流而合乎？夫见在之水，相差无几；人君请之，终不耐行。况雨无形兆，深藏高山，人君雩祭，安耐得之？”[4]由于感天得不到回应，遂乱来者有之，如攻社之举：“案雨出于山，流入于川；湛水之类，山川是矣；大水之灾，不攻山川。社，土也。五行之性，水土不同；以水为害而攻土，土胜水。攻社之义，毋乃如今世工匠之用椎凿也。以椎击凿，令凿穿木，今傥攻土令厌水乎？”[5]虽然从人君到百姓热衷于此，结果只能是：“夫天之运气，时当自然，虽雩祭请求，终无补益。”“夫人不能以行感天，天亦不随行而应人。”[6]

祷祭不仅得不到有益的回报，还招致不少副作用。本来出现旱涝之灾，政治不修也是有责任的，“城郭不缮，沟池不修，水泉不隆，水为民害，责于地公。王者三公，各有所主；诸侯卿大夫，各有分职。大水不责卿大夫，而击鼓攻社，何知不然？”面对灾害，不思如何救济，“改政易行”，而把功夫下在祷祭

---

① 〔东汉〕王充：《论衡・明雩》。
② 〔东汉〕王充：《论衡・顺鼓》。
③ 〔东汉〕王充：《论衡・顺鼓》。
④ 〔东汉〕王充：《论衡・明雩》。
⑤ 〔东汉〕王充：《论衡・顺鼓》。
⑥ 〔东汉〕王充：《论衡・明雩》。

的虚功上，于时何补，于民何益？“久雨湛水溢，谁致之者？使人君也，宜改政易行，以复塞之；如人臣也，宜罪其人，以过解天？如非君臣，阴阳之气，偶时运也，击鼓攻社，而何救止？”[①]

王充并不是简单地全盘否定祷祭的副作用，他认为祷祭有时也是可以裨益政治的：“问政治之灾、无妄之变，何以别之？曰，德酆政得，灾犹至者，无妄也；德衰政失，变应来者，政治也。夫政治则外雩而内改，以复其亏；无妄则内守旧政，外修雩礼，以慰民心。故夫无妄之气，历世时至，当固自一，不宜改政。”[②]“德酆政得”为本，“外修雩礼”为辅。在本立政修的基础上，“雩祭者之用心，慈父孝子之用意也。无妄之灾，百民不知，必归于主。为政治者，慰民之望，故亦必雩”，这也是孔子、董仲舒倡行祷祭的原意所在。运用得好，还能体现尊古合礼，“报生万物之功”“冀复灾变之亏，获酆穰之报”，人君“尽已惶惧”，臣子“且当谢罪……默改政治，潜易操行”等文化价值。这即使算不上与天的直接感应，也是在特设的善意氛围中对人的震慑和净化。王充对这个问题的理解比较实在，与神秘的天人感应说是画不上等号的。

第四类，迷信鬼神存在，其能“助善伐恶，有冤必报”。鬼神观念在中国文化中由来已久，起源于夏，盛于商、周，民间影响广泛，并且于经典书籍中存有大量记载，《礼记》《墨子》《左传》《吕氏春秋》等书中，均有活灵活现的事例发生在国君和名士身上。如“传曰：周宣王杀其臣杜伯而不辜。宣王将田于囿，杜伯起于道左，执彤弓而射宣王。宣王伏韔而死”[③]。文人对此不惜笔墨，世俗更是津津乐道。王充生活的吴越之地，“好鬼信巫”自古便是亚文化的一大特征，在人们生活中占有重要位置。

王充发现，鬼神习俗的流行与墨、儒两家学说有些关系：“墨家之议佑鬼，以为人死辄为神鬼而有知，能形而害人，故引杜伯之类以为效验。儒家不从，以为死人无知，不能为鬼，然而赙祭备物者，示不负死以观生也。”[④]所以，欲

① 〔东汉〕王充：《论衡·顺鼓》。
② 〔东汉〕王充：《论衡·明雩》。
③ 〔东汉〕王充：《论衡·死伪》。
④ 〔东汉〕王充：《论衡·薄葬》。

驱散鬼神之迷雾，首先须在理论上澄清，在思想方法上指正。《墨子·明鬼》乃言鬼的代表之作，一连串举出六个例子证明鬼魂“助善伐恶，有冤必报”现象的存在。墨子还声称，这些记载均根据合“圣王言行，百姓经验，国家利益”的“三表”原则筛选确定。王充就读太学时，就发现典籍中的许多记述严重失实，此刻他信手拈出大量资料说明，古籍所载不可全信，所谈的鬼神问题尤其不足为据。那么，所谓的“百姓耳目”是否可靠呢？王充认为，没有经过理性思考、去粗取精的见闻也不准确，人们很容易为假象所迷惑，《墨子》的做法就是如此：“夫论不留精澄意，苟以外效立事是非，信闻见于外，不诠订于内，是用耳目论，不以心意议也。夫以耳目论，则以虚象为言；虚象效，则以实事为非。是故是非者不徒耳目，必开心意。墨议不以心而原物，苟信闻见，则虽效验章明，犹为失实。失实之议难以教，虽得愚民之欲，不合知者之心，丧物索用，无益于世。此盖墨术所以不传也。”①正确的方法应该是“事莫明于有效，论莫定于有证。空言虚语，虽得道心，人犹不信”。根据这种理论联系实际的思路，王充对《墨子》中所举的例子逐一挑出毛病，证明其不能成立。结论是，所有书中记述和人们习俗中所宣传的“死人为鬼，有知，能害人”，都来自人们精神上的虚幻与虚构，从形神论的道理看，事实无可置疑：“死人不为鬼，无知，不能害人。”②

与鬼神论相关联，王充对世俗热火朝天的祭祀之风发表了自己的看法：祭祀应该与敬鬼神有所区别，“宗庙，己之先也。生存之时，谨敬供养，死不敢不信，故修祭祀，缘先事死，示不忘先”③。与俗论祭祀中敬鬼神、祖先以求祈福禳灾的取向不同，祭祖并不是因为祖先有鬼魂，而是表示“主人自尽恩勤而已。鬼神未必欲享之也”。除了父母，大自然对人类的恩赐还有许多，人们对生存空间、日月星辰、风雨雷电等都应该表示敬畏，祭祀即敬畏的表示。这样的祭祀有益于社会、人类，表达了人们对祖先、自然等一切有恩于己的事物的感激之

① 〔东汉〕王充：《论衡·薄葬》。
② 〔东汉〕王充：《论衡·论死》。
③ 〔东汉〕王充：《论衡·祀义》。

情，展示了人性善的一面："凡祭祀之义有二：一曰报功，二曰修先。报功以勉力，修先以崇恩。力勉恩崇，功立化通，圣王之务也。"[①]如果没有这样的敬畏和感恩之情，人们的行为就会日渐失控，善良的天性趋于淡化。这是圣人不愿看到的结果。"丧祭礼废，则臣子恩泊；臣子恩泊，则倍死亡先；倍死亡先，则不孝狱多。"[②]尽管如此，要切忌本末倒置，莫让"信鬼"盖过"重恩尊功，殷勤厚恩"[③]之意。

王充也不赞成厚葬之风。人死后便失去知觉，后人表达敬意与怀念之情即可，没必要大肆铺张，"竭财以事神，空家以送终"[④]实属"无益"："异道不相连，事生厚，化自生，虽事死泊，何损于化？使死者有知，倍之非也。如无所知，倍之何损？明其无知，未必有倍死之害。不明无知，成事已有贼生之费。"人们应当把注意力放到"事生厚"上，在父母生前尽力善待，比厚葬有着更为有效的教化和示范作用。人死而无知，厚葬于逝者无益可言。把这个道理讲清楚，"论定议立"，则不厚葬也不会有损风化，"圣人惧开不孝之源，故不明死无知之实"，实在是多余的担心。儒生没有参透此理，不倡薄葬，招致了浪费活人物品的后患。王充此论在古代社会中既大胆又超前，与世道相违，却代表了人类的理性思考。

第五类，对生活中讲究的种种禁忌，王充信其有逢凶化吉之功。受上古社会占卜文化和道术的影响，民间习俗中禁忌讲究多多。王充幼时即有观察，但不甚了了，把疑问埋在心底。现在他广泛搜集、研究，竟发现忌讳对于讲究的人来说，几乎到了"万事有忌"的地步。"世俗既信岁时，而又信日。举事若病死灾患，大则谓之犯触岁月，小则谓之不避日禁。岁月之传既用，日禁之书亦行。世俗之人，委心信之；辩论之士，亦不能定。"[⑤]更具体的还有："世俗信祸祟，以为人之疾病死亡，及更患被罪，戮辱欢笑，皆有所犯。起功、移徙、祭

---

① 〔东汉〕王充：《论衡·祭意》。
② 〔东汉〕王充：《论衡·薄葬》。
③ 〔东汉〕王充：《论衡·祭意》。
④ 〔东汉〕王充：《论衡·薄葬》。
⑤ 〔东汉〕王充：《论衡·讥日》。

祀、丧葬、行作、入官、嫁娶，不择吉日，不避岁月，触鬼逢神，忌时相害。故发病生祸，絓法入罪，至于死亡，殚家灭门，皆不重慎，犯触忌讳之所致也。”[①]洗澡要选吉日，否则就会“令人白头”；丧葬须“避九空、地臽，及日之刚柔，月之奇耦”，“雨不克葬”；“假令太岁在甲子，天下之人皆不得南北徙，起宅嫁娶亦皆避之”[②]；“宅有八术，以六甲之名，数而第之……宅不宜其姓，姓与宅相贼，则疾病死亡，犯罪遇祸”，“商家门不宜南向，徵家门不宜北向”[③]，诸如此类，覆盖着生活的各个方面，动辄触忌，连出门往南走还是往西去，都不能随心所欲。

王充对各种禁忌逐个从具体的事实上予以剖析，举出大量不在乎忌讳而事情照行不误的事实进行反证，说明忌讳的由来是缺乏根据的，“世俗禁之，执据何义”，“有空讳之言，无实凶之效，世俗惑之，误非之甚也”[④]。他又从理论上展开探讨，阐明禁忌的发生根源、观念误区、现实危害以及所包含的某些合理成分。忌讳的产生主要来自人们畏凶冀吉的心理倾向：“凡人在世，不能不作事，作事之后，不能不有吉凶。见吉则指以为前时择日之福，见凶则刺以为往者触忌之祸。多或择日而得祸，触忌而获福。工伎射事者欲遂其术，见祸忌而不言，闻福匿而不达，积祸以惊不慎，列福以勉畏时……人君惜其官，人民爱其身，相随信之，不复狐疑。故人君兴事，工伎满阁，人民有为，触伤问时。奸书伪文，由此滋生。”[⑤]禁忌心理一经形成，便不断扩大、蔓延，像滚雪球一样膨胀起来：“将一疑而倍之。夫祸福随盛衰而至，代谢而然。举事日凶，人畏凶有效；日吉，人冀吉有验。祸福自至，则述前之吉凶，以相戒惧，此日禁所以累世不疑，惑者所以连年不悟也。”[⑥]遇到统治危机、社会祸乱之际，人们的避害心理加重，而统治者便利用这点推波助澜，“衰世好信禁，不肖君好求

① 〔东汉〕王充：《论衡·辨祟》。
② 〔东汉〕王充：《论衡·难岁》。
③ 〔东汉〕王充：《论衡·诘术》。
④ 〔东汉〕王充：《论衡·四讳》。
⑤ 〔东汉〕王充：《论衡·辨祟》。
⑥ 〔东汉〕王充：《论衡·讥日》。

福”[1]，使忌讳观念愈加深化，“衰世好信鬼，愚人好求福”[2]。世人之所以迷信禁忌，关键是不懂得天道自然的道理，错误地以为人的行为和愿望能感应天地自然，得到所企盼的回报。实际上，“天不言，则亦不听人之言”，人们在生活中所遭逢的吉凶福祸，都是自然而然的结果，丝毫不受忌讳意念的支配。“天道自然，非为人也。推此以论，人君治有吉凶之应，亦犹此也。君德遭贤，时适当平，嘉物奇瑞偶至。不肖之君，亦反此焉。”[3]明了这一点，便知晓种种禁忌只是愿望得不到实现引起的一厢情愿。

王充尖锐地指出，若忌讳仅是徒费心思、劳而无功倒也罢了，问题是它还有不少的危害，最明显者就是弱化人们直面困难、解决问题的激情与能力，而将注意力引导到不务正事、推诿责任、热衷于虚功的歧路上。“不修其行而丰其祝，不敬其上而畏其鬼。身死祸至，归之于祟，谓祟未得；得祟修祀，祸繁不止，归之于祭，谓祭未敬。夫论解除，解除无益；论祭祀，祭祀无补；论巫祝，巫祝无力。竟在人不在鬼，在德不在祀，明矣哉！”[4]如此恶性循环，“尽人事”“务德政”的愿望不就日益淡漠了吗？

不过，王充还是公允地承认其中还包含着“劝人为善”的意愿：“若夫曲俗微小之讳，众多非一，咸劝人为善，使人重慎，无鬼神之害，凶丑之祸。”有的内容还是生活经验的总结：“世讳作豆酱恶闻雷，一人不食，欲使人急作，不欲积家逾至春也。讳厉刀井上，恐刀堕井中也……礼曰：‘毋抟饭，毋流歠。’礼义之禁，未必吉凶之言也。”[5]这些习俗也提倡养成一些良好的习惯，能发挥实在的解祸作用。

《讥俗》为王充最早写成的著作，其视野广阔、联系实际、挑战权威、善于思辨的风格跃然纸上，王充初步形成了自己著述立说的风格。

王充志在讥俗，然其书的内容还产生了一个意料之外的作用。因王充知识

---

① 〔东汉〕王充：《论衡·讥日》。
② 〔东汉〕王充：《论衡·解除》。
③ 〔东汉〕王充：《论衡·卜筮》。
④ 〔东汉〕王充：《论衡·解除》。
⑤ 〔东汉〕王充：《论衡·四讳》。

广博，观察细微，搜寻详尽，对批评的对象了解甚深，表述精确，同时代的著作中无有与之比肩者。这些当时流行的习俗经岁月的打磨，有的消失了，有的变形了，也有的走向了极端。所以，后人欲了解汉代民间习俗风气的内容，《论衡》成为最全面、详细的文献。在保存民间文化方面，王充亦算是“无心插柳柳成荫”吧。

# 第十章　探求宇宙奥秘

首部著作——《讥俗》脱手后，王充在一阵轻松之余，也强烈地感受到创作的愉快。对于思想者来说，有什么比这更得意的事呢？王充觉得自己的年龄、经历、学识皆进入成熟期，正处于一生中创造力最为旺盛的阶段。《讥俗》一书，只表达了对社会表层事物的见解，要建立学说，自成一家之言，不能不思考宇宙到底是什么、人与世界又是怎样的关系等事关天地万物真谛的根本性问题。于是，他决定趁热打铁，集中精力，把探寻的目光投向更为深邃、广阔的领域，对宇宙论作出自己的回答。

作为研究的第一步，王充对前人构筑宇宙论的演进过程及其思想成果进行了一番清理与总结。中国古代对宇宙根本的认识，起始于夏商之际的天命论，将天视为有意志的神灵，它创造了万物并主宰着一切。这是影响古人认识天人关系的一个思想源头。至战国中后期，随着社会文明水平的提升，人们开始从理性上对宇宙的起源、演变、结构、运动等问题重新进行思考，初步形成了中国古代宇宙论。以屈原发其端，《周易》进而提出了相对明晰的理论构想："天地絪缊，万物化醇；男女构精，万物化生。"中国古代的宇宙论，起步时便将天、地、人作为一个整体来观照。秦汉大一统国家形成后，人们开始用更开阔的视野、更宏大的胸襟思考宇宙天地问题，加之此时天文学的长足进步，盖天说、浑天说和宣夜说三种观点相继问世，学者们"究天人之际"的追问，获得了新的资源支持，取得了许多科学成果，如《史记》的"天官书"、《淮南子》的"天文训"等。

董仲舒在总结、思考前人成果的基础上，构建了天人感应的宇宙论，成为汉儒认识世界的理论框架。他提出，“天者，百神之大君也”，天是有意志的，人间社会的治乱兴衰受制于天，天以符瑞与谴告的方式传达着自己的意愿。董仲舒的天人感应说在理论上强词夺理，牵强附会，对天客观性的认知比战国时的有些学者更倒退。但它编织得精致而缜密，逻辑说服力和思辨穿透力极强，人们以当时一般的认识水平很容易相信和接受它，即便有学者产生疑问，欲反驳、推翻它也相当不易。天人感应思想的极端发展，便是谶纬说风靡于世，这很能反映出天人感应说在汉代的思想基础有多么广泛。

王充虽然对董仲舒的学问相当钦佩，但对其天人感应说极不赞成，觉得还是战国时代天道自然的思想比较有道理。然而，他又感到，无论天人感应还是天道自然说，都存在共同的缺陷，哲学思辨多而科学认识少，思想家本人观察的经验及其对这些经验的分析、判断更是欠缺，使其思想、结论显得缺少客观物质实证的支撑，即便他自己所赞同的道家也是这样：“黄老之家，论说天道，得其实矣。”[①]问题在于虚论多而“效验”不足：“道家论自然，不知引物事以验其言行，故自然之说，未见信也。”[②]

王充由此想到，依托经验和哲学思辨正是自己的长处所在。他自幼就注意体察与感悟自然万物；在洛阳太学期间，观察、研究了北极星的方位及其变化；著《讥俗》时，又通过考察、探讨浙江潮汐现象，发现了月亮引力及特殊地形对海潮产生的影响；还通过多次观察日食、月食现象，根据自己的理解得出了“光自损也”的看法。此外，因注意到日月随天而转，云团则有走有停，他思索出两者存在着“在天”与“不在天”之区别的天文现象。“月行与日同，行皆附天。何以验之？验之似云。云不附天，常止于所处。使不附天，亦当自止其处。由此言之，日行附天明矣。”[③]这种见解，先前还不曾有人想到过。

从以上种种自然万象的观察中，王充感悟到一个共同的规律，即客观世界的物质存在。以往思想家探讨宇宙论中所言的天命论、神力说、虚无说等，均

① 〔东汉〕王充：《论衡・谴告》。

② 〔东汉〕王充：《论衡・自然》。

③ 〔东汉〕王充：《论衡・说日》。

经不起实证经验的推敲，因而坚信自己认识到了宇宙万物的真相，从这一角度深入探寻，完全有可能发前人之所未发，用新的理论框架阐发天道自然的宇宙论。他义无反顾地进入迷雾重重的宇宙论领域，去承受前所未有的思考压力，终而构筑了一个由天论、气论、形神论三个支点撑起的宇宙论框架。天论说明宇宙的存在形态、运动规律；气论解释万物及人的生成依据；形神论则通过探讨人的物质生命存在与精神生命存在的关系，将人这个“小宇宙”与大宇宙联结起来。三者相辅相成，缺一不可，共同合成“天人合一”的自然世界，这就是注重世界物质性与自然性的天道自然观。天论回答天的存在形态如何，天究竟是什么的问题。在天是人格化、神秘化的神灵还是客观存在的自然物之间，王充毫不犹豫地排除了前者。同样认为天为自然物的，历来有气论与体论两种说法，但都尚未拿出有充分说服力的理由。到底哪一个观点更符合实际存在？让人颇费思量。王充认识世界的物质存在，将之划分为有形之物与无形之气两大类。这种划分在说明其他物体时皆能清晰地分门别类，独对天这个对象，不免陷于两难之中。“使天体乎？宜与地同；使天气乎？气若云烟，云烟之属，安得口目？”[①]“使天体乎，耳高不能闻人言；使天气乎，气若云烟，安能听人辞？”[②]“天者，气邪？体邪？如气乎，云烟无异，安得柱而折之？女娲以石补之，是体也。如审然，天乃玉石之类也。”[③]

最终，王充还是通过对天文学成果的分析来作出选择和认定。东汉初年，天文学方面存在着三种主要观点。浑天说以为天呈浑圆状，像鸡蛋壳，地在中间似蛋黄。地浮于水上，天及日月星辰从地的东边水里出来，经过上空，转到西边复入水中穿过地底出于东方，循环不已。王充感到，此说虽能反映天为实体，但讲天与日月星辰每天到水中转一圈是说不通的。他提出异议道：“天运行于地中乎？不则北方之地低下而不平也。如审运行地中，凿地一丈，转见水源。天行地中，出入水中乎？如北方低下不平，是则九川北注，不得盈满也？”[④]意

① 〔东汉〕王充：《论衡·自然》。
② 〔东汉〕王充：《论衡·变虚》。
③ 〔东汉〕王充：《论衡·谈天》。
④ 〔东汉〕王充：《论衡·说日》。

思是，天入地说明地不平，地若不平，水岂不是都流到北边去了吗？所以该说法不能成立。宣夜说主张“日月众星，自然浮生虚空之中，其行其止，皆须气焉”①。天没有任何东西，只是无边的气，推动着日月星辰在虚空中飘荡。王充认为，这种看法过于空泛，缺乏天文学的具体资料证明，在说明天的客观存在方面模糊不清。然其亦有合理成分值得吸收：天地无穷大，反对地中说的绝对性。相比较而言，王充觉得盖天说最能反映天的客观实在性。但传统的“天似盖笠，地法覆盘”②观点，即“天是拱形圆盖，像斗笠，地呈拱形，似倒扣的盘子”的解释，尚有不足，需要修正。他根据自己的观察与推想，提出天地皆平说，后人也把它叫作方天说：“天平正与地无异。然而日出上，日入下者，随天转运，视天若覆盆之状，故视日上下然，似若出入地中矣。然则日之出，近也；其入，远不复见，故谓之入。”③天与地一样，都是平的，太阳附在天上，随天运转，离观察者的所在地时近时远。因为天很大，人在远望的过程中，会产生高低不同的错觉，“皆以近者为高，远者为下”。人们在视觉上，太阳近时以为升，远则以为降，乃至潜入地下。说到底，这只是一种看上去的升降景象，实际上并不存在升降的情况，只有远近的区别。为了证明自己的观点，他以同一“烛火”于昼夜间视觉形态相异的道理类推，试图提供一个为人们容易理解的实例：“日中时日小，其出入时大者，日中光明故小，其出入时光暗故大。犹昼日察火光小，夜察之火光大也。既以火为效，又以星为验，昼日星不见者，光耀灭之也；夜无光耀，星乃见。夫日月，星之类也，平旦日入光销，故视大也。”④日中时明亮，看上去显得小，日出日落时光暗，便显得大一些，与火光于昼夜间不同的视觉形态同理。对此，天文学家张衡借用之，概括为“繇暗视明”原理。王充又用“日南”的例子来证明不能以“洛地”为中心来定天地之边际。“日南之郡，去洛且万里。徙民还者，问之，言日中之时，所居之地，未

① 〔唐〕房玄龄等：《晋书·天文志上》。

② 〔唐〕房玄龄等：《晋书·天文志上》。

③ 〔东汉〕王充：《论衡·说日》。

④ 〔东汉〕王充：《论衡·说日》。

能在日南也。”[①]中午时分，日南郡的太阳也是当头照的，哪里是天地的边呢？“邹衍之言：‘天地之间，有若天下者九。’”[②]

东汉初年天文学的三种主要观点各有其理，也都存在破绽与局限，浑天说虽然先进些，但是在后来张衡给予补充、修正后才完善起来。相比之下，盖天说与实证思维比较接近，尤其在证明天为物质存在方面不失为一种有说服力的假设。在古代天文学百家争鸣的局面中，王充提出“天地平正”无穷大的方天说，为古人认识天体现象增添了一种解释，提供了新的视角与思考方向。直至今日它还引起科学界的讨论，有学者说王充大概受某种“地球说”雏形的影响，更可能是因为无限空间概念的作用。王充在认定此论时，则视之为对自己天为体的结论的有力支撑。

王充在思考天为体的过程中，还想到了两点重要依据，即天文学中的周天度数和二十八宿的说法。根据《周髀算经》的测度，天地之间的高度为六万里，太阳绕天一周为三百六十五度。因其与一年三百六十五天相对应，古代科学家多信而不疑，故王充引以为据：“秘传或言，天之离天下，六万余里；数家计之，三百六十五度一周天。下有周度，高有里数。如天审气，气如云烟，安得里度。”[③]如果天是没有固定形态的气，怎么会测算出这些“里”与“度”来？可知天是存在固定形态的。古代天文学家通过对日月运动的观察，在其运行轨道上确定了二十八颗恒星的位置。这二十八颗恒星又与附近的一些恒星联为一个图形，称为“二十八宿”。这本来是对天文现象及规律的一种认识与描述，后来发展为天为体一说的理论依据。王充亦拿它来为自己的天体论服务：“二十八宿为日月舍，犹地有邮亭为长吏廨矣。邮亭著地，亦如星舍著天也。”天上的二十八宿就像地上的邮亭一样，一点一点星布天际，它们是实体的，是有自己的固定形态和运行规律的，可用来测度，“天有形体，所据不虚。犹此考之，则无恍惚，明矣”[④]。

①〔东汉〕王充：《论衡·谈天》。
②〔东汉〕王充：《论衡·谈天》。
③〔东汉〕王充：《论衡·谈天》。
④〔东汉〕王充：《论衡·谈天》。

王充在宇宙观上确立了天为体的观点，于著作中更多也更明确地说："天、体，非气也。"[①]"夫天，体也，与地无异。"[②]"天地有体，故能摇动。"[③]

与天的物质存在形态相比，探讨天的性质属于更为重要的课题。天命论在古代哲学中源远流长，汉代达到鼎盛。此外，天道自然的说法，自战国间由道家推出后亦绵延不绝。在看待天的性质问题上，王充认同道家的脉络，持"自然无为，天之道也"的观念，但同时又觉得，仅论述到此是远远不够的，还需要从客观物质运动方面找到依据，让天道自然说建立在真实可靠的基础上："天之动行也，施气也；体动气乃出，物乃生矣。由人动气也，体动气乃出，子亦生也。夫人之施气也，非欲以生子，气施而子自生矣。天动不欲以生物而物自生，此则自然也；施气不欲为物而物自为，此则无为也。"[④]王充认为，天的运动并无意识，也不存在目的，只是自然而然地释放出元气，万物得到化育，自然而生。所以说，自然无为是天的根本性质。

在解释天的这种存在本性时，王充特别强调两个概念，即"不故生"与"自生"。"夫天之不故生五谷丝麻以衣食人，由其有灾变不欲以谴告人也。物自生而人衣食之，气自变而人畏惧之；以若说论之，厌于人心矣。如天瑞为故，自然焉在？无为何居？何以天之自然也？"[⑤]天地万物的"草木之生，华叶青葱"，都不是天故意为之成之，而是"万物之叶，自为生也，自为生也，故能并成"。"不故生""不欲生"都是讲天不存在有意志、有目的地造物和安排人间烟火之活动。"自生"与"自成"则在于说明"春观万物之生，秋观其成，天地为之乎？物自然也"。

为了克服道家天道自然说的空泛，王充想出一些实例，让天自然无为观点的基础更为扎实牢靠。"何以天之自然也？以天无口目也。案有为者，口目之类也。口欲食而目欲视；有嗜欲于内，发之于外，口目求之，得以为利，欲之为

① 〔东汉〕王充：《论衡・谈天》。
② 〔东汉〕王充：《论衡・变虚》。
③ 〔东汉〕王充：《论衡・卜筮》。
④ 〔东汉〕王充：《论衡・自然》。
⑤ 〔东汉〕王充：《论衡・自然》。

也。今无口目之欲，于物无所求索，夫何为乎？”[①]世界上凡有意识、有欲望的物体，皆有口目一类的感官为之表达，天地皆无如此感官。一个没有感觉器官的物体，如何能“有为”，将意志传达于世间呢？若说天有意生成了万物，那么大千世界中存在着数不清的生物，以每个生物的生成都需要投入劳作论，天不是要忙不过来了吗？“如谓天地为之，为之宜用手，天地安得万万千千手，并为万万千千物乎？”

从天没有感觉器官，推论其并无意志和有目的的活动，虽然道理简单，针对性却极强，即否认把天神化和人格化。以天的物质性存在和自然无为的性质为基石，王充确立了自己的天道自然观，接下来，他要以此为武器，清算天人感应说了。

董仲舒的天人感应说行之于日常观念有两个主要落脚点：符瑞说与谴告说。它告诉世人，天与人之间通过气进行精神感应，人间统治情况的好坏皆会引起天的反应。治理得好，天便降下祥瑞之物给予肯定，并以风调雨顺的气候予以帮助；治理得不好，天则降灾和发生各种怪异之事以示谴告。符瑞说和谴告说在理论上是虚幻的，但立说者不无以此来诱导最高当局推行善政、勿施暴行。古代士人明此心迹，即便不完全相信，也大多顺其思路有所肯定。

王充不是不懂董仲舒的用意，然而他认为，无论主观意愿如何，任何事理成立的首要条件是“真实”。科学就是认知事物的本来面目，不能为政治目的而曲意解说。从天性自然无为的思想看，无论符瑞说还是谴告说都是经不起推敲的。天既然没有意识和意志，也就无从降下瑞物，“如天瑞为故，自然焉在？无为何居？”[②]人们所说起的种种祥瑞之物，如嘉禾、醴泉、甘露等，都是自然生成的物产，并非天有意志的“故降”。“嘉禾生于禾中，与禾中异穗，谓之嘉禾；醴泉甘露出而甘美也，皆泉露生出，非天上有甘露之种，地下有醴泉之类。圣治公平，而乃沾下产出也。”[③]事实上，“瑞物皆起和气而生。生于常类之中，而

① 〔东汉〕王充：《论衡·自然》。
② 〔东汉〕王充：《论衡·自然》。
③ 〔东汉〕王充：《论衡·讲瑞》。

有诡异之性，则为瑞矣”①。

信符瑞说的人们常举出许多祥瑞与盛世、圣人相关联的例子，无论是真是假，王充很难一一证实。对此，他采取了一个聪明的解决办法，退一步姑且不否认有其事，但说此不过偶然巧合而已：“物生为瑞，人生为圣，同时俱然；时其长大，相逢遇矣……光武皇帝生于成哀之际，凤凰集于济阳之地。圣人圣物生于盛，衰世圣王遭见圣物，犹吉命之人，逢吉祥之类也。其实相遇，非相为出也。”②典型者如传书言：“汤遭七年旱，以身祷于桑林。自责以六过，天乃雨。”王充解释说，作为贤圣的汤有过“以身祷于桑林”的愿望和行为是可能的，但未必会得到天的回应，“天地之有水旱，犹人之有疾病也。疾病不可以自责除，水旱不可以祷谢去，明矣”，“时雨乃至”的现象，不过是“或时旱久，时当自雨；汤以旱久，亦适自责。世人见雨之下，随汤自责而至，则谓汤以祷祈得雨矣”③。王充不否认其事发生的可能性，但以“久旱当雨”的道理，否定了天人有意互感的虚妄。

最后，王充确认，谴告说与符瑞说一样，违背了天自然无为的根本性质，天体运行的自然规律表明，“日朝出而暮入，非求之也，天道自然”，“寒暑有节，不为人变改也”。“如谴告人是有为，非自然也。”④天人之间真实的关系是：“人不能以行感天，天亦不随行而应人。”⑤王充还对谴告说发出了一个有意思的诘难：“仁惠盛者莫过尧汤，尧遭洪水，汤遭大旱。水旱，灾害之甚者也，而二圣逢之；岂二圣政之所致哉？天地历数当然也。以尧汤之水旱，准百王之灾害，非德所致；则其福佑，非德所为也。”⑥尧、汤盛德之世皆逢大灾，可见天灾与治况无关，符瑞说与谴告说在这里均无法自圆其说。他进一步解构：“天能谴告人君，则亦能故命圣君。择才若尧、舜，受以王命，委以王事，勿复与知。今

① 〔东汉〕王充：《论衡·讲瑞》。
② 〔东汉〕王充：《论衡·指瑞》。
③ 〔东汉〕王充：《论衡·感虚》。
④ 〔东汉〕王充：《论衡·谴告》。
⑤ 〔东汉〕王充：《论衡·明雩》。
⑥ 〔东汉〕王充：《论衡·治期》。

则不然。生庸庸之君，失道废德，随谴告之，何天不惮劳也？”[1]这是很有意思的反问：天如若有意志，可以选择、左右人君的话，谴告之举实在是最费事也最无效的一种办法。对自然界所发生的各种灾异，王充主张实事求是地正视，“夫国之有灾异也，犹家人之有变怪也”[2]。出现什么问题，应科学认识，及时解决，以谴告的方式自欺欺人，只能导致社会危机加深，“谴告之言，衰乱之语也”。如果说，谴告的立说者存有“屈君伸天”之意的话，那么，从实际效果看，这种功能微乎其微，还是煽动迷信、欺骗世人的副作用更大。

当然，在“天人合一”思想被普遍认同的年代里，某位思想家要完全超越天人感应说的影响实属不易，尤其是评论事涉当朝的一些现象、事件时，要摆脱流行政治思维的“辐射”就更困难了。王充也不能完全超越这一切。他在思想主流方面坚持天道自然，对天人感应说进行了明确而有力的批判。但与此同时，其学说中亦存在正面叙述瑞应的内容，留有天人感应说的残迹。特别对当朝编造的“高祖之起，有天命焉”[3]，刘秀出生“时夜无火，室内自明”等异象，均以“汉瑞”视之、论之，反映出他对天人感应说的批判还不够彻底。

在宏观层面上说明了天的事情后，王充的思绪转向微观层面，即如何看待自然万物的来源与构成，这个问题与天论密不可分，共同支撑着天道自然说。他以同样的思路，先回顾、研究了前人关于气的成果。气作为自然、物质运动因素的概念，产生于春秋末期，《国语》中开始用阴阳二气的交互作用说明自然界的运动与变化。荀子将之上升到更清晰的理论层面，气被抽象为自然万物共同的物质基础，“天地合而万物生，阴阳接而变化起”，“水火有气而无生，草木有生而无知，禽兽有知而无义，人有气有生有知亦且有义，故最为天下贵也”。至汉代，气论得到新的发展，为学者普遍认可，被视为宇宙的起源与构成的基本因素，在董仲舒那里，又被涂上了一层神秘的人格化色彩。

王充感到，天地之间的万物，都是真实的物质存在，虽然千姿百态，各有

---

① 〔东汉〕王充：《论衡·自然》。
② 〔东汉〕王充：《论衡·谴告》。
③ 〔东汉〕王充：《论衡·命义》。

其用，但它们应该由共同的基本元素构成，这些元素的不同组合形成了不同的生命体，只有对此基本元素具有充分的认识，才能说明世界万物背后的共同特质，进而证明世界的物质性和真实性。前人使用气的概念是个很好的思路，但论述多从哲学角度出发，缺乏客观物质存在方面的探寻，故阐发得不够明确、具体，又渗入许多非物质的神秘色彩，有必要从其物质性的一面加以深化，使气论建立在更坚实的基础之上。

王充考虑以气为基本元素，对世界万物的生长与构成进行统一的理解与说明，用气来解释自然存在、人的存在和社会存在，以及与之相关的种种客观现象："天地，含气之自然也。"① "雷者，太阳之激气也。"② "草生，地气自出之也。"③ "天地之间，物气相类，其实非者多。"④气反映了自然界各种现象的基本存在。人也来自这种构成："天地合气，人偶自生也，犹夫妇合气，子则自生也。"⑤ "阴阳之气，凝而为人，年终寿尽，死还为气。""人之所以聪明智慧者，以含五常之气也。"⑥人的肉体和精神存在也是以气为依据的。总而言之，"一天一地，并生万物，万物之生，俱得一气。气之薄渥，万世若一。帝王治世，百代同道。人民嫁娶，同时共礼"⑦。气可视为社会万象的生成因素。大千世界的所有存在，均由气的不同变化所派生、构成。

为了证明气这种万物背后共有物质的客观存在，王充构想出三个方面的依据。首先，气是物质性的存在物。物质性的存在物有两种不同的形态，一种为有形体，另一种为无形体。天地与万物等可看得见、摸得着的为有形体；气与云烟、飘雾等属于无形体，就算看得见，也摸不着，但实际存在着，"气若云烟，云烟之属，安得口目"⑧，"天地之气尤疾速者，飘风也"⑨。无形体之气

① 〔东汉〕王充：《论衡·谈天》。
② 〔东汉〕王充：《论衡·雷虚》。
③ 〔东汉〕王充：《论衡·讲瑞》。
④ 〔东汉〕王充：《论衡·说日》。
⑤ 〔东汉〕王充：《论衡·物势》。
⑥ 〔东汉〕王充：《论衡·论死》。
⑦ 〔东汉〕王充：《论衡·齐世》。
⑧ 〔东汉〕王充：《论衡·自然》。
⑨ 〔东汉〕王充：《论衡·纪妖》。

无知无觉，属于没有固定形体的物质形态，人们触摸不到，却是万物构成的源头："人生于天地也，犹鱼之于渊，虮虱之于人也，因气而生，种类相产；万物生天地之间，皆一实也。"[①]这样对有形物与无形物的划分，以及用云烟、飘雾等真实存在来描绘、说明气的物质性，比之前人们对气的理解显得更加实在，不再那样虚无缥缈而表现出物化的品质和内涵。其次气又是元素性的存在物。万物由气的凝聚而生，又由气的消散而亡。气的运动与变化乃世间万物起落兴衰、生生不息的动因。"夫天覆于上，地偃于下；下气蒸上，上气降下，万物自生其中间矣。""天之动行也，施气也；体动气乃出，物乃生矣。"[②]"俱禀元气，或独为人，或为禽兽。"[③]那么，气又如何组成万物万象呢？王充解释说，阴阳二气如何搭配以及是否和谐，导致所生成事物的特性不同。好的东西出自阴阳协调的"和气"。"瑞物皆起和气而生。"[④]"阴阳不和，灾变发起。"[⑤]"天下万物，含太阳气而生者，皆有毒螫。"[⑥]自然界的万物无一不是气的动态组合物，气是所有物质存在的基本构成。最后，气还是自然性的存在物。气虽然"蒸上""降下"，生成万物，却不具备意识和目的，化育万物乃顺其自然的过程，"谓天自然无为者何？气也"[⑦]。他特意用一个术语概括了这种自然的生成过程，即"自生"，以区别于有意志、有目的的"故生"。"阳气自出，物自生长；阴气自起，物自成藏。"[⑧]气的无意识还可从其不存在感觉器官来认知。气若烟雾，无口目，也不能饮食，"不能饮食，则无腹肠。无腹肠，则无用喜怒；无用喜怒，则无用为祸福矣"[⑨]。气本身是无知的，有知物须赖气组合成形体，"气须形而知"。正因为气的这种自然特性，使之具有不同于其他事物的恒常表现，"天不

① 〔东汉〕王充：《论衡·物势》。
② 〔东汉〕王充：《论衡·自然》。
③ 〔东汉〕王充：《论衡·幸偶》。
④ 〔东汉〕王充：《论衡·讲瑞》。
⑤ 〔东汉〕王充：《论衡·感类》。
⑥ 〔东汉〕王充：《论衡·言毒》。
⑦ 〔东汉〕王充：《论衡·自然》。
⑧ 〔东汉〕王充：《论衡·自然》。
⑨ 〔东汉〕王充：《论衡·祀义》。

变易，气不改更”[①]，“天地不生，故不死；阴阳不生，故不死”[②]。气的亘古长存正是“气自然也”的状态说明。

王充对气的理解与论述，虽然仍属古代宇宙论的范畴，即科学见解与哲学思想混合为一，带有整体把握世界的特征，但他在前人成果的平台上将气论朝着客观物质存在方面推进了一大步，对气的理解，已经非常接近空气、阳光等物质、能量，气化育万物的功能亦有光合作用的意思含于其中，无疑是古代谈气的思想家中最强调物质性、元素性的。

王充在构想宇宙论框架的时候，还循着思想传统中“究天人之际”的路径，就从与大宇宙相对应的“小宇宙”认识人自身的形神论放开思路，探索人的物质存在与精神存在的关系。这个问题也是中国哲学的传统课题，古代思想家从来把宇宙和人联系在一起思考。先秦时代，已开始出现人是精神与形体结合的产物的说法，《管子》云“凡人之生，天出其精，地出其形，合此以为人”。精神与形体均由气构成，只是气的质量各不相同，精神之气称“精气”，形体之气谓“形气”。关于两者的关系，荀子“形具而神生”的说法影响最大，思想界大多认同，精神与形体不可分割，且依赖形体而生。汉代学者大体沿用先秦的观点。

王充在回溯前人成果时感到，各有千秋的见解中尚缺乏一个统一的理论基础，因而对形与神两者复杂关系的认识还不够透彻。他以自己的气论为依据，首先指出，人同万物一样，皆“禀气而生，含气而长”[③]，“受命于天，禀气于元，与物无异”[④]。人与自然界的其他万物虽形态各异，使命不同，却存在看共同的物质基础——气。这就说明人并非神造，也是自然运动的产物。与此同时，人也具有与他物不同的禀赋——精神和智慧：“夫倮虫三百六十，人为之长。人，物也，万物之中有知慧者也。”[⑤]先前的思想家说明人的精神特征，多用神、

① 〔东汉〕王充：《论衡·齐世》。
② 〔东汉〕王充：《论衡·道虚》。
③ 〔东汉〕王充：《论衡·命义》。
④ 〔东汉〕王充：《论衡·辨祟》。
⑤ 〔东汉〕王充：《论衡·辨祟》。

魂、阳精等术语，王充概括、提炼出“知慧”一词，觉得这样可以更准确地表现出具体而鲜明的生命现象，更能说明人独具思维能力这种禀赋的精神特征。这样讲，比之荀子“人有气有生有知亦且有义”的观点又进了一步，突出了人有别于万物的基本点。

王充没有简单地下一个论断了之，他进而阐发了人为何具有“知慧”。人由气凝集而成，此气分为阴阳两种，“阴气主为骨肉，阳气主为精神”①，构成精神的阳气称为“精气”或“神气”。“精气”是各种气中最精致、最渥厚的一种，故能造就精神。人死之后，“精神升天，骸骨归土”②。“精气”与人的形体分离，即失去依托，其单独存在便无以发挥作用了。“人之所以生者，精气也；死而精气灭。”在王充看来，“精气”是人之所以为人的最重要禀性，这种禀性又不能脱离形体独立存在，“形须气而成，气须形而知”③。两者的有机组合，才能使人成为不同于其他物体的有智慧的生命体。他引用桓谭著名的“烛火之喻”：“精神居形体，犹火之燃烛矣……烛无，火亦不能独行于虚空。”“人之耆老，齿堕发白，肌肉枯腊，而精神弗为之能润泽内外周遍，则气索而死，如火烛之俱尽矣。”④王充觉得此比喻精辟之至，遂接着发挥道：“天地之性，能更生火，不能使灭火复燃；能更生人，不能令死人复见。能使灭灰更为燃火，吾乃颇疑死人能复为形。案火灭不能复燃以况之，死人不能复为鬼，明矣……天下无独燃之火，世间安得有无体独知之精？”⑤形神关系焕然明了，精神与形体的关系更为透彻、全面，既说明了各自的特性，又阐述了双方互相依存的关系，使这个众说纷纭、颇显混乱的命题清晰明了起来。

讲清了形神关系之后，一个与之密切相关的问题就凸显出来，即如何在理论上回答鬼神不存。在《讥俗》中，王充从事实上、逻辑上让信鬼的俗论漏洞百出，失去立足之地，现在则需要以形神论为武器，彻底阐明无鬼论思想。在

---

①〔东汉〕王充：《论衡·订鬼》。

②〔东汉〕王充：《论衡·论死》。

③〔东汉〕王充：《论衡·论死》。

④〔东汉〕桓谭：《新论·祛蔽》。

⑤〔东汉〕王充：《论衡·论死》。

道理上，形神论清楚地说明了“人死如灯灭”。“人未生，无所知；其死，归无知之本，何能有知乎？”[①]气本无知，当精气与阴气结合，即精神与形体结合之后，方使人产生“知慧”。人一死，精气离形而去复归于无知的本来状态，不存在变鬼害人的事情。以此为基础，王充从多个方面展开发挥，进行辅证。由生理角度看，人的生命是由五常之气依托于身体的五脏而组成。人一死，五脏腐朽，五常之气失去载体，也就失去了精神与智慧。所谓“人之所以生者，精气也；死而精气灭。能为精气者，血脉也。人死血脉竭，竭而精气灭，灭而形体朽，朽而成灰土，何用为鬼？”[②]精气离开了人的形体，便无知无觉，草木不如，何以会变鬼害人？人睡着时已不晓四周之事，无从加害他人，人死后比睡着更无知觉，更不可能变鬼害人。“人之死也，其犹梦也。梦者，殄之次也；殄者，死之比也。人殄不悟则死矣。案人殄复悟，死从来者，与梦相似。然则梦、殄、死，一实也。人梦不能知觉时所作，犹死不能识生时所为矣。”[③]从道理上推论，人和动物一样，动物死后不会成为鬼，何以唯独人死后会成为鬼？自有人类以来，死者数以亿万计，若可转世为鬼，则世上鬼比人多，“如人死辄为鬼，则道路之上，一步一鬼也。人且死见鬼，宜见数百千万，满堂盈庭，填塞巷路，不宜徒见一两人也”[④]。再者，传说鬼作为冤魂会报复，为什么官府有那么多的杀人案侦破不了？说申生蒙冤，变鬼申诉，而较他冤情更重的比干则“不为鬼”去惩罚纣王。可知冤魂是发挥不了真实作用的，报复之说纯属子虚乌有。最终的结论是：“死人不为鬼，无知不能害人。”

由于世间广泛相信鬼神，声言亲见亲历者大有人在，故而王充构筑无鬼论的同时，也对人们为什么有看见鬼的感觉给予解释。其一，“凡天地之间有鬼，非人死精神为之也，皆人思念存想之所致也。”[⑤]人们一旦有病便产生恐惧，恐惧之中会胡思乱想，容易诱发幻觉出现鬼影。其二，“目光反照”，即睡觉做怪

① 〔东汉〕王充：《论衡·论死》。
② 〔东汉〕王充：《论衡·论死》。
③ 〔东汉〕王充：《论衡·论死》。
④ 〔东汉〕王充：《论衡·论死》。
⑤ 〔东汉〕王充：《论衡·订鬼》。

梦，把所经历遐想的事情引入梦境，出现鬼神便信以为真。人们在主观上对未知事物所产生的幻觉与错觉引发胡思乱想，对虚幻之境无从解释，遂以鬼论之。其三，天地自然之间确有怪象妖气出现，如灾异巨变、瘴气黑雾、鬼斧神工之形……人们一时认识不清，以鬼象解之。这种妖气在客观上存在害人、让人恐惧的情况。尤其是人死之后，尸体、骸骨会散发出异味和毒气，侵害活人。此死人之气，实际是一种因尸体受腐而生的“太阳之气”，“犯人辄死”。此现象便容易引发“人死为鬼害人”的猜想。“故凡世间所谓妖祥，所谓鬼神者，皆太阳之气为之也。太阳之气，天气也。”[①]说到底，还是一种自然物质现象，而非超自然的鬼神存在。其四，昏庸统治者的愚弄和播扬。“衰世好信鬼，愚人好求福。”[②]每逢衰世、乱世，无能的统治者便掀起“信鬼修祀”狂潮，借以维系统治，弄得人们真假莫辨，鬼神观念日益加重。

这些看法虽然并不高深，但都有其道理，在近两千年前讲出来并不容易。经王充这样理论联系实际地批驳，鬼神观念显得漏洞百出。凡是认真了解过王充无鬼论的人，都不再会相信鬼神的存在。王充的无鬼论将前人这方面的思想推进了一大步，其后的古代思想家中也很少有人出乎其右。

王充承接着责难鬼神的思路，顺带把流行于秦汉间的求道成仙也拉出来质疑。他认为，人乃精神与形体结合的产物，两者有合必有离，合则生，离则死。与人不能死而变鬼的道理一样，也不存在长生不老的可能，所谓黄帝成仙、淮南王得道等传闻统统属于“虚言”。道理就在于：“有血脉之类，无有不生，生无不死；以其生，故知其死也。天地不生，故不死；阴阳不生，故不死。死者，生之效，生者，死之验也。夫有始者必有终，有终者必有始。”[③]除了本原性的天与地之外，自然生命体的生与死、存与亡皆为一体两面的统一物，没有永恒不变的存在形态。人之生与死的关系，有如冰与水的关系：“人之生，其犹水也。水凝而为冰，气积而为人；冰极一冬而释，人竟百岁而死。人可令不死，

① 〔东汉〕王充：《论衡·订鬼》。

② 〔东汉〕王充：《论衡·解除》。

③ 〔东汉〕王充：《论衡·道虚》。

冰可令不释乎？诸学仙术，为不死之方，其必不成，犹不能使冰终不释也。”[①]这种自然对人之生命在时间上的限制，任何人也无法逾越，即便是贵为帝王者。“夫人，物也。虽贵为王侯，性不异于物。物无不死，人安能仙?”[②]以形神论的观点看，秦始皇、汉武帝等君主们长生不老的企求实在愚昧不堪。

由天论、气论和形神论三个部分构成的天道自然观，是王充学说的理论核心。王充对这些根本问题的思考与研究，为他的世界观、人生观和价值观奠定了坚固的基石。之后他著《论衡》思考其他问题时，无不以这种自然观为出发点和归宿点。从思想史发展的里程看，王充的天道自然观可谓异峰突起，后来学者可以赞誉它，也可以非议它，但都不能无视它、绕开它，它以实诚、朴素、坦率乃至有点尚俗的风格，说出了超出同时代人认识水平的颇为真实的道理。

① 〔东汉〕王充:《论衡 · 道虚》。

② 〔东汉〕王充:《论衡 · 道虚》。

# 第十一章　思索人生遭际

王充在探究宇宙奥秘的时候，另一个与之密切相关的问题也始终盘桓于他的脑海中：人的生命从何而来？生存价值何在？支配人生命运的力量和规律又是什么？按照中国传统思想的思维模式，天地人是一个整体的问题，“究天人之际”是思想家们永恒的课题。

在对宇宙观和人生观进行综合思考的过程中，王充在思维上经历了矛盾的纠葛，心绪上产生了异样的感受。考虑宇宙问题时，自然万象虽然复杂，但结构明晰，运行有序，剖析、提炼中思路流畅，归纳、总结时亦有规律可循，那些编造的神话在实证资料面前漏洞立显。而思考的对象一经转到人生观方面，情况便变得微妙起来。儒家“死生有命，富贵在天”“善有善报，恶有恶报”的说法虽可自圆其说，但经不起历史资料和现实命运的检验。按儒家价值处世立身者，终身失意、未得善果的，可谓比比皆是；反其道而行者，春风得意的却是大有人在。社会间的人生命运是如此的混沌一片，与有序的宇宙论形成难以吻合的对照。怎样将这两种规律统一起来，让他费尽心思。王充是那种喜欢迎接挑战的人，思考对象的难度越大，就越要追究个所以然来。

王充从探寻人性的本质入手逐步展开。人性究竟如何，乃中国古代哲学关注的热点，先秦以来一直存在着性善性恶的讨论，王充对之进行了系统的回顾与分析。

最早明确谈论人性之善恶者乃孔子的学生世硕：“周人世硕，以为人性有善有恶。举人之善性，养而致之则善长；性恶，养而致之则恶长。”[①]从先天形成讲，人性有善亦有恶，两种习性同时并存，关键在于后天的影响与培养，引导人的善性即引导人走向善途，纵容人的恶性便令其演为恶行，所谓“性各有阴阳，善恶在所养焉”。孔子的学生中议论过“情性”的，还有宓子贱、漆雕开、公孙尼子等，与世硕见解大抵相同。

孟子的性善论代表了儒家在这个问题上的主张，即人性根本为善，世人身上所表现出的种种恶行，都是人在成长过程中受外界不良影响的结果。王充认为，性善论经不起史实的“效验”，列出众所周知的一些事情予以驳难。依孟子所说，人之幼时当“无有不善”，然历史上的商纣王幼时就行为不端，恶行毕露。丹朱和商均，前者是尧的儿子，后者是舜的公子，皆在圣人身边长大，“二帝之旁，必多贤矣”，按说并无不良影响，长成后却成为无德之人。王充说：“孟子之言情性，未为实也。”

荀子与孟子针锋相对，提出性恶论，“作《性恶》之篇，以为人性恶，其善者伪也”。他观察到，人生而皆有私欲，正是后天的教化让先天的私欲受到节制，善行方得以逐步生长，可见善并非人的本性。王充亦不赞同此论，举实例反证“稷为儿，以种树为戏；孔子能行，以俎豆为弄”，都说明人的善性于儿时便有表现，属于与生俱来。汉代学者陆贾、董仲舒、扬雄、刘向等人也都探讨过人性问题，其中以董仲舒的性善情恶说影响最大，所谓“人之大经，一情一性。性生于阳，情生于阴。阴气鄙、阳气仁。曰性善者，是见其阳也，谓恶者，是见其阴者也”[②]。董仲舒的观点在推行以崇“义”而抑“情”为宗旨的礼教政治文化背景下，具有很大的迷惑力。王充并未因其为统治思想而停止质疑：“夫人情性同生于阴阳，其生于阴阳，有渥有泊。玉生于石，有纯有驳；情性于阴阳，安能纯善？”性与情同生于阴阳之气，不可能一为“纯善”，一为“纯恶”，故“仲舒之言，未能得实”。

王充逐一评点了诸家人性论后得出结论：“自孟子以下，至刘子政，鸿儒博

---

① 〔东汉〕王充：《论衡・本性》。

② 〔东汉〕王充：《论衡・本性》。

生，闻见多矣。然而论情性竟无定是，唯世硕儒公孙尼子之徒，颇得其正。”[①]他认同的是最初的说法——世硕等人的善恶并存论。

王充做学问从不简单重复他人的观点，总是在前人的基础上通过自己的独立思考加以创新与深化。在人性论的命题上，他提炼出了“性三品说”：“余固以孟轲言人性善者，中人以上者也；孙卿言人性恶者，中人以下者也；扬雄言人性善恶混者，中人也。”[②]此说聪明地综合了前人人性论思想的合理因素，并将之纳入新的理论框架中。孟子的性善论对一部分人来说是能够吻合的，荀子讲的性恶论反映了另一部分人的情况，多数的状况则是善恶混合，兼而有之。

人性之中为什么会有善恶之别呢？王充以他万事万物皆究其客观依据的特有思维方式深入探寻，很自然地与自己的理论基础——气论联系起来。“人之善恶，共一元气。气有少多，故性有贤愚。”“禀气有厚泊，故性有善恶也。残则受仁之气泊，而怒则禀勇渥也。仁泊则戾而少慈，勇渥则猛而无义，而又和气不足，喜怒失时，计虑轻愚，妄行之人，罪故为恶。人受五常，含五脏，皆具于身。禀之泊少，故其操行不及善人。”[③]在形神论中，王充用气说明了人的生命构成，又进一步指出，元气不仅决定人的生命，还因为人所禀之气的厚薄不同，制约着人性的善与恶。仁、义、礼、智、信此五常的因子皆负载于元气中受于人身，故而禀元气厚者而性善，受元气薄者而性恶。

这样的解释虽属思辨中的理论假设，但还是将对人性善恶问题的研究推进了两大步。其一，强调人禀元气而成其性是一个自然造化的客观过程，天并不能有意识地令某些人性善，令某些人性恶。天也没有将气分割为性与情的意思。人从天禀气而成性，说到底无非是生活自然而然的孕育。这对天人感应说的神话是否定的。其二，将气与性联系起来思考，并做出统一的理论说明，属于人性论研究的一大创见。探讨人性的差异开始出现以客观事物为依据的思路，对后人从遗传学、生理学上考虑问题不无启发。总之，禀气说较之天命论更显学术和科学品质。

---

①〔东汉〕王充：《论衡·本性》。

②〔东汉〕王充：《论衡·本性》。

③〔东汉〕王充：《论衡·率性》。

“性三品说”体现了王充对人性结构、人群分类的理性认识，其认识人性的着眼点更在于改造人性，所以，他下一步的思考便是论证人人皆可在不同的基础上从良向善，将恶性减少到最低限度。“中人”为人群中的多数，也是可塑性最大的，在善恶并存的条件下，存在着朝两种方向转化的可能，“夫中人之性，在所习焉。习善而为善，习恶而为恶也”[①]。关键取决于后天环境与文化的影响。生物生长的规律很能说明这个问题：“蓬生麻间，不扶自直；白纱入缁，不练自黑。彼蓬之性不直，纱之质不黑，麻扶缁染，使之直黑。夫人之性犹蓬纱也，在所渐染而善恶变矣。”[②]这与人们常说的“近朱者赤，近墨者黑”意思相同，讲的都是社会文化环境于潜移默化中对观念和习性的塑造。

王充又想到，人独具精神与智慧，与植物还有不同。这种主观能动性的存在，决定了人性有可能在后天发生“人为”的转化，“人之性，善可变为恶，恶可变为善”[③]。故而在对待人性发展、人生走向的问题上，不能完全自然无为，任其随波逐流，而应以积极的文化精神，主动用圣贤学说进行教化、引导，在人世间形成导向鲜明的化恶为善环境，使善性保持本色，发扬光大，恶性失去市场，受到改造与转化。他充满信心地设想：“论人之性，定有善有恶。其善者，固自善矣；其恶者，故可教告率勉，使之为善。凡人君父，审观臣子之性，善则养育劝率，无令近恶；近恶则辅保禁防，令渐于善。善渐于恶，恶化于善，成为性行。”[④]

处于“中人”上下两端者的从善之路各有不同。性善为主之人得自于自然造化，与出身门第的高低贵贱没有必然的关系，“孔墨祖愚，丘翟圣贤；扬家不通，卓有子云；桓氏稽可，遒出君山”[⑤]。这些旷古贤良都不是出于高门贵邸。凡由自然赋予善性者，个人应珍惜自己的优秀素质，“士贵雅材而慎兴，不因高据以显达”[⑥]，通过主观努力成为性善且刚强有为的仁人志士，“儒者所怀，独

---

① 〔东汉〕王充：《论衡·本性》。
② 〔东汉〕王充：《论衡·率性》。
③ 〔东汉〕王充：《论衡·率性》。
④ 〔东汉〕王充：《论衡·率性》。
⑤ 〔东汉〕王充：《论衡·自纪》。
⑥ 〔东汉〕王充：《论衡·自纪》。

已重矣，志所欲至，独已远矣，身载重任，至于终死，不倦不衰，力独多矣”[①]。思索到此，王充已然倾注了自己对人生的期许、抱负与激情，希望善的潜能最大限度地开发出来，步入富有创造力的至高境界。

相比较而言，少数性恶为主者的向善之路就要困难许多。王充搜集了大量自然界和社会生活中的例子：“夫肥沃硗确，土地之本性也。肥而沃者性美，树稼丰茂。硗而确者性恶，深耕细锄，厚加粪壤，勉致人功，以助地力，其树稼与彼肥沃者相似类也。地之高下，亦如此焉。以镬锸凿地，以埤增下，则其下与高者齐；如复增镬锸，则夫下者不徒齐者也，反更为高，而其高者反为下。使人之性有善有恶，〔使〕彼地有高有下，勉致其教令之善，则将善者同之矣。善以化渥，酿其教令，变更为善。善则且更宜反过于往善，犹下地增加镬锸更崇于高地也。”[②]人类的耕耘能够让贫瘠的土地变为沃土，人对人的影响也应该收到同样之功。历史上许多民族、部族的习性均发生过由野蛮到文明的进化：“凡含血气者，教之所以异化也。三苗之民，或贤或不肖；尧舜齐之，恩教加也。楚越之人，处庄、岳之间，经历岁月，变为舒缓，风俗移也。”[③]既然一个民族都可因文化的进步而使习性演变，那么，又有什么理由怀疑个人在教化下实现不良习性的调整与改变呢？孔子门下的七十二贤人，入门时并非个个善良，经他调教，均“被服圣教，文才雕琢，知能十倍”。尤其是子路，从一“戴鸡佩豚，勇猛无礼”之徒，转化为“卒能政事，序在四科”的人才，这不是“教训之功而渐渍之力”吗？王充从中得出结论说，即便性恶之人，亦“含五常之性，贤圣未之熟锻炼耳，奚患性之不善哉”“不患性恶，患其不服圣教”，关键在于社会方面要形成“学校勉其前，法禁防其后”的导向和约束机制，倘如是，“使丹朱之志，亦将可勉”。王充视“圣教”为引导人心向善的万能药，正与儒家道德为本、道德全能的一贯主张相同。王充论证人性之善恶，沉浸于对社会现象的哲学抽象中，擅抓本质、提纲挈领，思考缜密，结论清晰，为下一步研析人生观铺垫了很好的理论基础。接下来，他把关注的目光投向历史的人生命运和

① 〔东汉〕王充：《论衡·效力》。
② 〔东汉〕王充：《论衡·率性》。
③ 〔东汉〕王充：《论衡·率性》。

现实的人生状况，试图找出其中的某些因果关系和变化规律，却一度陷入困惑和苦恼之中。

人的命运实在是太难以捉摸了，千差万别，千奇百怪，没有哪两个人的命运完全相同。让王充心绪难平的是，儒家价值观在这里变得不灵了。人生道路上的前因与后果，并非孟子所言“顺操行者得正命”[①]“服圣贤之道，讲仁义之业，宜蒙福佑”[②]那样简单，相反的情况俯拾皆是——“俱行道德，祸福不均；并为仁义，利害不同”，“修身正行，不能来福，战栗戒慎，不能避祸”，“以忠言招患，以高行招耻，何世不然”。有才华的人怀才不遇，努力奋斗的人穷困潦倒，一辈子行善的人遭遇厄运。如孔子的大弟子颜回，处处与人为善，其人生的结局却是“不幸短命死矣”。连孔子生前也未得命运的福佑，“生无尺土，周流应聘，削迹绝粮”[③]。而无德无才者则坐享高官厚禄，即位当昏君，入朝为奸臣，掌握着他人的命运。想着想着，王充不免将自己的经历与经验联系起来：求学书馆，就读太学，入仕为官，学问算得上出类拔萃，操行也完全合节守礼，可到头来，仕途阻隔，空怀报国之志。这种情况并非仅发生在自己身上的个别现象，无论是历史上的名人还是现实中的百姓，人生不如意者十常八九，命运的主动权不在自己手中，受到一种无形力量的支配。董仲舒归于神秘的天命，王充断然不能认同。那么，这无形的力量又是什么呢？王充带着困惑翻来覆去地寻找答案。最终，他精心编织了一个必然的命运与偶然的遭遇相互交织的理论框架，就人生的规律做一总结与把握。

理论的突破口来自对道德论无法解释的一个现象的思索：“自王公逮庶人，圣贤及下愚，凡有首目之类，含血之属，莫不有命。命当贫贱，虽富贵之，犹涉祸患矣；命当富贵，虽贫贱之，犹逢福善矣。故命贵从贱地自达，命贱从富位自危，故夫富贵若有神助，贫贱若有鬼祸。”[④]世间的人生千差万别、各有归宿。从各有归宿上说，除遭大异，每个人的命运均有其必然结局，人生存在着

① 〔东汉〕王充：《论衡·刺孟》。
② 〔东汉〕王充：《论衡·幸偶》。
③ 〔东汉〕王充：《论衡·幸偶》。
④ 〔东汉〕王充：《论衡·命禄》。

一条纵向的路径；从千差万别上看，个人的遭际多显现出人力难为的偶然，这种偶然有如横向的力量，穿插于纵向的路径上。纵纵横横的交织便形成笼罩于人们头上的命运之网。于是，王充把纵向因素称为命，横向因素叫作时。“夫临事知愚，操行清浊，性与才也；仕宦贵贱，治产贫富，命与时也。”命与时是一种个人无法把握的巨大外在力量，人无法通过自身的努力加以改变，所谓“命则不可勉，时则不可力”。虽然这是一只不可抗拒的无形之手，但这也是自然的一部分，与所谓的“天意”安排没有关系，“时命当自然也”。王充非常在意与天命论划清界限，尽管在笔者看来他所讲的命定论已经有点接近天命论的意思了。

王充构建命的概念时，赋予它两层含义，第一层意思是广义上的人之既成命运。“孔子称命，孟子言天。吉凶安危，不在于人。昔人见之，故归之于命，委之于时。”[①]有时他干脆将命与天命通用：“天命在人本矣。”[②]这个命是指天下所有人于自然过程中生活和生命的最终归宿，是个比较抽象的说法。作为对自然而然之结局的一种概括，如此看待、认识命运不无道理，无非是一种对既成事实的承认，其慰藉心灵的作用大于理论思考的意义。

王充将命的第二层意思提炼、概括为“有死生寿夭之命，亦有贵贱贫富之命”[③]。前者为自然生命的必然，后者为社会生命的结局，无论前者还是后者，均属“谓当自至，可不假而自得，不作而自成，不行而自至”的规定性因素。“死生寿夭之命”又分为两种情况：“凡人禀命有二品：一曰所当触值之命，二曰强弱寿夭之命。所当触值，谓兵烧压溺也；强寿弱夭，谓禀气渥薄也。”[④]

所谓“强弱寿夭之命”属于与生俱来的制约，形成于元气酿造人的生命之际，生命个体孕育过程中所禀受之元气的厚薄不同，也就规定了人的正常自然生命的存在质量：“夫禀气渥则其体强，体强则其命长；气薄则其体弱，体弱则

---

① 〔东汉〕王充：《论衡・自纪》。
② 〔东汉〕王充：《论衡・初禀》。
③ 〔东汉〕王充：《论衡・命禄》。
④ 〔东汉〕王充：《论衡・气寿》。

命短，命短则多病。寿短始生而死，未产而伤，禀之薄弱也。”[①]这种禀气的渥与薄即先天遗传的自然生命素质，它决定着后天自然生命的状态与命运：“人之禀气，或充实而坚强，或虚劣而软弱。充实坚强，其年寿；虚劣软弱，失弃其身。”这样一来，王充就用气解释了人的体魄、智力存在差异的原因，进而又说明了人的自然生命过程为什么会出现寿长寿短的不同。人之禀气的情况，对于人的自然生命具有决定性作用，且为一种客观的存在物，以至于人在后天中所修炼的操行才能都不能影响气所规定的自然生命进程：“人之死生自有长短，不在操行善恶也。”[②]

“所当触值之命”，主要包括“兵、烧、压、溺”等自然灾害和人为灾害对人的自然生命的决定性制约。王充认为，这些灾害事发突然，人力无从躲避，更无力抗拒，只有坐以待毙，亡命于无可奈何的瞬间：“兵、烧、压、溺，遭以所禀为命，未必有审期也。”[③]他举例说：“历阳之都，男女俱没；长平之坑，老少并陷，万数之中，必有长命未当死之人；遭时衰微，兵革并起，不得终其寿。人命有长短，时有盛衰。衰则疾病，被灾蒙祸之验也。”[④]“所当触值之命”实际上已不完全属于自然生命的必然性，颇有些时的意思渗入其中，但王充还是将之看作个体自然生命中不可改变的必然，即命里注定的结果，属于人之生死大运的范畴。因为，遭逢如此“触值”时，人连一点转危为安的机会都没有，完全处于被动之中，生命已然逝而不归了。这无疑属于人的自然生命的必然性结局，当被视为人间一种“死于非命”的规律性现象。“死于非命”即所谓“遭命”，“逢遭于外而得凶祸”。一个人是否“遭命”，也是受制于先天的感气。“凡人受命，在父母施气之时，已得吉凶矣。夫性与命异，或性善而命凶，或性恶而命吉。操行善恶者，性也；祸福吉凶者，命也。或行善而得祸，是性善而命凶；或行恶而得福，是性恶而命吉也。性自有善恶，命自有吉凶。使命吉之人，

① 〔东汉〕王充：《论衡·气寿》。
② 〔东汉〕王充：《论衡·问孔》。
③ 〔东汉〕王充：《论衡·气寿》。
④ 〔东汉〕王充：《论衡·命义》。

虽不行善，未必无福；凶命之人，虽勉操行，未必无祸。”[1]气在冥冥之中控制着人的吉凶福祸，个人操行对此无能为力。

王充思索人的自然生命规律，感觉理路顺畅，思辨无碍，当思绪转至社会生命即“贵贱贫富之命”时，便觉矛盾重重，颇费思量：“命贵之人，俱学独达，并仕独迁；命富之人，俱求独得，并为独成。贫贱反此：难达，难迁，难成；获过受罪，疾病亡遗，失其富贵，贫贱矣。是故才高行厚，未必保其必富贵；智寡德薄，未可信其必贫贱。或时才高行厚，命恶，废而不进；知寡德薄，命善，兴而超逾。”[2]从古到今的多种人生阅历表明：“富不可以筹策得，贵不可以才能成。智虑深而无财，才能高而无官。怀银纡紫，未必稷、契之才；积金累玉，未必陶朱之智。或时下愚而千金，顽鲁而典城。故官御同才，其贵殊命；治生钧知，其富异禄。禄命有贫富，知不能丰杀；性命有贵贱，才不能进退。”[3]所以说，人的贫富贵贱也是一种命定，德行与才能无力改变这一客观存在的规定：“故贵贱在命，不在智愚；贫富在禄，不在顽慧。”[4]这种命的形成与存在，归根结底与“死生寿夭之命”一样，也来自先天的禀气：“人生性命当富贵者，初禀自然之气，养育长大，富贵之命效矣。”[5]操行之善恶与禀气相比，只能算作末：“且命在初生，骨表著见。今言随操行而至，此命在末不在本也。则富贵贫贱，皆在初禀之时，不在长大之后，随操行而至也。”[6]

王充以自己万事求实证的思维，生成了一个演示生命载体的概念——“骨表著见”，目的是给自然生命体构筑更实在的客观依据：“人命禀于天，则有表候于体。察表候以知命，犹察斗斛以知容矣。表候者，骨法之谓也。”[7]骨相说由天具有人格、意志，可使人受命的流行观点而生发，“天乃授以帝王之命也。故雀与鱼乌，天使为王之命也，王所奉以行诛者也。如实论之，非命也”。实际

① 〔东汉〕王充：《论衡·命义》。
② 〔东汉〕王充：《论衡·命禄》。
③ 〔东汉〕王充：《论衡·命禄》。
④ 〔东汉〕王充：《论衡·命禄》。
⑤ 〔东汉〕王充：《论衡·初禀》。
⑥ 〔东汉〕王充：《论衡·命义》。
⑦ 〔东汉〕王充：《论衡·骨相》。

上，人之受命源于最初的禀气，随之承载于性体之中，“体者面辅骨法，生而禀之”①。王充分析道，人一经禀气而定命之际，也同时生成两个载体——性与骨法：“命谓初所禀得而生也。人生受性，则受命矣。性命俱禀，同时并得……一受命，内以为性，外以为体，体者面辅骨法，生而禀之。”而且性最终也要通过骨法来反映：“非徒命有骨法，性亦有骨法。”②人的生命体及其命运由此负载于可感可见的“实核”形体之中，“禀命定于身中，犹鸟之别雌雄于卵壳之中也……万物皆然，草木生于实核。出土为栽蘖，稍生茎叶，成为长短巨细，皆由实核”③。人的生命过程便达成一个有来由、有路向、有归宿并且可以认识的完整系统，即“禀气于天，立形于地，察在地之形，以知在天之命”，“性命系于形体明矣”。④

在今人的认识体系中，王充的骨相说自是难以成立的，然而在汉代学术思潮天地人相统一的思维模式中，在王充的认识世界里，提出骨相说不仅顺理成章，还为“天人合一”观贡献了创见，即在实证方面提供了新基础。王充想通过此说强调，命不掌握在虚无的神灵手上，而存在于可感可见的实体——形体之中。与“日朝出而暮入，非求之也”一样，统属于天道自然的有机组成。一个人的形体、气质和容貌可以透露出该生命体的能量、心气、阅历及意志等方面的某些信息，这是有一定道理的，这些因素对一个人的命运无疑会发生作用。骨相的概念还包含着我们今天所理解的一些生理学内容，蔡元培先生便是如此看待：“王充之特见，在不信汉儒天人感应之说，其所言人之命运及性质与骨相相关，颇与近世唯物论以精神界之现象悉推本于生理者相类，在当时不可谓非卓识。”⑤

王充用气为人的自然生命和社会生命之必然性所作的说明，时隔千年仍有其合理成分。将气视为人体构成的基质，无非意在说明人的生命由微观的物质

---

① 〔东汉〕王充：《论衡·初禀》。
② 〔东汉〕王充：《论衡·骨相》。
③ 〔东汉〕王充：《论衡·初禀》。
④ 〔东汉〕王充：《论衡·骨相》。
⑤ 蔡元培：《中国伦理学史》，商务印书馆2004年版，第61页。

因素组成。若换个角度，把它与遗传基因的概念联系起来考虑，可发现道理不无相通之处。每个人在先天遗传上就存在着体质与智力上的差异，拒不认账或归之于神灵安排，都不如从先天形成上探讨问题更有价值。王充所讲的气，虽属汉儒的通用概念，带有哲学抽象的色彩，但增添了客观物质性的因素而更加明确、彻底，接近于现在所讲的体现综合遗传质量的“生命能量”概念。王充把近似遗传学的观念，用理论思维抽象出气来解释，并将探求的方向明确定格在客观物质层面上，显示了不凡的悟性和想象力。

王充在总结必然性的同时，注意到还是偶然性更为突显，也注意到多数人的命运常与主观设计相违，所谓“故人之在世……得其胸中之志，希矣”①，以致世间时时处处可闻“谋事在人，成事在天”“时不我予”的叹息。从每个人最终结局的角度说，命主要体现了个体自然生命的纵向规定，然而在大千世界中，丰富多彩的人生遭际反映在人的社会生命方面。社会生命虽然最终也受制于命的规定，然从人的生活过程和经历而言，多展现为时的影响与制约，即人之生命在成长、发展过程中所经历的种种机遇都是可遇不可求的。机遇看似偶然实则必然，个人只能接受，无法改变。无论习性上的修善祛恶，还是学问上的厚薄高低，均无助于事，于时无补。“禄当贫贱，虽有善性，终不得遂。”②“命穷，贤不能自续；时厄，圣不能自免。”③时像一张无形的巨网，左右着社会命运，连圣人也跳不出其制约。为了将这个复杂的问题条理化，使其具有涵盖多种现象的理论说服力，王充调动所有的历史知识和现实观察力，创造性的思维如火山喷涌，他提炼出影响人生的主要因素，分析命与时之间的相互作用关系，最终编织出一张充满时空动态、纵横交错的命运之网：

人有命有禄，有遭遇，有幸偶。命者，贫富贵贱也；禄者，盛衰兴废也。以命当富贵，遭当盛之禄，常安不危；以命当贫贱，遇当衰之禄，则祸殃乃至，常苦不乐。遭者，遭逢非常之变……遭逢之祸大，命善禄盛，

① 〔东汉〕王充：《论衡·命义》。

② 〔东汉〕王充：《论衡·命义》。

③ 〔东汉〕王充：《论衡·定贤》。

不能却也。譬犹水火相更也，水盛胜火，火盛胜水，遇其主而用也。虽有善命盛禄，不遇知己之主，不得效验。幸者谓所遭触，得善恶也。获罪得脱，幸也；无罪见拘，不幸也；执拘未久，蒙令得出，命善禄盛，天灾之祸，不能伤也，偶也。谓事君也，以道事君，君善其言，遂用其身，偶也；行与主乖，退而远，不偶也；退远未久，上官禄召；命善禄盛，不偶之害，不能留也。故夫遭遇幸偶，或与命禄并，或与命离。[①]

这是王充解读人生遭际的一个理论框架。命与禄决定着人的贫富贵贱、盛衰兴废，代表人生发展自然流程的一条纵轴乃反映必然性的命。同时人生的每一过程和结果又以偶然，即遭不遭、遇不遇、幸不幸、偶不偶来体现。偶然有如横轴，不停地运动，与纵轴交会，每一次交会都意味着一生的一次机遇，乃"偶适然自相遭遇，时也"[②]。只是这种时所内含并提供的情况中，吉凶祸福各有不同。纵轴与横轴所反映的时空关系是一个动态结构，便使人生遭际中的偶然表现成为普遍，"故夫遭遇幸偶，或与命禄并，或与命离"，让世间的人生呈现出多种组合模式。这正是世间万物的运行处处显出"事出偶然"、人人阅历不尽相同又各有归宿的道理所在。

命运好的人，在人生道路上多遇"与命禄并"的幸事，并远离"遭祸"之类的不幸之事，最典型者莫过于刘邦得天下的事例了："圣主龙兴于仓卒，良辅超拔于际会。世谓韩信张良，辅助汉王，故秦灭汉兴，高祖得王。夫高祖命当自王，信良之辈，时当自兴，两相遭遇，若故相求。是故高祖起于丰沛，丰沛子弟，相多富贵；非天以子弟助高祖也，命相小大，适相应也。"[③]其中，因刘邦等人"命当富贵，遭当盛之禄"，虽遭战火洗礼、生死考验，却能逢凶化吉、"常安不危"。刘邦一行渡过了"鸿门宴"危机，即所谓"获罪得脱，幸也"。丰沛的一干子弟"遇知己之主"，得"以道事君，君善其言，遂用其身，偶也"[④]。

① 〔东汉〕王充：《论衡 · 命义》。
② 〔东汉〕王充：《论衡 · 偶会》。
③ 〔东汉〕王充：《论衡 · 偶会》。
④ 〔东汉〕王充：《论衡 · 命义》。

避“遭”而“遇幸偶”俱得，与天道自然运行走向所要出现的“命禄”高度吻合。如此者，秦、楚安得不亡，刘汉焉得不兴！另一种命好得幸的现象表现为“小人得志”，“奸人得宠”，“佞幸之徒，闳藉孺之辈，无德薄才，以色称媚，不宜爱而受宠，不当亲而得附”①。

虽说人世间存在着命运眷顾、要风得风、要雨得雨的“命善禄盛”之人，但从大多数人的状态和阅历看，他们不得不面对不幸又不遇的现实。其一，“轻遇无端，故为不幸”。人生中有一种遭受飞来横祸的情况。王充想到了战国时的两桩故事：“晋文修文德，徐偃行仁义；文公以赏赐，偃王以破灭。”“韩昭侯醉卧而寒，典冠加之以衣，觉而问之，知典冠爱己也，以越职之故，加之以罪。”这就叫“无过遇祸”②，没做错什么，却吞咽下苦果，真乃“不幸”。其二，“行与主乖……不偶之害”③。历史上有不少人物，主张英明，才干突出，是辅成伟业的难得人才，但由于生不逢时，“行与主乖”，结果都很悲惨，当谓之“不偶”。“屈平伍员之徒，尽忠辅上，竭王臣之节，而楚放其身，吴烹其尸”④，盖因“君适不明，臣适为谗，二子之命，偶自不长”⑤。与他们形成鲜明对照的便是奸臣获宠，得到安福尊荣等，“子兰宰嚭适为谗，而怀王夫差适信奸也”⑥。结果，“伯喜尊重，伍员诛死”⑦。伍员之“不偶”益明矣。“不遇”谓“不遇知己之主”，这样的情况实在太普遍，几乎是每个贤者都会碰到的人生际遇，可视为仕途中的规律性现象：“操行有常贤，仕宦无常遇。贤不贤，才也；遇不遇，时也。”⑧只是具体表现多种多样，有“以大才干小才，小才不能受，不遇固宜；以大才之臣，遇大才之主，乃有遇不遇”⑨；“道虽同，同中有异；志虽合，合

① 〔东汉〕王充：《论衡·幸偶》。
② 〔东汉〕王充：《论衡·幸偶》。
③ 〔东汉〕王充：《论衡·命义》。
④ 〔东汉〕王充：《论衡·命义》。
⑤ 〔东汉〕王充：《论衡·偶会》。
⑥ 〔东汉〕王充：《论衡·偶会》。
⑦ 〔东汉〕王充：《论衡·逢遇》。
⑧ 〔东汉〕王充：《论衡·逢遇》。
⑨ 〔东汉〕王充：《论衡·逢遇》。

中有离"[①]；才高力重，"主不能举也。举物不胜，委地而去可也"[②]。其实，就连善揣之人"准主观鉴，治内调能"，按主子所好勤练内功，也未必能如愿。"昔周人有仕数不遇，年老白首，泣涕于途者，人或问之：'何为泣乎？'对曰：'吾仕数不遇，自伤年老失时，是以泣也。'人曰：'仕奈何不一遇也？'对曰：'吾年少之时学为文，文德成就，始欲仕宦，人君好用老。用老主亡，后主又用武，吾更为武，武节始就，武主又亡。少主始立，好用少年，吾年又老；是以未尝一遇。'"[③]

社会上针对千差万别、个人难以把握的人生际遇存有两种解释：相信天意安排与哀叹人生无常。因此，王充专门对自己时与命的关系做了一个概括——"偶会"。"命，吉凶之主也，自然之道，适偶之数；非有他气旁物，厌胜感动，使之然也。""偶适然自相遭遇，时也。"历代王朝的治乱兴衰、帝王人臣间的相得与相失，都是"遭逢会遇，自相得也"，如"文王时当昌，吕望命当贵，高宗治当平，傅说德当遂。非文王高宗为二臣生，吕望傅说为两君出也"，实属"期数自至，人行偶合也"。"命当贵，时适平；期当乱，禄遭衰。治乱成败之时，与人兴衰吉凶，适相遭遇。"既不存在天意安排，也无须自哀于不可捉摸。总之，这一切均符合一个根本的规律："其实自然，非他为也。"[④]

王充在思索人生规律时，有两种与自己经历和抱负密切相关的情况使他感触尤深并得到他的特别关注。王充以儒生出道，上上下下亦视他为一儒生，他对儒生在社会中的苦难命运颇有体验，以"三累""三害"解之：

> 乡里有三累，朝廷有三害……凡人操行，不能慎择友；友同心恩笃，异心疏薄；疏薄怨恨，毁伤其行，一累也。人才高下，不能均同；同时并进，高者得荣，下者惭恚，毁伤其行，二累也。人之交游，不能常欢，欢则相亲；忿则疏远，疏远怨恨，毁伤其行，三累也。位少人众，仕者争进；

---

① 〔东汉〕王充：《论衡·逢遇》。
② 〔东汉〕王充：《论衡·效力》。
③ 〔东汉〕王充：《论衡·逢遇》。
④ 〔东汉〕王充：《论衡·偶会》。

进者争位，见将相毁，增加傅致；将昧不明，然纳其言，一害也。将吏异好，清浊殊操；清吏增郁郁之白，举涓涓之言；浊吏怀恚恨，徐求其过，因纤微之谤，被以罪罚，二害也。将或幸佐吏之身，纳信其言，佐吏非清节，必拔人越次，迕失其意，毁之过度，清正之仕，抗行伸志，遂为所憎，毁伤于将，三害也。①

一个读书人在成长过程中，随时会遇到品行恶劣者的怨恨、才能低下者的忌妒，甚至是莫名其妙的毁伤。大多数人面临的结果往往是“夫未进也，身被三累”，已经陷于困境，狼狈不堪了，哪里还有心劲博取功业，只能早早地沉沦下去。“累”之遭逢对读书人命的限制是相当明显的，常人难以逾越。即便有个别幸运者“学而优则仕”，步入官场，又要对付同僚排挤、谗人诬陷、佐吏诋毁的“三害”。如此繁重的不幸与不遇，“虽孔丘墨翟，不能自免；颜回曾参，不能全身也”②，遑论普通书生了。

王充虽为儒生，处境艰难，但并不以儒生自止，而是心高志远，对于赓续圣贤之业、成一家之言的人生目标纤毫未懈。先贤在成就伟业过程中遭遇坎坷，但克险制胜、终成大业的事迹中，时对他们存不存在决定性影响呢？

命与遭、遇、幸、偶、适等偶然性总是纠缠在一起，形成多种多样的组合模式，释放出强弱不等的作用力。两种因素交会中，通常总有一方居主导地位，有时候命占上风，有时候时居支配。一些“命善禄盛”即生命力旺盛之人，具备着远超常人的本领，故人生中时常可转危为安。“遭者，遭逢非常之变，若成汤囚夏台，文王厄羑里矣。以圣明之德，而有囚厄之变，可谓遭矣。变虽甚大，命善禄盛，变不为害，故称遭逢之祸……命善禄盛，遭逢之祸，不能害也。”③对这种“例外”的见解，与今天人们所理解的“性格决定命运”有相通之处，生命能量的强弱、意志品质的差异会在克服困难的能力上反映出来，最终对命

① 〔东汉〕王充：《论衡·累害》。
② 〔东汉〕王充：《论衡·累害》。
③ 〔东汉〕王充：《论衡·命义》。

运产生影响。在这里，王充的思绪中出现了超越宿命论的闪光点，与他总体上的命定论出现了一点小的矛盾。不过，他很快加以修补，说这种“变不为害”的情况只能发生在极少数人身上，对大多数的普通人而言，时的限制是难以逾越的。

在古代社会绝大多数人无法把握自我命运的情况下，王充所构筑的人生规律的理论体系，对许多矛盾、困惑给予了自圆其说的解释，见解可谓深刻。但他的命定论亦不无偏颇，将人的命运走向完全归于自然的规定，人在人生中的所作所为及其结果，完全处于被安排好的状态，任凭怎样努力也无济于事。这种绝对化的说法则又陷入自然宿命论了。

# 第十二章　颍川归来撰《政务》

连续几年，王充身居上虞乡间，夜以继日地读书、思考、写作，有时也出门考察山川形胜、草木鱼虫，体味百姓生活、民风民俗。所感所悟不断从笔端流出，化作拨“虚妄”之雾、“核道实之事”的文字，为自己的学术追求和思想体系勾勒出一个轮廓，期待合成一部集大成的著作。在潜心学问的同时，王充对国家命运、社会民生始终挂牵。虽然身处东南边陲，消息不灵通，他还是尽量打听朝局的动向，评判内政外交的成败得失。让他欣慰的是，汉永平年间“遵奉建武制度，无敢违者”，承接并延续了“光武中兴”的兴盛态势。刘庄“法令分明”，严禁以私犯公，对同姓王和外戚干政之事防范尤严，“后宫之家，不得封侯与政”，在崇儒尊经的同时大力倡导节俭之风，首先要求皇子做出表率。永平十五年（72），“帝案地图，将封皇子，悉半诸国”，大幅压缩了他们的封邑和开销。当马皇后“见而言曰：‘诸子裁食数县，于制不已俭乎？’”刘庄回答：“我子岂宜与先帝子等乎？岁给二千万足矣。”[1]王充认为，这是历史上难得的头脑清醒且具有自律精神的皇帝，永平年间的吏治状况和行政效率好于其他时期，也就不足为怪了，“故吏称其官，民安其业，远近肃服，户口滋殖焉”[2]。

王充观察政局得失，特看重“内以力自备……犯德者畏兵而却”[3]。永平年

① 〔南朝宋〕范晔：《后汉书・皇后纪上・明德马皇后》。

② 〔南朝宋〕范晔：《后汉书・明帝纪》。

③ 〔东汉〕王充：《论衡・非韩》。

间，国家安全方面传来的消息更令人欢欣鼓舞。西汉末年，国内动荡，汉廷自顾不暇，无力照管西域，匈奴复起重新控制了中亚一带。东汉初创，刘秀“知天下疲耗，思乐息肩。自陇蜀平后，非儆急，未尝复言军旅”[①]，奉行与民休息、崇文偃武的国策，在北患问题上，采取了稳固边疆、回击侵犯，但不与之在西域争锋的方略。丝绸之路因此中断六十多年。然而，树欲静而风不止，随着北匈奴势力范围的扩张，南下扰边之事日渐频繁。汉朝经过近五十年的和平建设，实力得到恢复，刘庄决定转守为攻，武力与外交双管齐下，彻底解决北方威胁。“匈奴时扰，遣将攘讨，获虏生口千万数。”[②]汉明帝遣“奉车都尉窦固出酒泉，驸马都尉耿秉出居延，骑都尉来苗出平城，伐北匈奴。窦固破呼衍王于天山，留兵屯伊吾庐城”[③]。军事行动之余，汉明帝又仿效武帝派张骞出使西域，遣使联络西域诸国两面夹击，“断匈奴之右膀，张汉家之臂掖”，班超就在这样的历史机遇中崭露头角。

班超为王充业师班彪之次子，少与其兄班固及王充一同求学，出道后曾任兰台令史。他不甘心整日舞文弄墨，渴望效命疆场，“尝辍业投笔叹曰：‘大丈夫无它志略，犹当效傅介子、张骞立功异域，以取封侯，安能久事笔砚间乎？’”[④]“投笔从戎”的掌故即由此出。永平十七年（74），班超继张骞之后，以汉廷使者身份带着少量人马远赴西域。在鄯善，班超率三十六壮士袭杀匈奴使臣，迫使鄯善王叛离匈奴归汉。接着他又用相似手法镇服了于阗王，慑服勒部。班超不伤兵卒便开通了西域南路，威震塞外。随着窦固、耿恭等将领打败车师，丝绸之路上又响起“叮当当”的驼铃声，使者和商贾往来不绝，重现了六十多年前的热闹景象。

位于南边的哀牢王、白狼王等百余部落也闻风归顺汉朝，“益州徼外夷哀牢王相率内属，于是置永昌郡”[⑤]，宫中乐官奏“远夷慕德歌”：“蛮夷所处，日入

①〔南朝宋〕范晔：《后汉书・光武帝纪下》。
②〔东汉〕王充：《论衡・恢国》。
③〔南朝宋〕范晔：《后汉书・显宗孝明帝纪》。
④〔南朝宋〕范晔：《后汉书・班梁列传・班超》。
⑤〔南朝宋〕范晔：《后汉书・显宗孝明帝纪》。

之部。慕义向化，归日出主。圣德深恩，与人富厚……涉危历险，不远万里。去俗归德，心归慈母。”王充为国家内修外化的盛世面貌感到由衷高兴，同时理性思考着“汉德”之隆的历史由来和现实成就。

汉明帝乐极生悲，就在万事如意之际，刘庄在四十八岁盛年撒手西归，享国十八年，永平朝止。太子刘炟嗣位，是为章帝。国遭大丧，少主登基，北部边境的形势一度紧张，好在倚仗班超等人的努力，大局总算稳定下来。

王充目睹朝局的起落与变幻，遥想小师弟在西域风风火火的军旅生涯，在为之高兴之余不免心生感慨：自己的才华当不在班超之下，如今蛰居乡里，默默无闻的处境与班超的名满天下真是判若云泥。虽然治学著文是自己的志向，但像班超那样建功立业对一个男子汉来说，毕竟具有极大的诱惑力。王充思索至此，入仕从政的心思再度活跃起来。事有凑巧，一份聘王充为中州颍川郡“列掾五官功曹行事”的帖子飘然而至。

对于这次是否应聘出仕，王充是经过一番考虑和权衡的。此刻的王充已不同于青年时代，他深入思考过人生命运的规律，探讨过命、时等因素与个人性格的复杂关系。从性格上说，自己率直较真，刚肠疾恶，遇事便发，不善于灵活地变通，这是在官场难以发展的致命伤。赴颍川所任文吏一职，仍属末流，王充不免顾虑多多。

王充同时考虑到闭门著述已有多年，对身体和精力耗损极大，需要调整。年岁尚在盛年，逢此“汉德”隆盛之际，若“遭逢”其时，也许还有入朝行事的机会。再则，一个学者长时间闭门造车，不感受时代变迁，不广泛接触社会实际，不体验变动中的政治运作，会有局限。增加阅历对于著述立说乃不可或缺的帮助，所谓读社会这部大书也。这样综合各方面的因素考虑，王充做出了前去就职的决定，不过对仕途前程抱平和的心态：能走多远走多远，走到哪里算哪里。合则“为谋”，不合则打道回府。

王充在《论衡》中的《自纪》和《对作》中记录了出仕颍川的经历。“在县位至掾功曹，在都尉府位亦掾功曹，在太守为列掾五官功曹行事，入州为从事。”“建初孟年，中州颇歉，颍川汝南，民流四散，圣主忧怀，诏书数至。《论衡》之人，奏记郡守，宜禁奢侈，以备困乏，言不纳用，退题记草，名曰《备乏》。酒縻五谷，生起盗贼；沉湎饮酒，盗贼不绝。奏记郡守，禁民酒，退题记草，名曰《禁酒》。”王充首次入仕在陈留县任掾功曹；第二次出山于会稽郡东部都尉府“亦掾功曹”；这一次王充进入颍川郡太守府，职掌“列掾五官功曹行事”。

《后汉书·百官五》载东汉太守府和都尉府的属吏设置：“皆置诸曹掾史……有功曹史，主选署功劳。有五官掾，署功曹及诸曹事。”诸曹为太守的办事机构，分头承办沟通上下、课税、理讼、劝桑等事务。王充所任的“五官掾”就是这样一个角色。从前两次普通的掾功曹到这次受命功曹领班，也算仕途上的一个小小的发展。“五官掾”除了起草文书、告示之外，新增了综合和协调诸曹的职能。参政议政机会的增多使初到颍川郡太守府的王充情绪高昂，准备按“士志于道”的理想施展一番才华与抱负。

颍川郡在东汉地属豫州部，今属河南省许昌市。《后汉书·郡国二》记其概况说：“秦置。洛阳东南五百里。十七城，户二十六万三千四百四十，口百四十三万六千五百一十三。”颍川是一个大郡，地处中原腹地，发源于嵩山的颍水自西北向东南贯郡境而过，此间气候温和，物产丰茂，是中华文明早期发祥地之一，历史人文底蕴相当深厚。大禹为夏朝建立的都城即位于郡属的阳翟县内，留有登基的钧台遗迹。今禹都阳城遗址内，还有座“周公测影台”，对中国农业生产有着长远而深刻的影响。周朝建立之初，周公从首都镐京东出，来到中原这块福地，根据自己对天文学、气象学的理解，修建了测影台。他在这里测出了一年二十四个节气，测出了夏至这一天白昼时间最长，冬至这一天白昼时间最短。二十四节气从此成为中国农业生产的导向仪。测影台在夏至正午时分，圭表是没有影子的。周公巧妙地利用了这一时刻圭顶北沿恰与影同长的原理，给后世留下一个让人玩味无穷的“无影台”。正如测影台的对联所言：“道通天地有形外，石蕴阴阳无影中。”奠定东汉王朝立国根基的决定性战役昆阳大战，发生在颍川郡的昆阳城，被刘家视为福地。王充的家乡会稽乃大禹入土为安的归所，现在他来到大禹的发迹地感受风土人情、人文底蕴，上下几千年直入胸臆。

时值建初元年（76），汉章帝刘炟在永平朝留下的一批老臣辅佐下，延续

“光武中兴”期间发展生产、安顿百姓、增强国力的态势，国内政局稳定。王充为政办事积极认真，不折不扣地贯彻朝廷的各项诏令，工作精神和才华得到同僚的认可。但遇事较真、不善通融的个性仍使他难以融入官场文化之中，这种隔膜终于在一次突发事件中演为政见之争。

建初初年，天灾频仍，先是“比年牛多疾疫，垦田减少，谷价颇贵，人以流亡”①，接着又“阴阳不调，饥馑屡臻”。章帝对此连颁诏书：“深惟先帝忧人之本，诏书曰‘不伤财，不害人’，诚欲元元去末归本。而今贵戚近亲，奢纵无度，嫁娶送终，尤为僭侈。有司废典，莫肯举察。《春秋》之义，以贵理贱。今自三公，并宜明纠非法，宣振威风。朕在弱冠，未知稼穑之艰难，区区管窥，岂能照一隅哉！其科条制度所宜施行，在事者备为之禁，先京师而后诸夏。”②中州亦是受灾地区。“建初孟季，北州连旱，牛死民乏，放流就贱。”③“比旱不雨，牛死民流，可谓剧矣。”④颍川、汝南农业歉收，“建初中，南阳大饥，米石千余”⑤。百姓多有外出逃荒要饭者。章帝关注此事，“诏书数至”，要求地方政府做好赈灾安民工作。“圣主宽明于上，百官共职于下，太平之明时也。政无细非，旱犹有，气间之也。圣主知之，不改政行，转谷赈赡，损丰济耗，斯见之审明，所以救赴之者得宜也。”⑥当地按朝廷的安排，紧急就近从无灾区调运粮食至受灾区。这种“转谷赈赡，损丰济耗”的赈灾之策，高明且有效，王充在所执掌的范围内努力推动，协助太守将朝廷的政策贯彻到位。颍川郡内饥民得到救助，局面稳定下来。

王充以为，赈灾安民是“汉德”的重要内容，必须真心实意地落实好，应想尽办法，包括牺牲官员的一些利益，来加大救助力度。他利用参政议政的机会，向太守建议，减少官场开销，压缩衙门支出，禁止奢侈行为，特别是停止耗费大量粮食并容易引发偷盗抢劫行为的酿酒卖酒活动。

---

①〔南朝宋〕范晔：《后汉书·肃宗孝章帝纪》。

②〔南朝宋〕范晔：《后汉书·肃宗孝章帝纪》。

③〔东汉〕王充：《论衡·明雩》。

④〔东汉〕王充：《论衡·恢国》。

⑤〔南朝宋〕范晔：《后汉书·朱乐何列传·朱晖》。

⑥〔东汉〕王充：《论衡·明雩》。

“转谷赈赡”属于贯彻朝廷诏令，执行还算顺利，“百官共职于下”。王充新的建言内容已超出诏令范围，需要由郡众官自我牺牲。王充以此为“士志于道”的当然之举，但在大多数官吏眼中，此书生之见实是犯众。虽然圣贤之言中不乏与百姓同甘共苦、士更当忧于道之类的内容，然而什么时候真正实行过损官之利以补百姓不足的举措呢？在上级看来，能完成“转谷赈赡”就算不错了，这个书生又提议什么“汰奢”“禁酒”，真是不懂规矩。太守也是一个讲求排场、喜欢享乐的人，不愿牺牲自己的任何利益，更不愿因真行“节俭”得罪上下左右的各级官吏。这种利益冲突乃中国历史上官民之间的一对永恒矛盾，所谓“朱门酒肉臭，路有冻死骨”，许多官场上的人都染上了“拔一毛而利天下，不为也”的习性。王充自以为上无愧于朝廷，下对得起百姓，执拗劲儿上来了，劝言不进，便“退题记草”，“说发胸臆”，“上书奏记，陈列便宜”，写出《备乏》和《禁酒》两篇奏记。“夫上书谓之奏，奏记转易，其名谓之书。”[①]王充心里不是不明白，“上书”与“劝言”不同，“劝言”属内部下对上的建议，无论是否采纳，其影响面完全在上司掌控的范围之中。“奏记转易”则影响扩散，上司会感到家丑外扬，丢了脸面。但王充感到“上书”的出发点无非“皆欲辅政”，国家政事理当超越个人恩怨，心中坦然。

果然，太守不受用了。“言不纳用”便“上书”，等于成心作对，如此不与本官一条心的下属，怎能继续留在身边？王充又一次为他的较真付出了代价。不过，王充这一次受挫不若前两次那样深感刺激，已经饱经风霜并对命与时具有深刻认识的他，出仕前便有着可能受挫的思想准备，个性如此，本性难易，也就没有多少可遗憾之处。好在此次入颍川，王充又对中州山川形胜、民风民俗有一番了解，尤其是体验了永平朝之后的官场现状，对于继续研究、写作大有裨益。王充感到不虚此行，收拾行李，回乡再续旧业。

通过三次入仕尤其是颍川之行，王充对国家的政治运作更熟悉了，于“治民之道”产生了更多的想法，通过权衡各种利弊得失，使政治理想更为清晰，对历史前进的曲折性和复杂性也有了新的感悟。利国利民的建议如《备乏》和

---

① 〔东汉〕王充：《论衡·对作》。

《禁酒》未被采纳，遭遇冷漠，所引发的反思就不仅仅关于个人的是否逢遇，而是士人在朝廷体制的运作框架中完全处于被动地位，与先秦时期道统引导政统的情况不可同日而语。

王充“士志于道”，传承文化道统、担负历史责任的想法反而更加坚定。利国利民的治策并不囿于一朝一代，他要做“功在当代，利在千秋”的事业！“故夫古之通经之臣，纪主令功，记于竹帛；颂上令德，刻于鼎铭。文人涉世，以此自勉。”[①]他产生了创作《政务》的冲动，打算在《备乏》《禁酒》等若干篇奏记的基础上增补、充实，完成一部谈“治民之道”的著作。他在《论衡·自纪》中说明写作动机：“闵人君之政，徒欲治人，不得其宜，不晓其务，愁精苦思，不睹所趋，故作《政务》之书。”《论衡·对作》亦云“《政务》言治民之道”，“《政务》为郡国守相、县邑令长，陈通政事，所当尚务。欲令全民立化，奉称国恩”。

也许是该书涉及当时政治，过于敏感，《政务》写成后未能流传下来，以致《政务》的具体内容在后世众说纷纭。争论持续至目前主要有两种意见。一种意见以吴则虞和朱谦之为代表，认为现存《论衡》84篇，包括了《讥俗》《政务》《论衡》《养性》四个集子，《论衡》乃全集的总称，故而《政务》包含在《论衡》之中，为其“一组”，包括《禁酒》《备乏》等篇关于具体政策的建议，以及《明雩》《顺鼓》《乱龙》《是应》《宣汉》《恢国》《验符》《须颂》《治期》《齐世》等，计16篇左右。[②]蒋祖怡先生不赞同上述观点。他认为，吴则虞、朱谦之两位先生所认定的《论衡》中的十多篇文章“没有任何理由可以指为言‘治民之道’‘所当尚务’的《政务》之书中的篇名”，“仲任另有包括《备乏》《禁酒》两篇在内的，言‘所当尚务’的‘治民之道’的《政务》之书若干篇，而其中内容，并没有包括在今本《论衡》之中”[③]。总之，一说《政务》内容在《论衡》中，可作认定；一说《政务》已佚，不可能与《论衡》篇目等同。后者得到多数学者的认可。

---

① 〔东汉〕王充：《论衡·须颂》。

② 参见吴则虞：《〈论衡〉的构成及其唯物主义的特点》，《哲学研究》1962年第4期，第75页。

③ 蒋祖怡：《王充卷》，中州书画社1983年版，第126—127页。

王充撰写《政务》的初衷，自然是“陈列便宜，皆欲辅政”。但随着思路的展开，王充联想到治国化民的方方面面，进而对自己的政治观和历史观也进行了思考与总结。此种思考，一部分被写入《政务》书中，更有相当积累反映于《论衡》的内容里。对于一个思想家来说，他一生中思考过的各种问题，都会体现在最终的思想成果中。从这个角度上说，《政务》与《论衡》既为独立的两本书，又在思想观点上存在一脉相通和内容重合之处。这种相通和重合不一定体现在篇目上，而是在基本思想、基本观点和基本倾向等方面。对此，王充本人也有信息透露：“《论衡》《政务》，其犹《诗》也。”[①]可以说《论衡》中包含的政治思想和历史哲学，与《政务》的立意与主题吻合，后人完全可以通过《论衡》来了解《政务》的基本主张。《政务》一书主要研究、总结在操作层面上的“治民之道”，同时也融入了王充对当朝政治的看法以及对政治理想和历史规律的思考。《备乏》与《禁酒》立论的出发点乃“仁政”思想和“息民省事”的混合，希望通过上下崇尚节俭、遏制奢侈的办法，囤粮以备荒年，不至于让百姓忍饥挨饿，流亡他乡。此主张不存在费解之处，要行之于现实生活，却要各级官吏率先垂范，收敛花天酒地、纵情享乐的生活，与民同甘苦、共患难。历朝历代数不清的经验教训证明，圣人之言亦难落实。王充期企的是一个有志于实施“仁政”的朝廷。《禁酒》之说也不算创见，历史上对酒的“禁”与“放”从来是一对矛盾，王充论及此事时强调了一个新的理由：“沉湎饮酒，盗贼不绝。”这对当权者不失为一种警示，为禁酒的考虑增添了新的砝码。

在颍川期间，王充观察到朝廷的赈灾措施颇为有效，值得总结、推广，传诸后世。“建初孟年无妄气，至岁之疾疫也，比旱不雨，牛死民流，可谓剧矣。皇帝敦德，俊乂在官。第五司空，股肱国维。转谷赈赡，民不乏饿。天下慕德，虽危不乱。民饥于谷，饱于道德。身流在道，心回乡内。以故道路无盗贼之迹，深幽迥绝无劫夺之奸。以危为宁，以困为通。”[②]这种从无灾区转运粮食到受灾区的赈灾办法，既帮助饥民渡过难关，也有效地保证了社会安定，让受灾的饥

① 〔东汉〕王充：《论衡·对作》。

② 〔东汉〕王充：《论衡·恢国》。

民于困难中及时地得到了救济，从而守住了生存下去、重建家园的希望，防止了因绝望而铤而走险现象的发生。此乃古往今来赈灾的利举。“今亦天下修仁，岁遭运气，谷颇不登，迥路无绝道之忧，深幽无屯聚之奸。”[①]堪称安邦定国的善政良策，是“汉德”的重要表现，“五帝、三王，孰能堪斯哉!”[②]

数次从政，王充感触最深的是各级官府中的小人得势、佞人当道，造成“徒欲治人，不得其宜”[③]。由此，他对如何发现贤者、识别佞人做了重点研究。这部分内容主要见于《论衡》的《答佞》《定贤》中，还有一篇《觉佞》也是谈这个问题，惜已佚亡。他颇有体会地指出，官场上普遍存在着两种人：“以礼防情，以义割欲，故得循道”的贤人和“纵贪利之欲，逾礼犯义，故进得苟佞”的佞人。佞人比谗人隐蔽、有心计、擅权术，做事常用欲擒故纵法，人君和上司难得觉察，使佞人成为普遍。王充认为，其实佞人是可以被识别、防范的，佞人大行其道，在于“明不察之故也”，只要认真实行“实名俱立”的名理学原则，观贤知佞并不是一件办不到的事情：“唯圣贤之人，以九德检其行，以事效考其言。行不合于九德，言不验于事效，人非贤则佞矣。夫知佞以知贤，知贤以知佞，知佞则贤智自觉，知贤则奸佞自得。贤佞异行，考之一验；情心不同，观之一实。”[④]

由于佞人行事的方式异常而诡秘，故察佞要明晓佞人的惯用伎俩。王充概括了这样几条：“佞人学求合于上也。”[⑤]投上所好，见机行事，求得宠幸，以售其奸，乃佞人的看家本领，“人主好辨，佞人言利；人主好文，佞人辞丽”。佞人表面上并不害人，“是故佞人危而不怨；害人之败而不仇，隐情匿意为之功也”。其行害人之举都是欲擒故纵的，“佞人毁人，誉之；危人，安之”，“誉而危之，故人不知；厚而害之，故人不疑”。“佞人食利专权，不养名作高”，他们喜欢躲在不起眼的位置上，在君子不注意的情况下“食利专权”。故立声扬名的

---

①〔东汉〕王充：《论衡·宣汉》。
②〔东汉〕王充：《论衡·恢国》。
③〔东汉〕王充：《论衡·自纪》。
④〔东汉〕王充：《论衡·答佞》。
⑤〔东汉〕王充：《论衡·答佞》。

事，佞人是不干的，与其特征相违。

王充认为，根据佞人的特征，在执行“循名责实”原则时当从不同侧面予以察检。在通常情况下，可用做事善与恶的后果来辨别贤佞，“以事效考其言”，“观贤由善，察佞由恶；善恶定成，贤佞形矣”[①]。但也不能简单地视之为唯一的试金石，因为在现实生活中，贤人尽力工作而未获成功，佞人凭借“揣摩之术”，借着长官意志办成事情的现象并非罕见。所以，在注意结果的同时还须深察其人做事的动机，借鉴文王“官人法”的思路，结合察举制度实施：“推其往行，以揆其来言，听其来言，以省其往行；观其阳以考其阴，察其内以揆其外。是故诈善设节者可知，饰伪无情者可辨，质诚居善者可得，含忠守节者可见也……今操与古殊，朝行与家别，考乡里之迹，证朝廷之行，察共亲之节，明事君之操，外内不相称，名实不相副，际会发见，奸伪觉露也。”[②]把其人过去与现今的情况，在家里、乡里的言行与在官府、朝堂上的表现，综合起来对照考察，就能够看清一个人的基本素质，佞人也就难藏狐狸尾巴了。“贤人之权，为事为国；佞人之权，为身为家。观其所权，贤佞可论。察其发动，邪正可名。”[③]佞人的人生目标为“食利专权”，察其以权谋私之行，一抓一个准。

王充虽然提出了综合考察方案，但对此能否有效实行并不放心，尤其在人君那里，佞人会伪装得非常好，给人君留下忠心耿耿又善于办事的印象。所谓人君知佞，“大难小易”，“佞人材高，论说丽美；因丽美之说，人主之威人立心，并不能责，知或不能觉”[④]。王充把吏治清明的希望最终寄托在有效的“人治”上，却也知晓“人治”的最高层——君主亦存在自身难以克服的缺陷，不能不令他在内心深处徒唤奈何了。

在觉佞的同时，王充也探寻了观贤、定贤的办法。在前述“观贤由善”“贤人之权，为事为国”“以九德检其行，以事效考其言”这些通常原则的基础上，他还思考了种种特殊情况。他先将世俗眼中识贤的各种价值标准一一列举、分

---

① 〔东汉〕王充：《论衡·答佞》。

② 〔东汉〕王充：《论衡·答佞》。

③ 〔东汉〕王充：《论衡·答佞》。

④ 〔东汉〕王充：《论衡·答佞》。

类，计有20种之多，如“以仕宦得高官身富贵为贤乎”[1]等。这20种标准大体可归纳为五类：成功见效、众人称善、清节自守、全身养性、才华横溢。通过对比研究历史上的人物命运和现实生活中的复杂情况，王充认为单纯、机械地看重单一的标准，存在偏颇之处，而且所认定的多重标准在同一个人身上还会出现矛盾和冲突：成功见效者未必得到众人称善，才华横溢者少有清节自守，清节自守者又难得成功见效等。如齐国的即墨大夫，能干有政绩却未获得众人称善，与之同时的阿大夫平庸低能，却得到很多人的吹捧。幸亏齐威王不为舆论左右，洞悉真相，做出了“以毁封即墨大夫，以誉烹阿大夫”的骇俗之举。如此表明，简单地拿单一的标准去套鲜活多样的现实，难免于识贤中走偏。所以，“《书》曰：‘知人则哲，惟帝难之’”[2]，确有道理。

有鉴于此，王充提出了自己的定贤主张：“必欲知之，观善心也。”“何以观心必以言？有善心则有善言。以言而察行，有善言则有善行矣。言行无非，治家亲戚有伦，治国则尊卑有序。无善心者，白黑不分，善恶同伦，政治错乱，法度失平，故心善无不善也。心不善无能善，心善则能辩然否。然否之义定，心善之效明，虽贫贱困穷，功不成而效不立，犹为贤矣。”[3]与觉佞的办法一样，识贤也有必要对一个人在家、在朝的言行全面观察，判断其心地是否善良，而不单以其“功名”“身份”来认定。以此标准来衡量，从文人队伍中遴选，桓谭算是典范：“世间为文者众矣，是非不分，然否不定，桓君山论之，可谓得实矣。论文以察实，则君山汉之贤人也。”话语中也隐含着王充自己的影子。这同样是一个书生的理想化设计，但求尽一份“知其不可而为之”的君子之力吧。

王充把思及的“治民之道”一篇篇整理出来，构成了《政务》的主体部分。王充的宏观思考更集中于政治理想和历史规律问题。相关的内容可从《论衡》的《指瑞》《是应》《治期》《自然》《感类》《齐世》《宣汉》《恢国》《验符》《须颂》《佚文》《非韩》《问孔》等篇章中看到。

当时流行的政治观念乃董仲舒的天人感应和君权神授。他在《春秋繁露》

---

① 〔东汉〕王充：《论衡·定贤》。

② 〔东汉〕王充：《论衡·定贤》。

③ 〔东汉〕王充：《论衡·定贤》。

中说，“受命之君，天意之所予也；故号为天子者”，掌握了人世间生杀予夺的大权，“为人主者，居至德之位，操杀生之势，以变化民。民之从主也，如草木之应四时也”。天要求人主法天而行事，言行符合君道。若合天意，天显“瑞物”表示嘉许，若违天意，天以灾异谴告之。由此，从古至今所出现的明主、暴君，所发生的治乱兴衰，无一不在天的掌控之中。尽管立说者有“屈君而伸天”之意，然实际所发生的影响，更多的还是“屈民而伸君”。

王充虽然在哲学观念上也奉行“天人合一”观，但与董仲舒不同，他的“天人合一”是根植于天道自然基点之上的，“天地合气，万物自生”，“自”者，天绝非有安排人世之事。自然界的本性必是无为的：“天动不欲以生物而物自生，此则自然也；施气不欲为物而物自为，此则无为也。谓天自然无为者何？气也。恬澹无欲，无为无事者也。”[①]人世间政治的好坏善恶，个人命运的幸偶遭逢，都是“物自然也”。对于传得沸沸扬扬的谴告、瑞应现象，王充认为，大部分皆为“虚言”，经不起“效验”。国家命运的好与不好，政治状况是否兴旺，不在于君王对异象的感知与回应，而是由朝代的兴亡规律决定的。退一步说，人们所传的盛世间出现瑞应，暴政时遭受到灾异，即便确有其事，那也是自然现象与社会现象的偶合而已：“天道自然，厥应偶合。”[②]

既然天没有安排自古而今的人间诸事，那么，数千年文明史治乱兴衰的循环往复，是由什么力量促使或支配的呢？又有什么规律可言？对此，儒家在天人感应说之下还有一种说法：“古人君贤则道德施行，施行则功成治安；人君不肖则道德顿废，顿废则功败治乱。古今论者，莫谓不然。何则？见尧舜圣贤致太平，桀纣无道致乱得诛。”[③]十分强调圣人和君主道德教化的力量。王充认为，此力量虽然作用明显，但谈不上是决定性的，历史上情况相反的例子很多：“案谷成败，自有年岁；年岁水旱，五谷不成，非政所致，时数然也。必谓水旱政治所致；不能为政者莫过于桀纣，桀纣之时，宜常水旱。案桀纣之时，无饥耗之灾。灾至自有数，或时返在圣君之世。实事者说尧之洪水，汤之大旱，皆有

---

① 〔东汉〕王充：《论衡·自然》。

② 〔东汉〕王充：《论衡·验符》。

③ 〔东汉〕王充：《论衡·治期》。

遭遇，非政恶之所致。”[①]尧、汤所在的盛德之世，并不能阻止大灾害来危害社会。人们在这种自然力的冲击面前，还是无能为力的，道德教化并不能改变国危世乱、家破人亡的厄运，“命期自然，非德化也”。

王充感到，最能说明历史支配力的因素还是命与时。命与时对事物发展的决定性作用，于个人如此，放大到国家、社会也是同样：“教之行废，国之安危，皆在命时，非人力也。”[②]时亦曰“时数”，命亦称“国命”，都是不以人的意志为转移的力量。百姓也好，圣人也罢，无一不在特定的历史条件和前提下展开自己的活动，虽然历史上存在着明君圣贤造就盛世、昏主暴君乱国害民的现象，但实际上，无论圣贤还是巨恶都在既成世道的趋势下起到了作用：“国当衰乱，贤圣不能盛；时当治，恶人不能乱。世之治乱，在时不在政；国之安危，在数不在教。贤不贤之君，明不明之政，无能损益。”历史人物活动的能量和作用与历史所规定的环境和趋势相比，显得微不足道：“皆有命时，不可令勉力也。”人们寄托厚望的英雄豪杰之所以有所作为，是因为一些有利的条件偶尔凑在一起：“贤君之立，偶在当治之世，德自明于上，民自善于下，世平民安，瑞佑并至。”个人充其量只是顺着“命期自然”的前提，为历史添砖加瓦，而不能更改历史的走向。命与时就是历史运动的客观必然性，所谓“时命当自然也”。

治乱兴衰归之“命期自然”并非化于虚无，而是有其实在的客观依据，因为，无论现实中还是历史上的世道状况，主要取决于收成年景的好坏，“由谷食乏绝”则“贼盗众多，兵革并起，民弃礼义，负畔其上乎?”相反，收成好，便“仓廪实，知礼节”，天下太平。“为善恶之行，不在人质性，在于岁之饥穰。由此言之，礼义之行，在谷足也。”而决定收成好坏的天气条件，“年岁水旱”是否出现，“五谷”收与不收，统治者都只能被动地接受：“非政所致，时数然也。”天地运行自有阴阳调节，“昌必有衰，兴必有废”，循环往复，“皆天时也”。而气候条件的自然变化又终归受制于一个更大的自然框架——宇宙天体。

---

① 〔东汉〕王充：《论衡・治期》。

② 〔东汉〕王充：《论衡・治期》。

天气条件受“众星气”的影响，故而自然的“星气”决定了世间的状态，“国命系于众星”[①]，所谓“国之存亡，在期之长短，不在于政之得失”[②]。在这里，王充将政治思想与宇宙观念联系起来，统统纳入“天人合一”的理论体系中。在古代社会，这为解释变幻莫测的政治现象提供了一种新的说法。

政治学说的核心在于政治理想的构建。在这个问题上，王充是杂糅儒、道、法诸论，取各家之长，合成一说，最终纳入天道自然的理论框架之中。政治理想的最高境界当属“无为而治”。无为思想的鼻祖乃先秦时的老子，西汉立国之初受到推崇。随着汉武帝“独尊儒术”的确立，名教之治遂成国统，讲究等级、名分，追求繁文缛节盛极一时。王充对此颇不以为然，故而重申几乎被人们遗忘的“无为而治”。“天道无为，故春不为生，而夏不为长，秋不为成，冬不为藏；阳气自出，物自生长，阴气自起，物自成藏。”[③]正是这种无为，化育了世界万物，和谐而有序，“故无为之为大矣。本不求功，故其功立；本不求名，故其名成。沛然之雨，功名大矣，而天地不为也，气和而雨自集”[④]。人间的政治作为应当与无为的天道协调一致，古之圣贤都是这样做的：“黄、老之操，身中恬澹，其治无为。正身共己，而阴阳自和，无心于为，而物自化，无意于生，而物自成。”“舜禹承安继治，任贤使能，恭己无为而天下治。舜禹承尧之安，尧则天而行，不作功邀名，无为之化自成，故曰：‘荡荡乎民无能名焉！’年五十者击壤于途，不能知尧之德，盖自然之化也。《易》曰：‘大人与天地合其德。’黄帝、尧、舜大人也，其德与天地合，故知无为也。”汉初曹参、汲黯等亦如此垂范，大获成功，“夫曹参为相，若不为相；汲黯为太守，若郡无人，然而汉朝无事，淮阳刑错者，参德优而黯威重也”[⑤]。这些贤者无不深得“自然之化”的真谛，“外若有为，内实自然”，为后世树立了“贤之纯者”为政的榜样。

---

① 〔东汉〕王充：《论衡·命义》。
② 〔东汉〕王充：《论衡·异虚》。
③ 〔东汉〕王充：《论衡·自然》。
④ 〔东汉〕王充：《论衡·自然》。
⑤ 〔东汉〕王充：《论衡·自然》。

因为世道发展中不可避免地朴散真离，“忠信之薄”，“闻柳下惠风者，薄夫敦，鄙夫宽。此上化也，非人所见”[①]。社会出现了“教训之义”，道德规范，德礼讲究，来调节人与人之间的各种关系，步入了所谓的“有为”阶段。在这个阶段中，有了是否合乎仁德的善政与恶政之分。平庸的君王“不肖者”亦多了起来，“不肖者，不似也。不似天地，不类圣贤，故有为也。”至于谴告说的提出，就更加等而下之，说明道德教化也已失灵，距“无为而治”越来越远了。“庸庸之君，失道废德，随谴告之”，“德弥薄者信弥衰，心险而行诐，则犯约而负教；教约不行，则相谴告。谴告不改，举兵相灭，由此言之，谴告之言，衰乱之语也”[②]。

尽管王充政治理想的最高境界是“无为而治”，从朴散真离的现实出发，他还是认同儒家善政的价值目标，“今儒者之操，重礼爱义，率无礼之士，激无义之人，人民为善，爱其主上，此亦有益也”[③]。不过，他对善政也有自己独到的见解。孔子讲“道之以政，齐之以刑”“道之以德，齐之以礼”，孟子分殊为“仁政”“王道”与“虐政”“霸道”，董仲舒综合儒法，提出“德”“刑”并用。这些圣贤们均设想以儒家价值教化万民，辅之对不轨者的惩罚，从而达到齐世划一的“仁政”境界。王充对“德”与“法”的关系重新给予思考。春秋时徐偃王颇具“德名”，“修行仁义，陆地朝者三十二国，强楚闻之，举兵而灭之”。可知，德不是万能的，刻意讲德行义，不顾其他，往往徒有虚名，吞咽的是丧邦辱国的苦果。相反的例子是，韩非一心功利，只讲强国之术，轻视德化，“使礼义废，纲纪败，上下乱而阴阳缪，水旱失时，五谷不登，万民饥死，农不得耕，士不得战也”。强秦虽扫六合，却又二世而亡。春秋战国以来中国社会发展演化的经验与教训表明，“夫德不可独任以治国，力不可直任以御敌也。韩子之术不养德，偃王之操不任力，二者偏驳，各有不足。偃王有无力之祸，知韩子必有无德之患”。王充在反思、总结的基础上，提出了自己的治国之道：“治国之道，所养有二：一曰养德，二曰养力。养德者，养名高之人，以示能敬贤；

① 〔东汉〕王充：《论衡·非韩》。
② 〔东汉〕王充：《论衡·自然》。
③ 〔东汉〕王充：《论衡·非韩》。

养力者，养有力之士，以明能用兵。此所谓文武张设，德力且足者也。事或可以德怀，或可以力摧。外以德自立，内以力自备。慕德者不战而服，犯德者畏兵而却。”[①]

王充认为，前贤所讲的“德治”很有道理，一个国家，一个社会，以及这个国家和社会的民众，离开道德教化的支撑是不可想象的，这是维系社会稳定、引导人心向善的基本保障，否则就会风纪败坏、人心思恶，刑罚再狠也禁不住无所顾忌的人欲横流，国力再强也经不起官贪民刁的上下折腾。王充没有简单地沿用盛行的“刑”“法”框架，他觉得“德”之成立的条件，或者说与“德”对应的主要互补因素，不是“刑”和“法”，而是综合反映社会生产发展水平的物质基础——“力”，而这恰恰是片面强调“德”的儒家理论所忽视的地方，如儒家节欲而“存信”的说法就反映出此种缺陷。“使治国无食，民饿，弃礼义，礼义弃，信安所立？传曰：‘仓廪实，知礼节，衣食足，知荣辱。’让生于有余，争生于不足。今言‘去食’，信安得成？春秋之时，战国饥饿，易子而食，析骸而炊，口饥不食，不暇顾恩义也。夫父子之恩，信矣；饥饿弃信以子为食。”[②]人们一旦丧失了最基本的生存条件，濒于饥饿的生死边缘，那便离兽性不远了，任何礼义教化在维系生存面前都显得苍白无力。这时候，“去信存食”较之“去食存信”显得更加要紧。所以，任何一个治世，首先应将百姓的“谷足食多”作为第一要务，“仓廪实”而“礼义之心生，礼丰义重，平安之基立矣”[③]。而最重要的是，也只有实现经济兴旺，国力强盛，才能有足够的军力外御强敌，保境安民。此乃全社会的根本福祉所在。

谈论政治理想最后不能回避的问题是，如何认定、测评“善政”。统治当局无一不宣称自己是“善政”的实施者，并会列出诸多理由和所谓政绩。一个政权到底是实行了“善政”还是“恶政”，拿什么标准来衡量呢？王充认为，这就需要思想家为社会确立一个可用事实说话的客观依据。

---

① 〔东汉〕王充：《论衡・非韩》。

② 〔东汉〕王充：《论衡・问孔》。

③ 〔东汉〕王充：《论衡・治期》。

流行的观点是，汉家推行的“善政”充分体现了“汉德”的隆盛，其最主要的根据便是上天的瑞应多多，超过前代，说明受命于天，得到天的眷顾。对这样的说法，王充有保留地接受：“五代皆一受命，唯汉独再，此则天命于汉厚也。”“汉统绝而复属，光武存亡，可谓优矣。”[①]汉代所出的圣人也多于前代：“汉之高祖、光武，周之文武也。文帝、武帝、宣帝、孝明、今上，过周之成康宣王。”盛世太平之间也就遇到不少瑞应现象，“今百姓安矣，符瑞至矣”，“奉成持满，四海混一，天下定宁，物瑞已极，人应订隆”[②]。同时王充更看重的是，“汉德”之隆并不仅仅局限于瑞应多于古代，两百多年来所实行的各项“仁政”是“汉德”最真实的内容。如汉朝在吊民伐罪、除暴立国的过程中始终表现出伸张正义的号召力，使天下望风而归，“治始安也”，避免了长时间大规模的战争流血；改朝换代间体现了宽厚精神。“高祖雍容入秦，不戮二尸。”这是历朝帝王很难做到的事情，“纣恶微而周诛之痛，秦、莽罪重而汉伐之轻”；更未用残酷手段处置内部矛盾，对犯上者“圣心原之，不绳于法”，“内则注于骨肉，外则布于他族”[③]；匈奴“今皆内附，贡献牛马”，“哀牢、鄯善，诸降附归德”，出现了“四夷朝贡”的“威盛”局面。如此等等，都表现出超越前代的恢宏的道义力量。

王充把衡量政治得失的落脚点最终确立在“太平治定”和“百姓安乐”的尺度上：“夫太平以治定为效，百姓以安乐为符……百姓安而阴阳和，阴阳和则万物育，万物育则奇瑞出。视今天下，安乎危乎？安则平矣，瑞则未具，无害于平。故夫王道，定事以验，立实以效。效验不彰，实诚不见；时或实然，证验不具。是故王道，立事以实，不必具验；圣主治世，期于平安，不须符瑞。”[④]他从亲身经历举例，建初初年，中州遭灾，“牛死民流，可谓剧矣”，然朝廷体恤民困，采取紧急措施“转谷赈赡”，使“民不乏饿”，“饱于道德，身流在道，心回乡内。以故道路无盗贼之迹，深幽迥绝无劫夺之奸。以危为宁，以

① 〔东汉〕王充：《论衡·恢国》。

② 〔东汉〕王充：《论衡·宣汉》。

③ 〔东汉〕王充：《论衡·恢国》。

④ 〔东汉〕王充：《论衡·宣汉》。

困为通”[1]，这样的政绩“五帝三王，孰能堪斯哉?”百姓在正常年景能够衣食无虞，安居乐业，遭逢灾害又能得到朝廷及时有效的救助，不致因饥饿而绝望。什么是“百姓安乐”? 这就叫“百姓安乐”，是“汉德”最根本的体现。在王充的思想深处，政治好坏得失最终当以民生的状况为试金石，“知屋漏者在宇下，知政失者在草野”。所谓瑞应，不过是体现“屈君伸天”之善意的点缀而已，“夫帝王瑞应，前后不同，虽无物瑞，百姓宁集，风气调和，是亦瑞也”[2]。

① 〔东汉〕王充:《论衡・恢国》。
② 〔东汉〕王充:《论衡・宣汉》。

# 第十三章 闭门潜思成《论衡》

王充自觉《政务》一书讲的都是正确的道理和合理的建议，却并不指望其能够广为流传或产生多大影响。此种书生议政建言、“皆欲辅政”之书的命运，多半只能束之高阁，不招来杀身之祸就算幸运了。欲成传世之作，难上难矣。

王充对自己的传世之作另有期待与安排。幼年就读经馆之际，他便立志博览群书，企望“尽知万物之性，毕睹千道之要”，宇宙万物的奥秘、人生命运的规律、民风民俗的真伪以及为政之道的得失等均在关注与探索之列，他积累了大量的思想成果及资料，其中还成就了《讥俗》《政务》两部专著。王充感到，铺垫至此，完成一部代表自己毕生研究成果之著作的时机成熟了，心目中早有一个酝酿多时、深思熟虑的书名——《论衡》。研究者们普遍认为，《论衡》是一部王充写作了一生的书，他不但为此书潜心研究30余年，而且早已自谓“论衡之人”了。

正因为《论衡》负载着王充的所有期待，如何设计与搭建框架，就成为他精心构想的问题。考虑到自己博学多才、涉猎广泛又每每具有新见的优势，以及发现世间学问中谬见虚妄普遍、亟待一一拨乱反正的需求，王充将《论衡》设计为一部百科全书式的著作，凡“天下之事，世间万物”“俗间凡人所能见”者无不关注，视野覆盖各个学科，容量囊括多种知识。用这样的标准来要求，王充发现动笔之前，还有相当多的准备工作要做，也就是说，还要下一番吞吐百家、邃密群科的功夫。对过去尚未涉及的领域补课，对已有积累但欠成熟的想法进一步深化，所牵扯的方方面面的内容则有待于系统化的思考与整合。既然是毕生的集大成之作，就应该力避疏漏，尽量完善，少留遗憾。于是他“闭门潜思，绝庆吊之礼，户牖墙壁各置刀笔”[①]，进入了一生中最为艰巨的著述过程。

头一件工作是系统地梳理前辈们的思想成果，吞吐百家，去粗取精，其中最主要的是先秦诸子的学说。儒家自然是王充重点剖析的对象。研读中，他再次感到，儒家学说的基本价值取向，即一整套“修身齐家治国平天下”的道理，反映了社会结构稳定有序、人与人之间仁爱亲和的内在需要，从这个意义上讲“孔子圣人，孟子贤者，诲人安道，不失是非”，孔子无愧为“道德之祖”，“诸子之中最卓者”。“孔子之《春秋》，素王之业也……观《春秋》以见王意。”[②]对此，他在理性上是认同的：“儒者所怀，独已重矣，志所欲至，独已远矣，身载重任，至于终死，不倦不衰，力独多矣。”[③]这是需要继续坚持、大力弘扬的内容，“孔子为汉制文，传在汉也”[④]，王充一直以继承孔子“弘道济世”的理想为己任。王充同时觉得，官方及汉儒对儒学抱经守典的态度危害甚多，实不可取，势必导致谬误流传，思想生机泯灭。只有用“核道实义，证定是非”的态度对待圣贤之言，用把握精髓的精神阅读儒家经典，才能在思想上保持继承与创新的动力。

事实上，被奉为经典的儒家文献中，存在许多疏漏与失实之处。原因有多个方面，如贤圣并非生而知之，认识事物也难免有局限，故“下笔造文……未可谓尽得实”；所谓圣贤书，多为因时应景的“仓卒吐言”，经弟子们记录而流传，未经“用意详审……安能皆是”；贤圣之言一出，便成金科玉律，“时人不知难”，后人也“不知问”了；更何况，还有记述、流传过程中的“虚美”之心：“古有虚美，诚心然之。信久远之伪，忽近今之实，斯盖《三增》《九虚》，所以成也。”[⑤]包括“五经”在内，亦难免存此纰漏：“儒者说五经，多失其实。

① 〔南朝宋〕范晔：《后汉书・王充王符仲长统列传・王充》。

② 〔东汉〕王充：《论衡・超奇》。

③ 〔东汉〕王充：《论衡・效力》。

④ 〔东汉〕王充：《论衡・佚文》。

⑤ 〔东汉〕王充：《论衡・须颂》。

前儒不见本末，空生虚说；后儒信前师之言，随旧述故，滑习辞语；苟名一师之学趋，为师教授，及时蚤仕，汲汲竞进，不暇留精用心，考实根核，故虚说传而不绝，实事没而不见，五经并失其实。”[①]比较而言，还是诸子的书更为准确、真实，“由此言之，书亦为本，经亦为末，末失事实，本得道质”[②]。

除文献失实之外，王充发现，圣贤们的一些思想观点和说法也存在失当之处，这是后学不得不清醒认识到的。如《论语·颜渊》说：“子贡问‘政’。子曰：‘足食，足兵，民信之矣。’子贡曰：‘必不得已而去，于斯三者何先?’曰：‘去兵。’子贡曰：‘必不得已而去，于斯二者何先?’曰：‘去食；自古皆有死；民无信不立。’”王充认为这种把“信”看得比“食”更重的说法实属本末倒置：“使治国无食，民饿，弃礼义，礼义弃，信安所立?”[③]孔子在这里犯了一个违背人之常情的错误，突出地反映了儒家学说过于看重道德功能的理论缺陷。孔子的言论中还存在不少自相矛盾之处，如本不相信天命论，说“六合之外，存而不论”，但他见南子回来后，“子路不悦。子曰：‘予所鄙者，天厌之！天厌之！’”天罚之事此刻又似乎存在了。“孔子为子路所疑，不引行事效己不鄙，而云‘天厌之’，是与俗人解嫌，引天祝诅，何以异乎?”[④]可见孔子对天命论的态度有点暧昧。

对亚圣孟子，王充觉得他讲话的口气大，不甚严谨，不少说法经不起历史检验。孟子曰：“五百年必有王者兴，其间必有名世者。由周而来，七百有余岁矣。以其数，则过矣；以其时考之，则可矣。夫天未欲平治天下也；如欲平治天下，当今之世，舍我其谁也?”这个论断显然与历史进程不符，“五百岁必有王者之验，在何世乎?”[⑤]其得不到历史验证的原因在于，孟子把天看成有能力和意志“故生圣人”的决定性因素。而事实上，天只是一个自然的存在，通过万物运行中所形成的命与时来影响社会，从而构成历史发展的客观规律。孟子

① 〔东汉〕王充：《论衡·正说》。
② 〔东汉〕王充：《论衡·书解》。
③ 〔东汉〕王充：《论衡·问孔》。
④ 〔东汉〕王充：《论衡·问孔》。
⑤ 〔东汉〕王充：《论衡·刺孟》。

之言违背客观规律，实在不足为训："论不实事考验，信浮淫之语，不遇去齐，有不豫之色，非孟子之贤效与俗儒无殊之验也。"[①]孟子"顺操行者得正命，妄行苟为得非正"的"善报恶罚"观点，完全不符合历史的真实。操行决定人生命状态的情况并不为多，倒是"夫子不王，颜渊早夭，子夏失明，伯牛为疠"的事情俯拾皆是。孟子的某些说法，给人们在认识、把握命运方面带来很大混乱。

儒家圣贤之书在用典及遣词造句上亦存在不少错误。王充一一指出，他想告诉世人，被官方树为经典的儒家学说，虽在现实中充当着社会运转和世人言行举止的指导思想，但并非句句真理、字字圭臬。所以，将儒家圣贤奉为神明、毋庸置疑的态度是要不得的，尤为治学之大忌。

系统地研读道家学说之际，王充对其思想主张有了更深的理解。他认为，在大的框架和基本价值方面，道家的见识反映了宇宙万物的根本之理："黄、老之操，身中恬澹，其治无为。正身共己，而阴阳自和，无心于为，而物自化，无意于生，而物自成。"[②]因此，道家的核心观点"天道自然无为"以及政治上的"无为而治"，代表着治理社会的最高境界，王充自己对之深表契合："虽违儒家之说，合黄老之义也。"[③]道家学说的另一可贵之处，在于对天人感应说针锋相对的驳难："夫天道，自然也，无为；如谴告人，是有为，非自然也。黄老之家，论说天道，得其实矣。"[④]以"天道自然无为"的思想剖析天人感应说，其荒唐立显，体无完肤也。"谴告于天道尤诡，故重论之。"[⑤]同时，王充也进一步看清了道家学说的缺陷，论自然重玄议而忽视"效验"，"道家论自然，不知引物事以验其言行，故自然之说，未见信也"[⑥]。因此，道家在构想出许多有价值的思想的同时，也夹带着不少纰缪，如其津津乐道的长生不老论即明证："道家或以导气养性，度世而不死……人之生，其犹水也。水凝而为冰，气积而为

① 〔东汉〕王充：《论衡·刺孟》。
② 〔东汉〕王充：《论衡·自然》。
③ 〔东汉〕王充：《论衡·自然》。
④ 〔东汉〕王充：《论衡·谴告》。
⑤ 〔东汉〕王充：《论衡·自然》。
⑥ 〔东汉〕王充：《论衡·自然》。

人；冰极一冬而释，人竟百岁而死。人可令不死，冰可令不释乎？诸学仙术，为不死之方，其必不成，犹不能使冰终不释也。”[1]道家所引发的许多“好道学仙”之术，终属“虚论”，经不起实事的验证，还对人们产生不少误导。

墨家在先秦属于显学，秦汉之后趋于衰微，然影响还是不小，尤其是在学者之中。王充梳理墨家，感到既有心灵相通的地方又有需要问难之处。墨子重视对经验的感受，提出检验真知的“三表”：“上本之于古者圣王之事”“下原察百姓耳目之实”“废（发）以为刑政，观其中国家百姓人民之利”[2]。墨子认识事物的方法，注意前人见识，更注重现实资料，上下交叉，相互印证，不失为一条比较准确可靠的路子，这对自己看重“效验”、不信未经证实之事是有启发的。但是，墨子的长处也正是他的短处，其单纯看重经验而疏于理性思考的缺陷，导致了其学说中自相矛盾的现象，典型地表现在处理“薄葬”与“有鬼”的命题上：“墨家之议，自违其术，其薄葬而又右鬼。”[3]所以“墨子之法，事鬼求福，福罕至而祸常来也”[4]。此乃墨家式微的根本原因所在。“道乖相反，违其实，宜以难从也……废而不传，盖有以也。”[5]王充从发现墨子的不足中，得到了需要从多方面剖析鬼之虚妄的启示，这亦不失为梳理墨家的一个收获。

研读法家思想使王充精神为之振奋。韩非子等人力倡历史进化，今朝胜于古昔，破除迷信、直面竞争、敢于胜利的勇气，所谓“当今争于气力”，对有志于推动历史前进的人，不啻为极大的昭示与鼓舞：“凡万物相刻贼，含血之虫则相服，至于相啖食者，自以齿牙顿利，筋力优劣，动作巧便，气势勇桀。若人之在世，势不与适，力不均等，自相胜服。以力相服，则以刃相贼矣。”[6]理想治世的“德力俱足”，其中之“力”，便为韩非子学说“外以德自立，内以力自备”[7]。王充一体两面的观点并没有放过法家一意讲“刑”“任”“力”的弊端，

---

① 〔东汉〕王充：《论衡·道虚》。
② 〔战国〕墨翟：《墨子·非命上》。
③ 〔东汉〕王充：《论衡·薄葬》。
④ 〔东汉〕王充：《论衡·案书》。
⑤ 〔东汉〕王充：《论衡·案书》。
⑥ 〔东汉〕王充：《论衡·物势》。
⑦ 〔东汉〕王充：《论衡·非韩》。

"韩子之术，明法尚功，贤无益于国，不加赏；不肖无害于治，不施罚。责功重赏，任刑用诛，故其论儒也，谓之不耕而食，比之于一蠹。"这种纯粹以对耕战有益与无益为转移的思路，实属片面，"韩子欲独任刑用诛，如何?""必有无德之患"，"以旧礼为无补而去之，必有乱患"，"民无礼义，倾国危主"。秦速亡而汉长盛的教训与经验都证明了这一点。法家学说张扬一时继而备受冷落的命运，也说明了法家长于"得天下"而昧于"治天下"的理论特性。[①]

在研修了先秦的各家显学之后，王充将视野放大到其他诸子身上，对名家、阴阳家、刑家、纵横家等，都作了点评。"公孙龙著坚白之论，析言剖辞，务折曲之言。"[②]名家这种计较逻辑、思辨的抽象学问，虽然有着提高思维能力、辩名析理的价值，但从实用的角度讲，则意义不大。"无道理之较，无益于治"，"齐有三邹衍之书，瀇洋无涯，其文少验，多惊耳之言"。邹衍为阴阳说鼻祖，对汉代"天人合一"观颇有影响，但他的学说比较驳杂。"案大才之人，率多侈纵，无实是之验；华虚夸诞，无审察之实。"[③]商鞅作《商君书》，立说早于韩非子，为法家祖师，也即"作耕战之术"的开创者。商鞅的主张，实际上是"霸者之议"，属于治世理论中简单粗放的一种，只因得到秦主的厚爱，"虽粗见受"[④]。管仲留有《管子》一书，重点讲富国强兵之道。其论"造轻重之篇，富民丰国，强主弱敌"，无愧为治世良方。纵横家以苏秦、张仪为代表，其说虽已不显，但毕竟历史影响仍在："苏秦约六国为从，强秦不敢窥兵于关外。张仪为横，六国不敢同攻于关内。六国约从，则秦畏而六国强；三秦称横，则秦强而天下弱。功著效明……仪、秦，排难之人也，处扰攘之世，行揣摩之术。当此之时，稷、契不能与之争计，禹、皋陶不能与之比效。"[⑤]纵横术的特点在于"能以权说立功"，故而"太史公叙言众贤，仪、秦有篇，无嫉恶之文。功钧名

① 〔东汉〕王充：《论衡・非韩》。
② 〔东汉〕王充：《论衡・案书》。
③ 〔东汉〕王充：《论衡・案书》。
④ 〔东汉〕王充：《论衡・逢遇》。
⑤ 〔东汉〕王充：《论衡・答佞》。

敌，不异于贤”[①]。

吞吐百家中，除了先秦诸子外，王充就本朝学问大家的著作学说亦逐一披览，汲其营养，议论得失：“夫通览者世间比有，著文者历世希然。近世刘子政父子、扬子云、桓君山，其犹文、武、周公并出一时也。”[②]“若司马子长、刘子政之徒，累积篇第，文以万数”，著作宏富，文章精彩，非普通汉儒可比，但他们的文章以记述为主，论理传道有所欠缺，所谓“无胸中之造”；“陆贾、董仲舒，论说世事，由意而出，不假取于外”[③]，讲出一番治世化民的道理，“皆言君臣政治得失，言可采行，事美足观，鸿知所言，参贰经传，虽古圣之言，不能过增”。但他们也存在“浅露易见”、识理欠透的缺陷。“陆贾之言，未见遗阙，而仲舒之言雩祭可以应天，土龙可以致雨，颇难晓也。”[④]“阳成子长作《乐经》，扬子云作《太玄经》，造于眇思，极窅冥之深，非庶几之才，不能成也。孔子作《春秋》，二子作两经，所谓卓尔蹈孔子之迹，鸿茂参贰圣之才者也。”[⑤]《乐经》《太玄经》理论精深，颇得孔子真传。汉代学者中，王充最赞赏桓谭的学问，认为《新论》实非凡之作，有许多值得继承发扬的思想亮点，其成就可谓直追孔圣人：“孔子不王，素王之业，在于《春秋》。然则桓君山素丞相之迹，存于《新论》者也。”[⑥]“世间为文者众矣，是非不分，然否不定，桓君山论之，可谓得实矣。”[⑦]王充考论实虚的思想方法和治学眼光，在很大程度上得益于桓谭的教导，自认是桓谭学说的继承者。

在谈到近世人才和学术成果时，王充多次提到一个叫周长生的人，认为这位会稽老乡既有治事的本领，且具治学的天才，可谓旷世罕见。“周长生者，文士之雄也，在州为刺史任安举奏；在郡为太守孟观上书，事解忧除，州郡无事，二将以全……长生之才，非徒锐于牒牍也，作《洞历》十篇，上自黄帝，下至

① 〔东汉〕王充：《论衡・答佞》。
② 〔东汉〕王充：《论衡・超奇》。
③ 〔东汉〕王充：《论衡・超奇》。
④ 〔东汉〕王充：《论衡・案书》。
⑤ 〔东汉〕王充：《论衡・超奇》。
⑥ 〔东汉〕王充：《论衡・定贤》。
⑦ 〔东汉〕王充：《论衡・定贤》。

汉朝，锋芒毛发之事，莫不纪载，与太史公表纪相似类也。上通下达，故曰《洞历》。然则长生非徒文人，所谓鸿儒者也。”[①]“长生之《洞历》，刘子政、扬子云不能过也。”[②]“文王之文在孔子，孔子之文在仲舒，仲舒既死，岂在长生之徒与……长生说文辞之伯，文人之所共宗，独纪录之，《春秋》纪元于鲁之义也。”[③]《洞历》可与《史记》媲美，周长生堪同孔圣人比肩，真难以想象是何等人物。可惜《洞历》经历数百年流传后，在宋以后湮没无闻了。[④]周长生亦如飞鸿渺渺，只在史籍中留下一羽半爪的遗痕，谢承《后汉书・周树传》云："（周长生）达于法，善能解烦释疑，八辟从事。刺史孟观有罪，俾树作章，陈事叙要，得无罪也。”后人只能在读《论衡》时对其“文辞”心向往之了。

王充“毕睹千道之要”之后，将注意力转到“尽知万物之性”，对天文学、物理学、气象学、医学、生物学、药物学等自然界的“世间之物”，在原有积累和思考的基础上，进一步获取各学科研究的新进展与新资料，分类整理，整体思考，使自己的认识更加准确、完善，拟作《说日》《商虫》《谈天》《雷虚》等篇目。

花费数十年功力，王充对将要动手编撰《论衡》、站在前人的肩膀上创立新说再无疑虑。“就世俗之书，订其真伪，辨其实虚”，“《论衡》《政务》，可谓作者。非曰作也，亦非述也，论也”[⑤]。王充认为，编著《论衡》最为重要的事情，在于提炼贯通全书的理论境界，明确为何而作的指导思想。这关系到以什么样的眼光和标准来筛选内容，编排分类，构建框架，即所谓“纲举目张”。

王充自小受吴越文化浸润，后入太学接受北方主流文化熏陶，南北两方的文化特质和文化风格，长时间在脑海中碰撞、交融，使自己不断冒出思想火花，“造论著说之文……发胸中之思，论世俗之事”，走出了一条属于自己的学术之路。而当汇集所有思想结晶，将要自成一说的时候，是不是应有意识地打造一

① 〔东汉〕王充：《论衡・超奇》。
② 〔东汉〕王充：《论衡・案书》。
③ 〔东汉〕王充：《论衡・超奇》。
④ 《新唐书・艺文二》记载：《洞历》九卷。
⑤ 〔东汉〕王充：《论衡・对作》。

种有别于官方主流学术体系的风格，于北学之外另立一种学派风貌呢？

思考的结果是肯定的。王充感到，在问题意识、阅读视角、认知框架等方面，自己的治学均与北学不尽相同。北学迷信天命、圣言、师说，一切皆为统治需要服务，遵循着“价值判断”的原则，具有明确的官方意识形态色彩，可谓之圣本位、官本位，堪称官学。《论衡》则尊奉怀疑、批判、实证的“事实判断”的原则，从客观出发，站在“实事疾妄”的立场，以及人世间普通民众需求的角度，发论立说，可称为实学。《论衡》也服务于社会秩序的长治久安，但与官方学术空言“民为本、君为轻”“屈君伸天”，实际上落脚于治民驭民不同，它是关注人世间、生活中所说所传知识的准确与否，通过讥俗论实，着眼于大众认识水平的提升，迷信、盲从状况的改变，增强其自身的理性力量，从而在掌握人生命运方面具有更大的主动权。这样的指导思想与价值取向自然与官方的学术主流不是一路，这不就是学术传统中的另类吗？王充自创一派的信念变得明晰了，也就自觉地将自己的思想与北学区别开来。他写道：“董仲舒著书不称子者，意殆自谓过诸子也。汉作书者多，司马子长、扬子云，河汉也；其余泾渭也。然而子长少臆中之说，子云无世俗之论，仲舒说道术奇矣，北方三家尚矣。”①北学代表了学术传统的正宗，有许多富有价值的内容，也存在不少“虚妄之言”，《论衡》当在吸收其长、摒其谬误的基础上另辟蹊径。这一番思考的结晶便是《论衡》之“绪论”——《对作》的诞生，其中作者将著述目的、指导思想、风格特征及体例安排等方面的想法一并坦言于世人。

王充开宗明义地说道：“贤圣不空生，必有以用其心……圣人作经，艺者传记，匡济薄俗，驱民使之归实诚也。”以孔子为代表的历代圣贤和大学问家的著述立说，无一不具备如此境界：“故夫贤圣之兴文也，起事不空为因，因不妄作；作有益于化，化有补于正。”自己正是先贤优秀思想传统的继承者，立志于经世致用之学，而不为无益于世的空言虚论：“进则尽忠宣化，以明朝廷；退则称论贬说，以觉失俗。俗也不知还，则立道轻为非。论者不追救，则迷乱不觉悟。”此所谓“贤人之在世”义不容辞的责任！

---

① 〔东汉〕王充：《论衡·案书》。

王充深知《论衡》在批判世风、诘难经典以及评论朝政等方面，多有不合俗论之处，“文露而旨直”的言辞也不宜为世人接受，极容易引起种种误解，以致遮蔽了《论衡》内在的立意。故而在文章的最后，用警句式的语言提纲挈领地申明全书的指导思想：“《论衡》实事疾妄，齐世宣汉，恢国验符，盛褒须颂之言，无诽谤之辞。造作如此，可以免于罪矣。”其中“实事疾妄”乃统领全局的灵魂。[①]

王充自年少起始终坚持独立思考的习惯，著《论衡》正是展示其独立思考成果、构建自己思想体系的努力。吞吐百家的过程中，王充感到以往思想家大多旨在治世辅政，看问题、讲道理，或自觉或不自觉地站在统治者的角度，带有明显的意识形态色彩。此外，还存在经院式、守师说的毛病，和社会的实际情况与民间需求隔了一层。自己的学说应保持客观、中立的立场，超越单纯为某部分人所用的局限，绝不人云亦云，像普通儒生那样“习经注经”，代之以新的眼光审视以往，以整体观照、长远考虑、忠于真知的态度为准绳，创立新说：“是故《论衡》之造也，起众书并失实，虚妄之言胜真美也。故虚妄之语不黜，则华文不见息；华文放流，则实事不见用。故《论衡》者，所以铨轻重之言，立真伪之平，非苟调文饰辞，为奇伟之观也。”他认为，这样的视角和圣贤们的“作”与“述”有所不同，故称为“论”，意在不受任何条条框框限制发表自己的见解。

《对作》中，王充表达了对《论衡》特殊的期待。此书既要为全社会所用，那便要对大众产生影响，为他们所阅读、所接受。这是《论衡》与众不同的价值，亦是自己长年蛰居民间之布衣情结的体现。他认为，《诗》之所以能在民间广为传播，影响深远，生命力正在于其需求发自民间，素材取自于民间，所传

① 关于《论衡》的宗旨，学者们有着不尽相同的看法，多数人看好王充《佚文》中的一段自白：“《论衡》篇以十数，亦一言也，曰：疾虚妄。”问题是此言未能涵盖《论衡》另“半壁江山”——“归实诚”。为此，吴光先生于《王充学说的根本特点——“实事疾妄”》（《学术月刊》1983年第6期）中指出，“对王充学说的根本特点，过去往往只强调它‘疾虚妄’的一面，忽略其‘定真是’的另一面。”《对作》中“实事疾妄”一语“点明了全书的宗旨大纲，也恰当地概括了他的学说的根本特点，其‘实事疾妄’，包括两个基本方面：‘实事’是立的方面，‘疾妄’是破的方面。”笔者认为，此言有理，更准确地概括了《论衡》的旨意。

内容又有益于民间：“古有命使采爵，欲观风俗，知下情也。诗作民间，圣王可云：‘汝民也何发作？’囚罪其身，殁灭其诗乎？今已不然，故《诗》传亚今。”《论衡》也应该是这样一部书。它关注民间百姓关心的问题，既努力汲取他们源自实践的真知和丰富生活的实例，也匡正他们受多方局限所形成的愚见和陋俗。从这一要求出发，《论衡》有必要吸纳并展现民间语言的生动活力。所谓“《论衡》《政务》，其犹诗也。冀望见采而云有过，斯盖《论衡》之书，所以兴也”。

对《论衡》的思想主题及风格特征，王充作了明晰的概括，这也是他一贯的治学思路。世上流传的众书多失实，俗言多虚妄，《论衡》有针对性地拨乱反正，“就世俗之书，订其真伪，辨其实虚”。整个内容都围绕着这个主题展开，有破有立，以期“疾妄”而“实事”。对于行文中鲜明的批判风格，他动情地倾诉着心曲：“今吾不得已也。虚妄显于真，实诚乱于伪，世人不悟，是非不定：朱紫杂厕，瓦玉集糅，以情言之，岂吾心所能忍哉？卫骖乘者，越职而呼车，恻怛发心，恐上之危也。夫论说者闵世忧俗，与卫骖乘者同一心矣。愁精神而幽魂魄，动胸中之静气，贼年损寿，无益于性，祸重于颜回，违负黄老之教，非人所贪，不得已故为《论衡》。”不是《论衡》作者生性好争辩，喜诘难，实在是思想者在“虚妄”横行面前无法视而不见：“虚妄之语不黜，则华文不见息；华文放流，则实事不见用。”世间书传“浮妄虚伪，没夺正是。心濆涌，笔手扰，安能不论？论则考之以心，效之以事；浮虚之事，辄立证验”。《论衡》无非对人们确信无疑的所有知识、俗见，“考之以心，效之以事”，在剖析“虚妄”中对事物的本来面目给予证实。这样做的意义，不光是推出一本《论衡》的问题，更着眼于在后来学者乃至整个民族的思维方式中，注入一种弥足珍贵的怀疑精神、批判精神和证之以实的思想方法：“辨照是非之理，使后进晓见然否之分。”

《论衡》的体例与内容结构也是王充精心考虑的问题。他治学一生，涉猎极广，习惯于有感而发，援笔成文，著作的积累相当丰厚。在这样的基础上编著自己思想成果的集大成之作，就要确定内容重点、规模结构和体例风格。王充认为，《论衡》既要体现涵盖“天下之事，世间万物”的基本风格，又不能事无巨细，面面俱到，过于琐碎，内容应重点突出对谬知俗见的拨乱反正。作为一本论文集体例的著作，理想的规模当在100篇左右，20余万字："吾书亦才出百。"①结合自己已成的《讥俗》《政务》两书的积累，《论衡》在重新组合、编著时，大体分为四组内容：

其一，人生板块。包括《逢遇》《累害》《命禄》《气寿》《幸偶》《命义》《无形》《率性》《吉验》《偶会》《骨相》《初禀》《本性》《物势》14篇，传达了对人生命运及养生问题的思考。

其二，政务板块。包括《答佞》《程材》《量知》《谢短》《效力》《别通》《超奇》《状留》《定贤》《寒温》《谴告》《变动》《招致》（佚文）《明雩》《顺鼓》《乱龙》《遭虎》《商虫》《讲瑞》《指瑞》《是应》《治期》《自然》《感类》《齐世》《宣汉》《恢国》《验符》《须颂》29篇，集中表达了政治观和历史观方面的思想。

其三，虚实板块。包括《书虚》《变虚》《异虚》《感虚》《福虚》《祸虚》《龙虚》《雷虚》《道虚》《语增》《儒增》《艺增》《问孔》《非韩》《刺孟》《佚文》《谈天》《说日》《奇怪》《实知》《知实》《正说》《书解》《案书》24篇。主要说明了天道自然观、治学观，属于《论衡》一书的思想核心部分。

其四，讥俗板块。包括《言毒》《薄葬》《四讳》《讕时》《讥日》《卜筮》《辨祟》《难岁》《诘术》《解除》《祀义》《祭意》《论死》《死伪》《纪妖》《订鬼》16篇，体现了对世间"失俗"拨乱反正的主张。

加上《对作》《自纪》，共85篇。

王充觉得，从这样的分类及其相关内容来看，基本可以达到"细说微论，解释世俗之疑，辨照是非之理，使后进晓见然否之分"的目的了。

尽管前期准备不可谓不充分，一经进入著作程序，其艰苦程度仍非常人所能想象。这种感受，他曾在《论衡·佚文》中流露："文人宜遵五经六艺为文，诸子传书为文，造论著说为文，上书奏记为文，文德之操为文。立五文在世，皆当贤也。造论著说之文，尤宜劳焉。何则？发胸中之思，论世俗之事，非徒讽古经续故文也。论发胸臆，文成手中，非说经艺之人所能为也。"《论衡》在

① 〔东汉〕王充：《论衡·自纪》。

王充心中，自然属于“尤宜劳焉”的“造论著说之文”。其涉及面实在太宽广了，他又是一个追求完美的人，每个观点都要反复推敲，每条材料务必重新核查，凡立说，无不“效之以事”，做到言之有据，力求处处体现经证之以为实的思维方式和治学特色。在展开论述的过程中，王充感到，不少思想观点自己先前虽曾思考过，但在成书中还是有了新收获。有的地方进一步深化，思想趋于完善；有的地方给予了补充、修正；有的地方还冒出了先前未有的闪光点。这正是系统思考、整体观照的意义所在。思考、写作是磨人的，同时王充又乐在其中，每发现一种谬误、想明一个道理，他都品尝到由衷的快乐。

经过数年的辛勤工作，规模宏伟、思想含量甚高的《论衡》结稿，“著《论衡》八十五篇，二十余万言”①。此时此刻，王充虽然耗尽精力与心智，却是无比愉快，终于了结了毕生最大的心愿：吞吐百家，自成一说。他对《论衡》的价值充满自信，相信会在思想史上以“实事疾妄”的光芒独树一帜，传之久远。他相信，《论衡》的价值与影响不在班超经营西域的功业之下。可比者，“孔子不王，素王之业，在于《春秋》。然则桓君山素丞相之业，存于《新论》者也”②。一个有奇志的人一生中能完成这样一件工作，也就无遗憾可言了。

---

①〔南朝宋〕范晔：《后汉书·王充王符仲长统传·王充》。

②〔东汉〕王充：《论衡·定贤》。

# 第十四章　回首一生诉衷肠

完成毕生心愿——推出名山之作后，王充已年近花甲，进入了人生的黄昏阶段，他仍手不释卷、笔耕不辍，闲暇时以读书为乐，兴之所至写上几笔也是经常的事情。他也有了更多的时间来观察时局，体会时代脉搏，思索历史变迁。

东汉王朝第三位皇帝刘炟亦是一位头脑清醒、举措得当的君主。即位后沿袭光武帝、明帝制度，稳定政局，发展生产，富国强兵，继续“修文德”的传统。王充评论道：“光武中兴，修存未详。孝明世好文人，并征兰台之官，文雄会聚。今上即令，诏求亡失，购募以金，安得不有好文之声？唐虞既远，所在书散。殷周颇近，诸子存焉。汉兴以来，传文未远，以所闻见，伍唐虞而什殷周。焕炳郁郁，莫盛于斯。天晏旸者，星辰晓烂；人性奇者，掌文藻炳。汉今为盛，故文繁凑也。”[①]汉章帝刘炟针对明帝过于严苛的问题，以“文武之道”，一张一弛调整了吏治宽严的尺度：“章帝素知人厌明帝苛切，事从宽厚。感陈宠之义，除惨狱之科。深元元之爱，著胎养之令。”[②]他经常奖掖循吏能臣，除繁政，免课税，化解了不少人为矛盾，使社会在宽松的环境中向前发展，史称“明帝察察，章帝长者”。

王充感到，章帝执政以来，有两件大事足以载入史册。

其一，章帝在继承前朝尊儒崇经传统的同时，对学术经典和学风做了一次

① 〔东汉〕王充：《论衡·佚文》。

② 〔南朝宋〕范晔：《后汉书·肃宗孝章帝纪》。

具有深远历史影响的整顿。自汉初尊“五经”之后，“学不厌博”，致“浮辞繁长，多过其实”，弊端日显。东汉初，开始酝酿简化之事，光武中元元年（56）诏，“五经章句烦多，议欲减省”，明帝永平元年（58）再行计议，“欲使诸儒共正经义，颇令学者得以自助”[①]。建初初年，王充在太学中的小师弟，即时任兰台校书郎杨终，又一次上书：“宣帝博征群儒，论定五经于石渠阁。方今天下少事，学者得成其业，而章句之徒，破坏大体。宜如石渠故事，永为后世则。”[②]章帝感到重定“五经”的时机逐渐成熟，建初四年（79），采纳了杨终的建议，“于是下太常，将、大夫、博士、议郎、郎官及诸生、诸儒会白虎观，讲议五经同异”[③]。章帝“亲称制临决”，在许多问题上得出了“五经”各派都能接受的统一看法。讨论的结果，由王充的师弟班固整理、编辑成书，形成了一部法典式著作——《白虎通德论》（简称《白虎通》）。

对于《白虎通》的推出，王充既高兴又失望。儒家文献繁琐的章句功夫，王充自小便深感厌恶，如今删繁就简一番，未尝不是件有益于学术解放的好事。然皇家依然以钦定的方式，将存在不少“虚妄之语”的“五经”神圣化，显然与《论衡》所追求的“实事疾妄”境界相去甚远，学界乃至整个社会的思想活力仍受到压抑和束缚，思想自由、可以各抒己见的局面还是可望而不可即。他更不能认同的还在于，《白虎通》的学术基点和框架，大体上以董仲舒学说为本，只是将以阴阳五行释经的理论编织得愈加完整、系统，社会、人事的秩序与宇宙、天道的结构益发粘连了。许多在董仲舒那里已有但尚未绝对化的理论，于《白虎通》中进一步强化，如谶纬取得了钦定法典的地位，具有了与经书同等效力的权威性。“君阳臣阴，父阳子阴，夫阳妻阴”的“王道之三纲”的思想，被加工、提炼为“君为臣纲，父为子纲，夫为妻纲”等。经学与神学互为渗透、融合的倾向更为明显了。

王充并不怀疑、否定儒学，但他反对任何神秘化和神圣化的东西，《白虎通》正是在这一点上与“实事疾妄”的精神相去甚远。汉代学术思潮发展到东

---

①〔南朝宋〕范晔：《后汉书·肃宗孝章帝纪》。

②〔南朝宋〕范晔：《后汉书·杨李翟应霍爰徐列传·杨终》。

③〔南朝宋〕范晔：《后汉书·肃宗孝章帝纪》。

汉初年，《白虎通》与《论衡》的几乎同时问世，是学术思潮分为两个方向的标志。《白虎通》代表着神学加经学的官方意识形态，依托体制生存却日益走向僵化，时隔不久便步入“中衰”过程。《论衡》则代表着博通自由、务本求实的新学风，激荡起潜伏的子学重新抬头，最终汇聚为波澜壮阔的汉末社会批判新思潮，孕育了魏晋思潮的诞生。

其二，东汉王朝从大局上解决了北患问题。班超在西域继续他“合纵连横”、以少胜多的佳话。建初三年（78），他召集疏勒、康居、于阗、拘弥等国兵马，灭了姑墨。又经过几年准备，联络西域诸国，用计策打败了两个主要敌国——莎车和龟兹，不仅保证了丝绸之路的畅通无阻，而且实现了结交、统领西域三十六国“反包匈奴”的战略目标。在汉朝威势四面包围的巨大压力下，匈奴内部矛盾激化，实力迅速衰微，不得不往东北方向退却，中途又遭到鲜卑的致命打击，单于亦被斩杀。建初八年（83）“北匈奴三木楼訾大人稽留斯等，率三万八千人、马二万匹、牛羊十余万，款五原塞降”[①]。匈奴从此一蹶不振，再无力对汉朝构成大的威胁了。最后剩下一个不服气的焉耆王，随后也被班超打败。至此，整个西域全部归于汉廷掌控之中。班超因在西域的卓著功勋，后被汉和帝封为定远侯。

匈奴的威胁，自西汉之初便一直存在，时缓时急，为刘汉政权的心头大患，经明帝、章帝两朝30余年时光，依靠班超等人艰苦卓绝的奋斗，最终得以解除，汉王朝实现了保境安民的执政目标。王充治国的理想境界为“德力俱足”，其中之“力”集中体现为国家抗外御敌、保境安民的实力。汉廷维持了50多年的国家安全，自然是“汉德”的隆盛与彰显了。他深感欣慰，在《论衡·恢国》中写道：“匈奴时扰，正朔不及；天荒之地，王功不加兵，今皆内附，贡献牛马。此则汉之威盛，莫敢犯也。”

步入晚年的王充，以从容的心态、追求完美的眼光，审察、挑剔《论衡》的不足，拾遗补阙，使之日臻完善。王充不是为著述而著述的书生，为世所用、启迪众人才是他写作的目的。那么，《论衡》面世后是否产生这样的效应、引起

① 〔南朝宋〕范晔：《后汉书·南匈奴列传》。

什么样的反应，他密切关注、广泛收集信息。

在《论衡》推出的年代，早期的纸刚刚发明，使用的范围尚未达于民间，文字作品仍以简牍为载体。《论衡》问世之初的流传范围大抵只在会稽抑或江南一带，而且，只有少数人能读到全本，更多的只是散见了一些篇章。但对此不同凡响的言辞，人人视为奇论，传来传去。真正有学问的大儒通人，透过“疾愤之辞”的表面，领悟到“实事疾妄”的精妙之处，同郡友人、时任荆州刺史谢夷吾，发出了“充之天才，非学所加，虽前世孟轲、孙卿，近汉扬雄、刘向、司马迁，不能过也”①的评价。听到谢夷吾等“知音”的回应，王充颇觉宽慰，亦由此更加自信地认为，《论衡》足堪不朽。

然而，更为响亮的是另外一种声音。《论衡》是部旷古未有的骇俗之作，书中大胆地非议了人们供奉已久的圣贤之言，以犀利的文字批评了世人习以为常的各种观念、风俗。读惯了圣贤之书的众人，一时难以接受，卫道士们愤慨不已，以至于批评之声不绝，“犹多谴毁”②，从各个角度责难的都有——迷惑不解、非难质疑、“辩论是非”，甚至人身攻击。

对于此种社会反响，王充是有一定的思想准备的。尽管如此，当他听到、看到这么多的误解、曲解，尤其是人身攻击的舆论时，还是心不能平，勾起一生中的许多心酸与不快。生活于社会中下层，处境艰难，人微言轻，于礼教无所不在的社会环境中，哪怕做一点出格的事情，发出丝毫异议，都将承受铺天盖地的冷眼、非难乃至打压。在如此的环境中忍辱负重立一家之言，该有多少委屈需要诉说，又有多少苦衷渴望吐露。本来王充打算于《论衡》定稿后，心平气和地写篇《自纪》，回顾、总结一生，并对自己的人生追求、著作目的、性格特征以及处世准则作简明扼要的说明，作为《论衡》的压卷后记。现在遭受如此一番刺激，平和的心态被打破了。这些舆论已经构成了对《论衡》的某种误导，不利于人们正确地阅读，王充有必要进行解释与申辩；同时，驳斥种种俗见，亦不失为《论衡》匡正俗言、为思想僵化者换换脑筋之使命的继续。这

---

①〔唐〕李贤等注范晔《后汉书·卷四九》，引谢承：《浙江通史·秦汉六朝卷》，浙江人民出版社2005年版，第164页。

②〔东汉〕王充：《论衡·自纪》。

样一来，《自纪》就成为一篇既吐露衷肠、自我剖析，又唇枪舌剑、明辨是非，融两种风格于一体的檄文。通篇之中，有温馨的回忆、真诚的表白，也有难平的心绪及其心灵深处久存压抑的释放。

《自纪》开篇，王充首先以洗练的文句讲述了自己身世的来龙去脉，以及一生的主要经历。短短数百字，展示了惯常的率真实诚风格，不“为亲者讳”，亦不惧“自美”之嫌。王充对祖上勇蛮任气以致“岁凶横道伤杀”的作为，伯父、父亲承世祖“任气”之风，“勇气凌人”，好打抱不平，使家庭难以安居的情况，秉笔直书，真实地刻画了家世流风中“血性与倔强”这柄性格上的双刃之剑。谈到自己，王充明言自小“恭愿仁顺，礼敬具备”，且“有巨人之志……日讽千字，经明德就”，可谓德才并茂，超于常人之上。无论后人如何批评他“盛矜于己，而厚辱其先”，从王充一生的作为和成就来看，《自纪》所述的少时情况并无夸张，对解释他之所以能够完成《论衡》这部奇书，作了非常有价值的背景说明。

王充用了不少笔墨对自己的性格、处世准则及价值观念作了剖析。读者不仅是见仁见智、各有所云，更是一路争论不已。一些非议《论衡》的人，读到如此不顾传统价值、直露而尖锐的内容文字，往往义愤填膺地抨击：作者缺乏礼义涵养，性格刻薄，是心理不平衡之人。这在“礼教之治”的社会之中，实属有些杀伤力。

王充描述自己的基本性格和处世原则其实并不峻刻，反而平和坦然，与世无争，与人为善。“不好徼名于世，不为利害见将。常言人长，希（稀）言人短。专荐未达，解已进者过。及所不善亦弗誉；有过不解，亦弗复陷。能释人之大过，亦悲夫人之细非。好自周，不肯自彰；勉以行操为基，耻以材能为名。”一生在世，对世俗追求的功名利禄持以淡然超脱的态度：“充性恬澹，不贪富贵，为上所知，拔擢越次。不慕高官，不为上所知，贬黜抑屈，不恚下位。比为县吏，无所择避。”“在乡里慕蘧伯玉之节，在朝廷贪史子鱼之行，见污伤不肯自明，位不进亦不怀恨。”在这一点上，他是引孔子为同道的：“可效仿者，莫过孔子。孔子之仕，无所避矣：为乘田委吏，无于邑之心；为司空相国，无说豫之色。”

王充坦言，对于一生中所遇到的种种误解，从不愿多加解释、申辩，“高士所贵，不与俗均”。不以常人的进退观为念：“不清不见尘，不高不见危，不广不见削，不盈不见亏。士兹多口，为人所陷，盖亦其宜。好进故自明，憎退故自陈。吾无好憎，故默无言。”如此境界的形成，源自与众不同的人生目标和价值观念：“忧德之不丰，不患爵之不尊；耻名之不白，不恶位之不迁。垂棘与瓦同椟，明月与砾同囊。苟有二宝之质，不害为世所同。世能知善，虽贱犹显；不能别白，虽尊犹辱。处卑与尊齐操，位贱与贵比德，斯可矣。”基于此，“贫无一亩庇身，志佚于王公，贱无斗石之秩，意若食万钟。得官不欣，失位不恨；处逸乐而欲不放，居贫苦而志不倦。淫读古文，甘闻异言”。王充毕生所企求的最高价值、所渴望的生存状态，就是献身学术，追求真理，拨俗论之迷雾，呈实知于世人。所谓“世书俗说，多所不安；幽处独居，考论实虚”。完成了这一心愿，可以说是此生余愿已足，世人竞相追慕的东西于己仅视作累赘：“身与草木俱朽，声与日月并彰，行与孔子比穷，文与扬雄为双，吾荣之。身通而知困，官大而德细，于彼为荣，于我为累。偶合容说，身尊体佚，百载之后，与物俱殁。名不流于一嗣，文不遗于一札，官虽倾仓，文德不丰，非吾所臧。”

继而，王充介绍了自己治学的指导思想及各部著述的宗旨与主题。这也是他在《对作》及其他篇章中反复申说过的，此处讲得更为明确、洗练：因“疾俗情”而“作讥俗之书”；由“闵人君之政，徒欲治人，不得其宜，不晓其务”，而作“《政务》之书”。《论衡》为王充自己的代表作，也是集中引发微词的目标，世人尤其是学界最不能接受的是：《论衡》以为包括儒家经典在内的“众书并失实”，显然是对圣人的“大不敬”。对此，王充以自己的独门见解，给予了颇具说服力的解释：经典文献中的失实之处，并非原作者的本意，乃流传过程中势必要发生的现象：“夫贤圣殁而大义分。蹉跎殊趋，各自开门；通人观览，不能钉铨；遥闻传授，笔写耳取。在百岁之前，历日弥久，以为昔古之事，所言近是，信之入骨，不可自解。”所以，“澄定”“众书”，并不存在给圣人抹黑的意思，而是破除迷信、正本清源，让准确的知识流传于世间：“故作《实论》。其文盛，其辩争，浮华虚伪之语，莫不澄定；没华虚之文，存敦庞之朴，拨流失之风，反宓戏之俗。”

《自纪》着重逐条回应俗论对《论衡》的指摘。有人说，讥俗的篇章内容过于浅白，不像正规学者的文章风范。王充说明，讥俗的文章之所以读起来浅白，这主要是由阅读对象的定位及内容所要发挥的作用决定的。讥俗的目的在于剖析世俗中的种种“虚妄”，让众人“以觉失俗”，进而矫正自己错误的观念与行为，步入理性的正确轨道。欲实现这个目标，须先让众人能够阅读，方谈得上“理解”。这就要求不光说理应当通俗易懂，还需使用众人所熟悉的材料、说法加以剖析，所谓“冀俗人观书而自觉，故直露其文，集以俗言”。如果将给老百姓看的东西也写成经院式的鸿篇高论，则无疑“对牛弹琴”，即便意愿良好，也发挥不了多少作用：“以圣典而示小雅，以雅言而说丘野，不得所晓，无不逆者……故鸿丽深懿之言，关于大而不通于小。不得已而强听，入胸者少。”他举了许多实例，证明“俗晓露之言，勉以深鸿之文”这种“牛刀割鸡”的做法，结果往往是“大小失宜，善之者稀”，不可能有入脑入心、化育民风的效应。最后，他从正面为文字浅白作了理直气壮的辩护：真正的好文章，并不一定以古奥、难读的面孔出现，直白浅露照样可以负载深刻的道理、真实的学问。“何以为辩？喻深以浅。何以为智？喻难以易。贤圣铨（辁）材之所宜，故文能为深浅之差。”

批评者似乎料到了王充会做这样的辩白，早有第二发“炮弹”射向那里：“《讥俗》之书，欲悟俗人，故形露其指，为分别之文。《论衡》之书，何为复然？岂材有浅极，不能为〔深〕覆。何文之察，与彼经艺殊轨辙也？”这不是只有“形露易观”的水平吗？对于这样的责难，王充接着前述回答：治学是一个由博而约的过程，打腹稿著文章时，是从一缸水中提炼出一杯水。这种去粗取精、高度凝练的内容，在文字表达上可以朴素无华、明白易晓、直奔主题：“及出荴露，犹玉剖珠出乎！烂若天文之照，顺若地理之晓，嫌疑隐微，尽可名处。”《论衡》就是这样一部书，“名白事自定”。这正是其独特的价值之所在。

然而，世上书籍多为故作高深之文，真知灼见不多，绕来绕去显得“深迂优雅”“指意难睹”。人们读惯了这样的文字，读到不同风格的文章或带有口语化色彩的文字，便大感不适，心生排斥，进而对文章的内容全盘否定。王充认为，这种情况的出现乃读者自身的悲哀，其犹“三年盲子，卒见父母，不察察相识，安肯说喜？”文字的母体和基础本是口语，“故口言以明志，言恐灭遗，故著之文字。文字与言同趋，何为犹当隐闭指意?”归根结底，写文章以表达清楚、说明问题为准绳，“喻深以浅”的文字风格不独应有其一席之地，更宜被视为著述为文的高级境界：“夫笔著者，欲其易晓而难为，不贵难知而易造。口论务解分而可听，不务深迂而难睹。孟子相贤，以眸子明了者，察文以义可晓。”①

又有人以“文必丽以好，言必辩以巧”的文士眼光挑剔《论衡》文字的毛病，谓其“不能纯美”“于观不快”。王充觉得，提出这样的非难，症结在于不懂文字服务于立意的道理。“夫养实者不育华，调行者不饰辞……救火拯溺，义不得好；辩论是非，言不得巧。”朴实无饰、直截了当、直奔主题的行文风格，是论析是非、拨乱反正之探索过程的自然产物。那种“言奸辞简，指趋妙远”，刻意追求华丽，加入许多修饰的言辞，美则美矣，却有损于明晓准确的文章立意，甚至出现“语甘文峭，务意浅小”的流弊。所以说，华丽与明晓在旨意不同的文章中，难得两全。一方面，“实事疾妄”的文章放弃对词藻华美的追求，那也是“太羹必有澹味，至宝必有瑕秽”。另一方面，其正面价值又远远高于这种缺憾：“大简必有大好，良工必有不巧。”

一些势利文人除了批评《论衡》的文风之外，还对其指导思想和价值导向提出质疑。他们认为，王书“不与世同，故文刺于俗，不合于众”，违背了“文贵夫顺合众心”的传统。王充回答说，治学的旨意、为文的标准，在于探寻真知，辨照是非，而不是合不合众心：“论贵是而不务华，事尚然而不高合。”无数事实证明，众心俗论并不代表正确的认识。相反，在陈陈相因中所形成的一些传统观念、思维定式，还对真知灼见产生排斥：“善雅歌于郑为人悲，礼舞于赵为不好。尧舜之典，伍伯不肯观；孔墨之籍，季孟不肯读。宁危之计，黜于闾巷；拨世之言，訾于品俗……礼俗相背，何世不然。”治学若总想着投众所好，则学术毁矣。“从众顺人心者，循旧守雅，讽习而已，何辩之有”，无非扮演着以讹传讹的可悲角色。若拒绝“媚俗”，坚持“实事疾妄”，所论便自然成

① 王充的这个观点得到近代白话文运动发起者的一致认可，“若普通应用之文，尤须老老实实讲话，务期老妪能解”。钱玄同将之概括为“言文一致”原理，并推举《论衡》为中国文化史上这方面的经典范例：“东汉王充做《论衡》，其《自纪》篇中有曰：‘《论衡》者，论之平也。口则务在明言，笔则务在露文。’”详见《胡适白话诗集〈尝试集〉序》，1918年2月15日《新青年》第4卷第2号。

为世人的“逆耳之言”，为俗论所“谴”：“论说辩然否，安得不谲常心？逆俗耳，众心非而不从。”正确的治学态度当有“实事疾妄”之心，而无哗众取宠之意，拿出“丧黜其伪”“存定其真”的学问，引导俗论，启发众心，提升世人的认识水平。

舆论又进一步追问，若说不合众心是因为“存定其真”，那“不类前人”“谐于经不验，集于传不合”，公开与圣贤之言唱反调，又做何解释？王充的答复高屋建瓴，超越了传统文化思维。他没有去说圣贤之书有误，也没有声言自己的见解高于前贤，而是强调，后人做学问，不应简单地模仿、因袭前人，若一代代人都讲究“必谋虑有合，文辞相袭，是则五帝不异事，三王不殊业也”。圣贤之所以成为圣贤，正得益于他们能站在前人基础上有所创新，有所发展。那种鹦鹉学舌、寻章摘句式的演经之学，实在是“饰貌以强类者失形”，有违文化传统的真谛。更为重要的是，治学不必追求思想统一，不必要求“文与前似”、舆论一律。每个学者可以根据自己的心得，讲自己的真心话，如此方能激发学术内在的生命力，带来繁荣兴旺的气象。这个道理，符合自然世界千姿百态又相辅相成的内在规律：“百夫之子，不同父母。殊类而生，不必相似；各以所禀，自为佳好。”“美色不同面，皆佳于目；悲音不共声，皆快于耳。酒醴异气，饮之皆醉；百谷殊味，食之皆饱。”人们既然喜欢花园里的花朵万紫千红，又为什么要求“文当与前合”，全部一个腔调呢？

还有一种指陈，干脆只嫌《论衡》部头太大，内容过多过长，“书出万言，繁不省，则读者不能尽；篇非一，则传者不能领”，与“文贵约而指通，言尚省而趋明；辩士之言要而达，文人之辞寡而章”的精神不合。王充觉得此种非议有一定道理，于是做了认真的解释。他先说：“有是言也。”在通常情况下，是应该避免“言繁”的，但对此不能作机械的理解，要根据著作的实际需求、是否有足够的“实货”、所讲的内容有没有价值等因素来决定繁与不繁。若“为世用者，百篇无害；不为用者，一章无补。如皆为用，则多者为上，少者为下”。《论衡》之所以文重，乃因其涉及的范围广，要说的道理多：“今失实之事多，华虚之语众，指实定宜，辩争之言，安得约径。”“书虽文重，所论百种。”前贤们的文献中尚没有这样一部百科全书式的著作，两者没有可比性。故不能拿通常的“文重”观念来测评《论衡》：“世无一卷，吾有百篇；人无一字，吾有万言，孰者为贤；今不曰所言非而云泰多，不曰世不好善而云不能领，斯盖吾书所以不得省也。”

对于学风、内容的非难，王充据理答辩，态度认真，表现了严肃学者应有的风范。而对于人身攻击的言辞，王充回应的态度有所区别。有人妄议出身说：“宗祖无淑懿之基，文墨无篇籍之遗。虽著鸿丽之论，无所禀阶，终不为高。夫气无渐而卒至曰变，物无类而妄生曰异，不常有而忽见曰妖，诡于众而突出曰怪。吾子何祖，其先不载？况未尝履墨涂，出儒门，吐论数千万言，宜为妖变，安得宝斯文而多贤？”认为非出自“儒门”世家者，能写出文章便极不寻常，要么属于“妖变”，要么文不可取。对这种蛮不讲理的攻击，王充一如既往地述之以实、辩之以理，然笔端中也流露出了火药味。他说历史上的圣人贤良，有血缘世代相传的百无其一，“五帝不一世而起，伊望不同家而出，千里殊迹，百载异发”。正因为世袭现象十分罕见，才衬出圣贤的难得：“鸟无世凤凰，兽无种麒麟，人无祖圣贤，物无常嘉珍。才高见屈，遭时而然。士贵故孤兴，物贵故独产。”与世俗所论相反，祖浊裔清、前愚而后慧的情况俯拾皆是：“鲧恶禹圣，叟顽舜神。伯牛寝疾，仲弓洁全；颜路庸固，回杰超伦；孔墨祖愚，丘翟圣贤；扬家不通，卓有子云；桓氏稽可（当作“古”），遹（裔）出君山。更禀于元，故能著文。”由此，他对门阀血缘论发出了控诉：出身“细族孤门”为何可悲？后代为什么不可以“得宝斯文而多贤”呢？

王充从不同侧面答复了多方责难。他觉得，答复的过程，是内心世界的公开展露，也是对自己思想追求的简明扼要的说明，更是平生压抑之情的集中释放。写完《自纪》初稿，王充感受到化却心中块垒、卸却背上重负的轻松感，以后无论人们怎样看待、评价《论衡》，自己的初衷和内心想法已经毫不保留地公之于世了。

完成《自纪》后，王充将之暂时搁放了起来，待赴扬州出仕归来后，又做了进一步的修改，重点增加了最后一段，介绍自己晚年的经历、作为与处境，表达了一个学者于生命接近终点时的最后感怀。从此，一篇完整的《自纪》刊行于《论衡》卷尾，成为后人了解王充的最主要的资料。

# 第十五章　悲欣交集的晚年

六十岁之前的王充，曾经三度入仕，时间均不长，“以数谏争不合去”。到晚年更是不去多想，完成《自纪》后，余生的心愿是撰写一部集中探讨养生之学的著作。

几部著作面世后，尽管文风和内容颇有争议，他的才华还是为读者所惊叹，文名随之播于江南之域。元和三年（86）间，时任扬州刺史董勤慕名聘他出任从事。王充对自己六旬之身还有这样一次机会感慨万千。自己终生对从政抱有期望，充满热情，虽然“仕数不遇”，但那些经历还是让他终生难忘。此前的仕途，经历了县府、都尉府、郡太守府，这次又扩大到州府，真可谓命运的奇妙安排。如今，《论衡》已然完成，王充经过一段时间的调整，体力、精力得到恢复，前去赴任也不存在什么后顾之忧了。不过，他对前景还是颇有自知之明，以“耳顺”之龄列属吏之职，也就是增添一番阅历而已。

《后汉书》及《论衡·自纪》记载了王充的扬州之行：“刺史董勤辟为从事，转治中。”“充以元和三年（86）徙家，辟诣扬州，部丹阳、九江、庐江，后入为治中，材小任大，职任刺割，笔札之思，历年寝废。”州刺史在汉代是一级特殊的设置，“外十二州，每州刺史一人，六百石。本注曰：秦有监御史，监诸郡，汉兴省之，但遣丞相史分刺诸州，无常官。孝武帝初置刺史十三人，秩六百石。成帝更为牧，秩二千石。建武十八年（42），复为刺史，十二人各主一州，其一州属司隶校尉。诸州常以八月巡行所部郡国，录囚徒，考殿最。初岁尽诣京都奏事，中兴但因计吏。”[1]《历代职官表》刺史条云：“汉初之制……尚恐郡守、县令有违法溺职之事，故遣刺史分行巡察。凡十三部，各有部刺史一人，其官秩仅六百石，远在郡守之下。但刺史虽有纠察郡守之权，而不能干预郡守、县令之事。所规定纠察之六条如下：‘一条，强宗豪右田宅逾制，以强凌弱、以众暴寡；二条，二千石（郡守或国相）不奉诏书遵承典制，倍公向私，旁诏守吏，侵渔百姓，聚敛为奸；三条，二千石不恤疑狱，风厉杀人，怒则任刑，喜则淫赏，烦扰刻暴，剥截黎元，为百姓所疾，山崩石裂，妖祥讹言；四条，二千石选署不平，苟阿所爱，蔽贤宠顽；五条，二千石子弟恃怙荣势，请托所监；六条，二千石违公下比，阿附豪强，通行货赂，割损正令。’”[2]从中可知刺史是代表中央政府监察、约束地方官及豪强为非作歹的官员。因体制职责明确，上有督促，在有汉一代对地方风纪的败坏起到遏制作用。至于刺史坐大，其职权逸出监察范围，成为主宰一方行政和军事的封疆大吏，那是东汉末期的事情了。

王充赴扬州的东汉初期，刺史以掌管监察为主，刺史府的机构尚简：“皆有从事史、假佐。本注曰：员职略与司隶同，无都官从事，其功曹从事为治中从事。”[3]与县、郡府中的属吏曰掾功曹不同，刺史府的属吏称从事，主要分为功曹从事和治中从事两种。王充始任巡察所属郡县治情的功曹从事，未久，转入扬州府掌治中从事。

扬州为古九州之一，为覆盖国之东南的大州，东汉时部九江、丹阳、庐江、会稽、吴郡、豫章六郡，大体相当于今天江苏、安徽、浙江、福建、江西诸省的范围。春秋战国时，此间属于楚及吴越的地盘，形成了有别于中原的文化背景。这一带自然环境湿润多雨，物产极为丰富，在汉代经济发展很快，大有赶超中原之势；在统一国家的驱动下，与中原文化加快交流与交融，焕发出新的生机。东南沿海在经济文化方面逐步超越北方，汉代正是这一过程的起步阶段。

王充长期生活在越文化的氛围里，其间去过中州，对吴楚文化还缺乏实地

---

① 〔南朝宋〕范晔：《后汉书·百官五》。

② 〔清〕黄本骥：《历代职官表》，上海古籍出版社1980年版，第79页。

③ 〔南朝宋〕范晔：《后汉书·百官五》。

体验与考察。楚文化和吴文化虽与越文化比较接近，但也有自己的特色。最让王充高兴的是，任职扬州为自己了解吴楚文化及该地的自然风貌，提供了绝佳的机会。

初到扬州，王充的职责是负责丹阳、九江、庐江诸郡的监察工作。王充在长江东部及淮河两岸来回奔波，看到民生尚好，吏治状况承永平朝苛察之余烈，虽谈不上清肃，却也未到“弛坏”的程度。对于那些违抗朝廷诏令、恃强鱼肉百姓的行为，所谓“误设计数，烦扰农商，损下益上”者，王充秉公执法，严纠不怠。但对一些普遍性的风气问题也力所不能及。官场上的花天酒地是愈演愈烈了，朝廷无非空洞地号召节俭而已，对下面官员因安富尊荣而贻怠政务的情况，更只有睁眼闭眼了，并未归入监察、弹纠范围。王充作为一个品秩低下的监察小吏，纵有看法也无力回天，唯有拿“亦悲夫人之细非”[①]来自我释怀。部丹阳、九江、庐江的工作干了不久，王充尚未有什么显著结果，便被调入刺史府当治中从事了。

治中从事处于领导机关的位置，不再直接察纠官吏、豪强的违纪之事，主要担负各郡监察情况的汇总工作。《通典》云：“治中从事一人，居中治事，主众曹文书，汉制也。”王充对这种“职任刺割”的工作颇为看重，自己一生处于社会底层，对百姓所遭的强暴之苦有切肤之痛，治学中一直视吏治清明、百姓安乐为理想追求，手头的工作亦算是对理想的实践与检验。虽然文牍之劳清苦，但查理卷宗能更全面地了解吏治始末，印证自己一生的学术推论是否合理恰当。有此收益，暂时搁置一下“笔札之思”，也是值得的。这样，王充便全力以赴地做起了“刺割”文案的事情。一段时间过后，虽然上报的成绩有不少，但总的感觉还是事非人愿，他经历了太多的无能为力，看到了太多的无可奈何。这使他认识到，现行的监察办法效果实在有限，只对官吏们明火执仗的强暴行为有所制约，但对背里、暗地的种种巧取豪夺往往力不能逮。监察制度可以治表却无法去根，对此“人君之政”的流弊，没有进行制度上的大手术，贪官污吏是永远抓不尽的。

---

① 〔东汉〕王充：《论衡·自纪》。

公务之余赋得闲暇，他便去扬州辖内各处考察。扬州治所位于历阳（今安徽省和县历阳镇），北边不远处坐落着楚国后期的首都寿春。项梁、项羽起兵反秦的根据地亦在近旁。往南边走一点，便是楚霸王悲叹“此天之亡我，非战之罪也”的乌江了。扬州辖内，有长江、淮河、太湖、涂山、茅山等自然、人文胜地，都是“尽知万物之性”知识库中的宝贵财富。这些发思古之幽情、得求实之真知的行程，在娱乐的同时，亦为补充、完善《论衡》诸篇搜集到不少有价值的资料。

扬州任职的经历，在王充一生的四次入仕中，算是时间较长的一次，从元和三年（86）到章和二年（88），有两年多光阴。但是，王充作为六十多岁的人，虽然很珍惜这段时光，却将“发白齿落”，开始精力不济了。有生之年，所为有限，如果再“寝废”数年，为《论衡》进一步润色和写就《养性》之书的余生之愿就难以了却了。于是，他做出“自免还家”[①]的决定。《论衡·自纪》中云“章和二年（88），罢州家居”，他准备就此“悬舆”了。谁知，“寝废”的旧作还没有翻热，突然喜从天降，官府送来一份汉章帝下发的“特诏公车征”。

原来，王充的同乡知己、时任钜鹿太守的谢夷吾向汉章帝荐举了王充，章帝认可，遂下达从地方选拔特殊人才直接入朝供职的“特诏公车征”。察举制度为有汉一代基本的仕进制度，盖由三公九卿、郡守国相等依据“乡议”向朝廷荐举仕人中的佼佼者。举士之政肇始于汉高祖的“求贤”诏，于汉武帝时形成固定机制。西汉时期，举士看重“直言极谏”，公孙弘、董仲舒等便在如此的“策问”中脱颖而出。随着皇权专制的不断强化，至东汉时，举士更多的是强调“孝廉道德”了。这种转变最终招致了东汉末年虚伪之风的蔓延。不过在王充生活的东汉初年，察举制尚在正常发挥从基层选拔所需人才的功能，谢夷吾正是通过这一渠道给王充创造了一次直达“天庭”的机会。“友人同郡谢夷吾上书荐充才学，肃宗特诏公车征。”[②]

《后汉书·方术列传·谢夷吾》载：“谢夷吾字尧卿，会稽山阴人也。少为

① 〔南朝宋〕范晔：《后汉书·王充王符仲长统列传·王充》。

② 〔南朝宋〕范晔：《后汉书·王充王符仲长统列传·王充》。

郡吏，学风角占候。”会稽山阴与王充的老家上虞相距未足百里。王充太学毕业，任职陈留后归乡“屏居教授”，其所展露的学问功底在会稽无人能出其右，即便如阴阳五行、十二生肖等道术之学，尽管王充不迷信，其造诣还在高级术士之上。谢夷吾术士出身，以识人见长，他在与王充的交往中，为之海纳百川又具独见的学问所折服，视之若与先贤诸子齐肩并立的大家。王充亦为自己在故乡能遇到一位可以切磋学问的朋友而高兴。毕竟王充一生中罕见和自己器识相若的士人。

谢夷吾乃治学与治事两通之才，第五伦任会稽太守时，礼聘谢夷吾出任督邮，经办几件事后，“益礼信之”，未几谢夷吾转署主簿，后又“举孝廉，为寿张令，稍迁荆州刺史，迁钜鹿太守。所在爱育人物，有善绩”[①]，一路升了上去。在荆州刺史任上，谢夷吾经历了一生仕途中最为风光的一件事。章帝在位期间，有两次南巡，第一次在元和元年（84）。谢夷吾以荆州刺史的身份迎接章帝的视察。《后汉书》载：“夷吾雅性明远，能决断罪疑。行部始到南阳县，遇孝章皇帝巡狩，驾幸鲁阳，有诏敕荆州刺史入传录见囚徒，诫长吏：‘勿废旧仪，朕将览焉。’上临西厢南面，夷吾处东厢，分帷隔中央。夷吾所决正一县三百余事，事与上合。而朝廷叹息曰：‘诸州刺史尽如此者，朕不忧天下。’常以励群臣。”[②]谢夷吾善断刑狱和公允、高效的理政能力，深得章帝赏识，当场被树为百官群吏效法的典范。如此褒扬一位地方官，在章帝一生中是很少见到的，表明了他对谢夷吾的偏爱有加。这种偏爱很快便对谢夷吾的仕途产生了影响。

洛阳东北边的钜鹿郡，地理位置重要，又是秦末兵乱的敏感地带，历来以难治出名。当任太守才具平庸，搞得境内秩序混乱，弊病百出。告急的奏报频频上达，成为全国的老大难问题。章帝考虑更换太守，自然想到了荆州那个“拨烦”能手谢夷吾。谢夷吾赴钜鹿前，先从荆州北上洛阳，接受章帝召见。章帝破例赏赐车马剑革带，以示恩宠，并当面勉励：“巨（钜）鹿剧郡难治，以君有拨烦之才，故特授任，当如刺史，勿毁前政。”[③]这一番不寻常的嘱托，说明

① 〔南朝宋〕范晔：《后汉书 · 方术列传 · 谢夷吾》。

② 〔南朝宋〕范晔：《后汉书 · 方术列传 · 谢夷吾》注引《谢承书》。

③ 〔清〕汪文台辑：《七家后汉书》，河北人民出版社1987年版，第105页。

谢夷吾与天子的亲近，已到可说说贴心话的地步了。

谢夷吾没有辜负章帝的厚望，到钜鹿后，施展治世之长才，很快就让郡内的秩序安定下来，虽然没有值得大书特书的政绩，但从此钜鹿不再让章帝烦心。章帝对此十分满意，感受到知人善任的君主之乐。就在这个时候，朝中重臣第五伦提出年老辞官，章帝觉得朝中尚不能顿失倚重，没有应允。第五伦去意已决，“连以老病上疏乞身”，最后，请出本朝文章第一高手班固代笔书写了一篇打动帝心的请辞书，同时也是推荐文，“及伦作司徒，令班固为文荐夷吾”[①]。在详述了自己年高病多、精力不济、难当重责的实情后，第五伦提出了一位让章帝放心的人选：“窃见钜鹿太守会稽谢夷吾，出自东州，厥土涂泥，而英姿挺特，奇伟秀出……臣以顽驽，器非其畴，尸禄负乘，夕惕若厉。愿乞骸骨，更授夷吾，上以光七曜之明，下以厌率土之望，庶令微臣塞咎免悔。”[②]这才在“元和三年（86），赐策罢”[③]。谢夷吾自此以司空候选人的资望进入了章帝的视野，他在汉廷的地位更重要，也更有发言权了。

谢夷吾是一位以“识势知运”出名的人，在此官场顺遂之际，马上想到自己的同乡好友王充。他始终认为，王充才华不仅远在自己之上，而且可追比圣贤。但因志向不同，性格孤傲，一生仕途不顺，命舛时背，湮没乡里，晚年更陷于贫困。王充的书稿，流传不广，也是与他自己长年偏居一隅有关。继续保持这种状态，于王充是天大的不公，对朝廷亦是浪费，应该想办法请他出山来朝中一展才华，也好在京都显学扬名。至于怎样向皇帝推荐，谢夷吾是费了番苦心的。依照汉制，他尚不具备“荐士”的这两种资格——一曰朝廷命官，即位居三公九卿的朝中大员；二曰本地方长官。自己任职于钜鹿，是不可以越境推荐会稽郡之人才的。然而，谢夷吾更深通当朝体制运作的奥秘之处。任何制度不外乎人治中的规矩，只要为天子所另眼相待，具备了“通天”的能力，什么制度约束都不在话下了。谢夷吾觉得自己与章帝的关系已经达到了可以直接建言、畅述己见的程度，上书荐举具备真才实学的奇士，章帝不仅

① 〔南朝宋〕范晔：《后汉书·方术列传·谢夷吾》。

② 〔南朝宋〕范晔：《后汉书·方术列传·谢夷吾》。

③ 〔南朝宋〕范晔：《后汉书·第五钟离宋寒列传·第五伦》。

不会见外，还会欣然允诺。于是，他提笔动情地写道："充之天才，非学所加，虽前世孟轲、孙卿，近汉扬雄、刘向、司马迁，不能过也。"对一介未被学界广泛认可的乡间儒士作出这样评价，实属大胆之举。皇帝若有异议，便是欺君之罪。谢夷吾反复思量，深信王充当之无愧，不存在拔高之嫌。章帝览奏，得知本朝出了如此人物，值得高兴，更需要爱惜、重用他，当即发出了"特诏公车征"。

这应当是王充毕生仕途中最大的一次荣耀。靠近天子做官，建言献策以实行自己的治国理想，曾经是久存于心的一个人生目标，这个目标从来没有像今天这样唾手可得。然而，这个望外之喜来得太迟了，此刻的王充已"垂垂老矣"。他对待入仕，从来不为当官而当官，"不贪富贵""不慕高官"，苟在位，即按规矩尽职尽责，为民办事，向上负责，以作为自己宝贵的阅历。那种尸位素餐、为私利去图俸禄的事情，他是绝对不干的。自扬州辞归，他已经深思熟虑，拿定主意，此生春秋已高，难胜政务之烦，不再入仕为官，所余精力欲尽付自己所钟爱的读书与写作之中。面对天子赐予的入朝良机，王充虽不能说是无动于衷，但已不会"喜极而泣"了。此外，在王充内心深处不便说出的还有一层考虑。自己的著作虽然也着眼于社会的长治久安，但毕竟与官方确定的统治思想多有不合处。章帝及统治高层正热衷于"尊经崇儒"，刚刚完成了得意之作《白虎通》。章帝发出"征召"时，并没有读到《论衡》，只能听信了谢夷吾的推荐之辞。如此者，一旦应召，势必携书入洛。而章帝阅书未必欣赏，甚至有可能引起龙颜不悦，自己官当不成事小，还会牵累于推荐人谢夷吾。这样一想，他以老病为由，辞谢了章帝的"征召"和谢夷吾的一番美意，如《后汉书》所记，"病不行"。

章帝下发"特诏公车征"后未久，便患病猝亡，谢夷吾的命运也随之发生变化，征召之事也就不了了之了。谢夷吾荐举王充一事虽未获成功，但这个举动还是对王充的命运产生一定的积极作用。谢夷吾认定王充为古今学问大家的评价，为谢承载入所著《后汉书》里，又被范晔引用。这说明此言不仅在当时产生相当影响，对王充于后世的名声亦有彰显之功。不过，当事人王充并没有感知这一切，他只是在辞谢"特诏"之后，愈加抓紧了时间，埋头润色《论衡》，着笔撰著《养性》，于割舍不断的思想关怀和社会关怀中获得精神满足。

这期间，朝局又发生了某些引人关注的新动向，王充暗幸自己没有再一次踏入仕途，上达朝中。章帝以三十三岁之龄英年早逝，年仅十岁的太子刘肇继位，是为汉和帝。东汉王朝从此进入了一轮轮皇上短命、一次次“少主”接班、太后临朝的宿命之中。

和帝登基时，上承武、明、章三朝盛世，国家还处在上升、发展的势头上，社会秩序稳定，国力雄厚，周边基本平安。在窦太后的主持下，永元年初期，延续章帝宽严相济的既定方针，各项政策还都得宜，尊经典、劝农桑、减课税、赈灾荒。永元四年（92）上诏曰：“今年郡国秋稼为旱、蝗所伤，其什四以上勿收田租，刍稿；有不满者，以实除之。”[①]在经济方面，和帝初期发生了一件影响深远的历史事件。汉武帝刘彻以极大决心实施的禁盐铁令，此时遭到废除。诏曰：“昔孝武皇帝致诛胡、越，故权收盐铁之利，以奉师旅之费。自中兴以来，匈奴未宾，永平末年，复修征伐。先帝即位，务休力役，然犹深思远虑，安不忘危，探观旧典，复收盐铁，欲以防备不虞，宁安边境。而吏多不良，动失其便，以违上意。先帝恨之，故遗戒郡国罢盐铁之禁，纵民煮铸，入税县官如故事。其申敕刺史、二千石，奉顺圣旨，勉弘德化，布告天下，使明知朕意。”[②]煮盐和冶铁为农业社会中的两大工商产业，政府与私人长期争利。官府把持有“吏多不良”之弊，私人进入亦显见利忘义之祸。禁与不禁，各有利害，一直存在争议。此时开禁，恐怕也是官府长期把持、弊害丛生、朝廷已然失控的无可奈何之举。总之，汉永元年间依凭着前朝积累的老本，维持着守成的局面。

然而，在经济发展的过程中，皇权体制运转中固有的弊端亦在积累，并于太后临朝中爆发出来，演变为一场典型的周期性政治危机。窦太后以特殊身份独秉朝纲，不可能亲理庶务，势必倚重娘家人掌握局面，封自己的哥哥窦宪为

① 〔南朝宋〕范晔：《后汉书·孝和孝殇帝纪》。

② 〔南朝宋〕范晔：《后汉书·孝和孝殇帝纪》。

大将军，其他几个兄弟各领要职，沾了边的亲戚也都鸡犬升天。窦宪武人出身，性格跋扈，不把满朝文武放在眼中。窦家势力膨胀到“顺我者昌，逆我者亡”的地步。两任尚书仆射郅寿和乐恢都因不满窦家的胡作非为而被迫害致死。西汉后期为害甚烈的外戚干政现象复现于东汉。朝野内外忧心忡忡又无可奈何，所有希望都寄托于小皇帝快点长大，将假人的“名器”夺回来。作为思想家的王充，反思着此种现象反复出现的内在原因，从而丰富和深化“闵人君之政”的内涵。

这回倒是没有让群臣久等。刘肇属于刚强、聪慧、政治头脑早熟的人君。他当了四年仅供摆设的“儿皇帝”之后，于十四岁时便雄心勃发，不甘大权旁落。更为难得的是，这位少年天子深知夺权是件危险万分的事情，弄不好搭进性命。他与中常侍（宦官职位）郑众精心谋划，长期准备，联络了与窦太后有隙的废太子、清河王刘庆及朝中反窦的中坚力量，于永元四年（92），借口请窦宪入朝辅政诱其进京，以迅雷不及掩耳之势予以隔离，除军权，进而将窦党一网打尽。

外戚势力是剪除了，然伴随而来的是另一股势力——宦官的崛起，郑众摇身一变成为不可一世的人物，当上了历史上第一位封侯的太监。太监由此合法化地走上政治前台。自和帝之后，东汉的政治舞台一直上演着外戚与宦官两股势力你争我斗、此起彼伏的闹剧，搞得宫廷内外血雨腥风，正气、道统荡然无存，最终使东汉耗尽国力、丧尽民心而走向坟墓。王充晚年看到的，只是这一过程刚刚拉开的序幕。不过他从吕后、霍光及王莽所作所为的结果中，见微知著，预测了东汉王朝之命运。

灭除窦宪势力的过程中，令王充痛心不已的是班固的亡故。窦宪当大将军的时候，将兰台令史班固转任中护军。所为之事无非代笔捉刀。窦宪“与北匈奴战于稽落山，大破之……遂登燕然山，刻石勒功而还”[①]，“刻石勒功，纪汉威德，令班固作铭”[②]。班固的《封燕然山铭》流传千古。窦家败，株连甚宽，

---

① 〔南朝宋〕范晔：《后汉书·和帝纪》。

② 〔南朝宋〕范晔：《后汉书·窦融列传·窦宪》。

班固也被牵扯入案，受到革职处分。班固落难后，给了仇家报复的机会，洛阳令种兢将其下狱严刑拷打，使六十多岁的班固不堪折磨而自杀。此前，班固奉汉明帝之命编写《汉书》，永平五年（62）“迁为郎……帝乃复使终成前所著书”，经过20多年努力，主体基本完成，仅有“八表及《天文志》”待著。班固以撰修《汉书》为己任，毕生积累，心智耗尽。当他带着壮志未酬的遗憾自尽时，内心所承受的该是何等痛苦！

王充与班固青年时同窗求学，相知相敬，曾当班彪之面，手拊师弟背预言：“此儿必记汉事。”走出太学后，两人一朝一野，一北一南，天地悬隔，难得谋面，但王充始终关注着师弟的作为与成就。永平五年（62），班固被召诣校书郎，王充得到消息后，曾在《论衡·超奇》中记到“孟坚为尚书郎”。他还在《论衡》中多处赞誉这位本朝第一才子的文笔与史德：“今尚书郎班固，兰台令杨终、傅毅之徒……赋象屈原贾生，奏象唐林谷永，并比以观好，其美一也。”[①]“班固、贾逵、杨终、傅毅之徒，名香文美，委积不继，大用于世。”[②]“孝明之时，众瑞并至，百官臣子，不为少矣。唯班固之徒，称颂国德，可谓誉得其实矣，颂文谲以奇，彰汉德于百代。”[③]于理智和情感上，王充一直为班固遥致祝福，希望他能如愿“彰汉德于百代”。王充与班固有许多共同点与不同处，但最根本的，都是把学问看得重于一切，甚至超过自己的生命。“司马子长纪黄帝以至孝武，扬子云录宣帝以至哀平，陈平仲记光武，班孟坚颂孝明，汉家功德，颇可观见。”班固的《汉书》，是司马迁史学伟业的继往开来。但班固连司马迁的忍辱负重都无法做到，无奈地撒手而去，这必是受到了不可忍受的折磨与侮辱，使他不得不为捍卫人最基本的尊严而以死抗争。做出这样的抉择，该是多么矛盾，又是何等的悲怆呵！

聊以慰藉的是，汉和帝旋即宣班固之妹班昭进宫，命其完成其兄未竟之业。“见固著《汉书》，其八表及《天文志》未竟而遇祸，和帝诏昭就东观藏书阁，

①〔东汉〕王充：《论衡·案书》。
②〔东汉〕王充：《论衡·别通》。
③〔东汉〕王充：《论衡·须颂》。

踵而成之。”[①]王充晓得班昭的才能，她乃续写《汉书》的最佳人选。然《汉书》未在班固手中成为完璧，毕竟留下无法弥补的历史遗憾。王充就学者命运哀叹不平时，亦对皇权政治增添反感。自己一生仕途黯然，布衣终年，没有卷入说不清、道不明的政治纷争，祸兮、福兮？只有命能说明一切了。

王充将晚年对政治、人生的感悟以及关于自然万物的新资料补入《论衡》定稿后，将全部精力转移到《养性》的著述中。王充一生治学，阅读了大量道家及道学、医学等方面的书籍，对于方术、养生的学问造诣非比寻常。他以自己的眼光去粗取精，将不少有用的内容加以创造、发挥，融入《论衡》之中，如在《物势》篇中第一个整理了自古相传的十二生肖的民间传说：

> 且五行之气相贼害，含血之虫相胜服，其验何在？曰：寅，木也，其禽虎也；戌，土也，其禽犬也。丑、未，亦土也，丑禽牛，未禽羊也。木胜土，故犬与牛羊为虎所服也。亥水也，其禽豕也；巳，火也，其禽蛇也；子亦水也，其禽鼠也。午亦火也，其禽马也。水胜火，故豕食蛇；火为水所害，故马食鼠屎而腹胀。曰：审如论者之言，含血之虫，亦有不相胜之效。午，马也，子，鼠也，酉，鸡也，卯，兔也。水胜火，鼠何不逐马？金胜木，鸡何不啄兔？亥，豕也，未，羊也。丑，牛也。土胜水，牛羊何不杀豕？巳，蛇也。申，猴也。火胜金，蛇何不食猕猴？猕猴者，畏鼠也。啮猕猴者，犬也。鼠，水。猕猴，金也。水不胜金，猕猴何故畏鼠也？戌，土也，申，猴也。土不胜金，猴何故畏犬？

虽然其文仍带着质疑的成分，但为后人留下了传统文化中极重要的记载。[②]

王充更关注养生之学，尤其是道家庄子学说所讲的性命之学。他对成书于秦汉之际的《黄帝内经》亦极看重，对其中顺自然之理而养生的思想深感契合：“夫四时阴阳者，万物之根本也，所以圣人春夏养阳，秋冬养阴，以从其根，故

---

① 〔南朝宋〕范晔：《后汉书 · 列女传 · 曹世叔妻》。

② 此间缺“龙”，《论衡 · 言毒》有：“辰为龙，巳为蛇，辰、巳之位在东南。”与今所用完全相同。

与万物沉浮于生长之门。逆其根，则伐其本，坏其真矣。故阴阳四时者，万物之终始也，死生之本也。逆之则灾害生，从之则苛疾不起，是谓得道。道者，圣人行之，愚者佩之。从阴阳则生，逆之则死。”[①]“数犯此者，则邪气伤人，此寿命之本也。苍天之气清净，则志意治，顺之则阳气固，虽有贼邪弗能害也。”[②]并在此基础上逐渐形成了一些独到看法和体验。因自己“年渐七十，志力衰耗”，便一边实践自己的养生之道，“裁节嗜欲，颐神自守”，一边将体会提炼为理论，写成著作，“乃造《养性书》十六篇”[③]。

《养性》是王充所写的最后一本著作。刘勰《文心雕龙·养气》记云：“昔王充著作，制《养气》之篇，验己而作，岂虚造哉！”可知，《养性》成书后曾一度流传，为世人所阅。可惜后又佚失，今人无缘再睹其貌。但王充的养生思想可从《论衡》的《道虚》《气寿》《骨相》《谴告》和《自纪》等篇章中窥知一二。养生之道，由道家倡导，但又分殊为不同流派，大抵有节欲、导气、服药几种套路，认为以身试法可延寿长生。王充的养生观对之有取有舍，在自己天道自然、物自然也的总体世界观观照下，提出了一种以“顺性”为主旨的养性说：“顺此性者，为得天正道；逆此性者，为违所禀受。”[④]

《论衡·自纪》的最后一段概述了《养性》的指导思想和基本内容，大体可分为三个方面。其一，“养气自守，适食则酒”。人需要通过养气来健体强身，养气的主要方式即通过静心调适呼吸进入忘我境界，谓之“颐神自守”。进餐满足胃口所需，以调理为主，“酸则沃之以水，淡则加之以咸”[⑤]，“裁节嗜欲”，不放纵自己。既不口馋贪吃，也无须刻意地“无欲”“饥而不饱”。那种“辟谷不食”的“道术之人”，有违“顺性”之理。自然让人拥有消化系统就是为之提供生命能量，“衣以温肤，食以充腹。肤温腹饱，精神明盛。如饥而不饱，寒而不温，则有冻饿之害矣。冻饿之人，安能久寿？”[⑥]其二，“闭明塞聪，爱精自

① 《黄帝内经·四气调神大论》，四部丛刊，上海商务印书馆缩印本。
② 《黄帝内经·生气通天论》，四部丛刊，上海商务印书馆缩印本。
③ 〔南朝宋〕范晔：《后汉书·王充王符仲长统列传·王充》。
④ 〔东汉〕王充：《论衡·道虚》。
⑤ 〔东汉〕王充：《论衡·谴告》。
⑥ 〔东汉〕王充：《论衡·道虚》。

保”。不争身外之物，尽量少去操心与自己没有直接干系的事情，使心境平和，去除烦心之扰。同时养气节劳，“疏而气渥”，“数而气薄”，“气渥则其体强，体强则其命长”[①]。养气是一种宁静的“颐神自守”，而不是有些道术所谓的“导气养性”。强求的“导气”，不仅不能安神，还造成副作用，“血脉之动，亦扰不安。不安则犹人勤苦无聊也，安能得久生？”[②]其三，“适辅服药引导，庶冀性命可延”[③]。服药是经道家多年实践所证明的延年益寿之道，正确的服食能够滋补身体，延缓身体的衰老。王充认为，服药固然有益于身体，但并不是一种外来的补充，其作用只在调动和恢复人体内在的生命力，“服食良药，身气复故，非本气少身重，得药而乃气长身更轻也”，“吞药养性，能令人无病”，但决不能“寿之为仙”[④]。

王充特别指出，修身养性对身体有保健功能。但若由此而期望长生不老、返老还童，便是误入歧途了。他在《论衡·道虚》中批驳了书传中黄帝、淮南王等修道成仙而升天的“虚妄之言”，得出了“诸学仙术，为不死之方，其必不成”的结论。后在《论衡·自纪》中强调：“斯须不老，既晚无还，垂书示后。惟人性命，长短有期。人亦虫物，生死一时。年历但记，孰使留之？犹入黄泉，消为土灰。上自黄唐，下臻秦汉而来，折衷以圣道，析理于通材，如衡之平，如鉴之开，幼老生死，古今罔不详该，命以不延，吁叹悲哉！”人是自然之物，与其他生物一样，都逃脱不了由生而死的过程，“有血脉之类，无有不生，生无不死；以其生，故知其死也”[⑤]。再渴望万寿无疆，也终归要“消为土灰”，古往今来之人，都不要再有此种梦想。其实，养生之道的奥妙或曰最高境界，非常朴素，并不神秘，无非“适时”“养性”，加之“禀食饮之性……得天正道”，随自然禀赋之养。看清了，想通了，也就步入大彻大悟之境，得到完全的解脱。王充的体验与见解，继承了道家养生之学的精华，充当了道家与魏晋玄学养生

① 〔东汉〕王充：《论衡·气寿》。
② 〔东汉〕王充：《论衡·道虚》。
③ 〔东汉〕王充：《论衡·自纪》。
④ 〔东汉〕王充：《论衡·道虚》。
⑤ 〔东汉〕王充：《论衡·道虚》。

派之间的桥梁。《养性》一书的写作，亦是王充身体力行的总结，使王充的生命得以在“愚犹沛沛”、坐而论道中延续下去。但是，再怎么安贫乐道也挡不住生老病死无情的摧残，王充在《论衡·自纪》的最后，还是留下了“发白齿落，日月逾迈，俦伦弥索，鲜所恃赖，贫无供养，志不娱快”的老景写照。一个终生治学、成绩卓著的读书人，至老困顿乡里，与那些混迹于官场、尸位素餐者的生存状态形成鲜明反差。王充写下这样的文字，既反映了心中的悲愤，也是对体制优“小人”薄“君子”的批评与控诉。

汉和帝永元八年（96）前后，王充走完了他70余年的生命历程，“永元中，病卒于家”[①]，在贫病之中溘然离世。

① 〔南朝宋〕范晔：《后汉书·王充王符仲长统列传·王充》。

# 第十六章　奇书绝境逢生

王充于东汉永元中期驾鹤归仙。临终前，他最感欣慰的是完成了《论衡》等几部著作，而最放心不下的也是这些心血的结晶，倒不是怕学说引起争论，遭受诋毁，他相信自己的思想、文章足振千古，没有把握或者说无可奈何的，是著作会不会佚失消亡。这对古代所有的著作者来说，都是非常现实的担忧。

东汉初年，书籍的载体仍为竹简，书籍的面世数量受到极大制约，除了公认的经典文献外，普通学人写成的著作，至多能抄出几部，少者仅存孤本。在这种数量稀少的情况下，还会遇到保存者无力或无心维持、水火侵害，以及周期性战乱、暴君焚书、统治者禁绝等不可抗力的天灾人祸，图书著作的流失与散佚几乎是宿命难逃。先秦近汉的图书典籍有相当部分只闻其名不见其书，见到其书的又以全本者为稀。《论衡》多次赞誉周长生所著《洞历》，而《洞历》几百年后只在《新唐书》中存“九卷”的条目。王充撰写的《论衡》等著作，累积有数十万字之巨，不算草稿，就是成书，也得堆满房屋。王充一生多居乡间，贫苦度日，不求闻达于世，所著之书，虽为周围的友人看好，却没有能力大量刊行，故而传播面有限，流行于后世的生命力相当脆弱。这真是让王充死不瞑目啊！只能听由运数，看天地造化了。

按常理，王充辞世后，几部书稿当交与后代保存或嘱托友人相机刊行。所有与王充相关的生平资料中，均未提及其家人或后人之事，说明他们几乎是没有什么功名和成就的普通百姓，书在他们手中保存，风险可想而知。好在《论衡》已在江南有一定影响，有传阅便有传抄，抄来抄去，增加了《论衡》一书在世间的数量，为后来的传承保存了点点薪火。

其他几部著作就没这么幸运了。《讥俗》《政务》两书，内容直接批评、讽刺世间习俗和官场风气，犯忌之处多多，流行的障碍相对较大。《养性》之书，曾为一部分好者所阅，到南朝梁刘勰著《文心雕龙》时，还能看到大貌，但流传的范围也不广。此三部书终因面世的数量稀少而随风飘散，这不能不说是一个巨大的遗憾。

《论衡》得以传世，侥幸至极，整个过程集中反映了古代学术文化传承的困难环境、偶然因素和传奇色彩，可谓平民学者著作得以传世的一个缩影。王充去世后至东汉末年的近百年里，《论衡》一直遗存于吴越之地的民间，"中土未有传者"，尚未进入学术主流的视野，并且出现了散佚现象，已然缺篇少文，难窥全豹了，所幸还没有伤及筋骨。此时天下大乱在即，《论衡》能否存世殊难逆料。一个极偶然的机会，一位恰当的人物出现在恰当的地点上，这便是东汉末年文化大师蔡邕。

"蔡邕字伯喈，陈留圉人也。"蔡家世代文脉迁延，冠盖相袭。蔡邕"少博学，师事太傅胡广。好辞章、数术、天文、妙操音律"，以其多才多艺而少得高名。时当汉桓帝刘志在位，宦官中常侍徐璜等玩弄朝局，蔡邕耻与为伍，在家"闲居玩古，不交当世。感东方〔朔〕《客难》及扬雄、班固、崔骃之徒设疑以自通，乃斟酌群言，韪其是而矫其非，作《释诲》以戒厉云尔"①。青年时代的蔡邕博览群书，俯视前贤，与青年王充十分相像。

汉灵帝建宁三年（170），蔡邕"召拜郎中，校书东观。迁议郎。邕以经籍去圣久远，文字多谬，俗儒穿凿，疑误后学，熹平四年（175），乃与五官中郎将堂谿典、光禄大夫杨赐，谏议大夫马日磾，议郎张驯、韩说，太史令单飏等，奏求正定《六经》文字。灵帝许之，邕乃自书丹（册）于碑，使工镌刻立于太学门外。于是后儒晚学，咸取正焉。及碑始立，其观视及摹写者，车乘日千余两，填塞街陌"②。这就是今人所谓的"熹平石经"。蔡邕从此名声大振，确立

① 〔南朝宋〕范晔：《后汉书·蔡邕列传》。

② 〔南朝宋〕范晔：《后汉书·蔡邕列传》。

了汉末学界领袖的地位，当时的青年才俊曹操、王粲、阮瑀等纷纷投其门下。

这时，汉灵帝刘宏还是一个好学青年，遇到各种问题喜欢向蔡邕讨教，“邕悉心以对”。熹平六年（177），汉灵帝“又特诏问曰：‘比灾变互生，未知厥咎，朝廷焦心，载怀恐惧。每访群公卿士，庶闻忠言，而各存括囊，莫肯尽心。以邕经学深奥，故密特稽问，宜披露失得，指陈政要，勿有依违，自生疑讳。具对经术，以皂囊封上’”。蔡邕在对奏中直言时弊“皆妇人干政之所致也”，同时暗示宦官之害，提醒皇上约束侍者“左右近臣亦宜从化”[①]。这实际上是大胆地点出了当朝近百年间外戚与宦官交替为祸的症结。

本来灵帝交代对奏“以皂囊封上”，是想到了保密的紧要。然而，皇上的秘密从来是瞒不过贴身宦官的。“章奏，帝览而叹息，因起更衣，曹节于后窃视之，悉宣语左右，事遂漏露。其为邕所裁黜者，皆侧目思报。”未久，即罗织罪名，“飞章言邕”，“于是下邕，质于洛阳狱，劾以仇怨奉公，议害大臣，大不敬，弃市”。眼看蔡邕就要脑袋搬家了，幸而有一名叫吕强的宦官忽生愍心，在灵帝面前为之开脱了两句。于是，“帝亦更思其章，有诏减死一等，与家属髡钳徙朔方，不得以赦令除”[②]。

发配途中，素与蔡邕“有隙”的将作大匠阳球又勾结宦官“使客追路刺邕，客感其义，皆莫为用”。到了发配地，阳球“又赂其部主使加毒害，所赂者反以其情戒邕，故每得免焉”。刺客和主使皆为蔡邕的人格魅力所感动而不忍下手。蔡邕总算“腋窝里夹着脑袋”到达流放地，“居五原安阳县”。好不容易九死一生捡了条命回来，孰料祸犹未尽，蔡邕在囚放地又因文化人的“傲脾气”，把宦官王甫的弟弟、时任五原太守王智给得罪了，遂诬陷“邕怨于囚放，谤讪朝廷”。“邕虑卒不免，乃亡命江海，远迹吴会。往来依太山羊氏，积十二年，在吴。”

经过这么一大串偶然，蔡邕以落难之身来到王充的故乡吴越之地，一待就是12年。其间，他读书抚琴，观景览胜，以文化人的特有方式打发着避祸隐世

① 〔南朝宋〕范晔：《后汉书・蔡邕列传》。

② 〔南朝宋〕范晔：《后汉书・蔡邕列传》。

的时光。周游中，蔡邕来到王充的老家上虞县，在曹娥投江的舜水旁，大发思古之幽情，于曹娥碑的背面为后人留下一句“黄绢幼妇，外孙齑臼”的千古字谜。他在上虞的意外收获，是得到了当地文人中传阅的《论衡》。蔡邕乃博览群书、自视甚高之人，但他读罢《论衡》，爱不释手，为之宾服，“叹其文高，度越诸子”①，与谢夷吾的看法和评语几无二致。他想方设法搞到一部，如获至宝，在与友人的学问切磋中大放异彩，“恒秘玩以为谈助”②。

中平六年（189），汉灵帝驾崩，一朝天子的近臣内宠们顿作“猢狲散”，迫害蔡邕的势力“人亡政息”。董卓随即进京主政，“闻邕名高，辟之。称疾不就。卓大怒，詈曰：‘我力能族人，蔡邕遂偃蹇者，不旋踵矣。’又切敕州郡举邕诣府，邕不得已，到，署祭酒，甚见敬重。举高第，补侍御史，又转持书御史，迁尚书。三日之间，周历三台。迁巴郡太守，复留为侍中。初平元年（190），拜左中郎将，从献帝迁都长安，封高阳乡侯”③。这样，蔡邕在汉献帝初年便成为朝中重臣、汉末名士的领袖。斯时天下乱象已显，乱世中最脆弱可怜的东西就是文化积累。文化人命浅身危，经籍图书易毁易焚，学术思考让位于救亡图存……一轮轮王朝在更替中，几无例外地遭逢斯文扫地、灰飞烟灭的劫难。此不幸中之万幸者，是每次乱世中都有若干文化人以文化道统的守护神自命，百般关照着面临灭顶之灾的文化遗存，收集图书秘韦，呵护士子学人，为文化的修复与重建保存下弥足珍贵的火种。

蔡邕返回朝中，只活了三年，因董卓出而出，复因董卓亡而亡。董卓专横，但对蔡邕礼遇，蔡邕有建言，“每存匡益”，对董卓的不少蛮横行为有所纠正，于乱世中尽了文化人的一份职责与良心。董卓暴尸后，蔡邕在殿中“殊不意言之而叹，有动于色”，只叹了一口气，便为心胸狭隘的司徒王允所不容，责以“怀其私遇，以忘大节”，“即收付廷尉治罪”。此时蔡邕正在撰写汉史，不忍放手西去，于狱中“陈辞谢，乞黥首刖足，继成汉史。士大夫多矜救之，不能得……遂死狱中”。“时年六十一。搢绅诸儒莫不流涕。北海郑玄闻而叹曰：‘汉

① 〔宋〕李昉等编《太平御览》卷六〇二引《抱朴子》。

② 〔南朝宋〕范晔：《后汉书 · 王充王符仲长统列传 · 王充》，李贤注，引《袁山松书》。

③ 〔南朝宋〕范晔：《后汉书 · 蔡邕列传》。

世之事，谁与正之！’”[①]蔡邕的命运，比班固更悲惨，班固总算基本完成了《汉书》，而蔡邕却是死不瞑目啊！文化人在政治机器中的生命就是如此脆弱，一部可能是最好的《汉史》始终没有诞生。然而，在此短短三年中，蔡邕完成了另一件中国思想文化史上极有意义的工作。

蔡邕从吴地北上时，随身带回一套《论衡》，理政之余，时常翻阅。文友同僚们感其谈吐玄远，有别于京洛之学，所谓“诸儒觉其谈论更远”，由此怀疑他得到什么“异书”指点，“故时人嫌伯喈得异书。或搜求其帐中隐处，果得《论衡》，抱数卷持去。邕丁宁之曰：惟我与尔共之，勿广也！”[②]《论衡》这部惊世骇俗之作，终因蔡邕与在京学者会面。诸儒争相传诵。此刻正值汉末社会批判思潮酝酿之际，汉代“名教之治”、尊经之学所招致的欺世盗名狂潮，以及思想僵化、俗儒“拘文牵古”的治学之风，引发了汉末名士们的深刻反思，他们正在打破“独尊儒术”的束缚，于子学中寻找新的思想武器，以实现价值转换进而创立新学。《论衡》的突然出现，恰恰适应了这一时代需求，迅速为名士们所接受、所采用，被视作一家之言和治学者不可不读的名著。《论衡》融入汉末新思潮的情况，在建安诸子的学说里和魏晋之间诞生的玄学中清晰可见。

《论衡》在京城大受欢迎，一时洛阳纸贵，需求量陡增。此时的京师，以纸传书已经从宫中而普及于世，蔡邕以尚书、侍中之职又深爱文化之心，将《论衡》抄存数份完全有可能，加上他虽嘱友人“勿广也”，友人岂有不抄之理，所谓汉儒“争睹，转写既久”[③]，于是很自然地将其纳入官方存阅的图书系统，“时人以为异书，遂大行于世，传之至今”[④]。蔡邕之于《论衡》，实有再造之功焉。

《论衡》还有另一脉传世，但对世人的影响相对小一些，这便是汉末有“博识能文，通晓经学”美誉的会稽太守王朗所搜得的那一本。此王朗即后来在《三国演义》中被戏说为死于诸葛亮之骂的那一位。他是蔡邕的晚辈，于蔡邕离

---

① 〔南朝宋〕范晔：《后汉书·蔡邕列传》。

② 〔南朝宋〕范晔：《东汉列传》，见〔清〕熊伯龙：《无何集》，中华书局1979年版，第1页。

③ 刘盼遂：《论衡集解》附录，中华书局1957年版，第599页。

④ 蒋祖怡：《王充卷》，中州书画社1983年版，第216页。

吴之后，就职会稽太守。在太守任上，他“又得其书”，发现了《论衡》，当作宝贝，一边习读一边完善版本，在会稽之地留下一部保存较好的《论衡》。“及还许下，时人称其才进”，于是，又有人推测他“不见异人，当得异书”，“问之，果以《论衡》之益”[①]。《论衡》由此又被建安名士刮目相看。对于《论衡》的流传佳话，元人韩性评说：“《论衡》之书，独传至今，譬之三代鼎彝之器，宜乎为世之所宝也。”

王充写了一部奇书，奇书流传与保存又经历了奇特的命运，保存下来的《论衡》是否为王充所著的全本，存不存在佚篇？这又成为千百年来考证不休的话题，构成《论衡》命运的重要组成部分。王充于《论衡·自纪》中说道：“吾书亦才出百。”照字面理解，这是讲《论衡》一书的篇目在一百以上。可是，《后汉书》明确记载，王充“著《论衡》八十五篇，二十余万言”。谢承《后汉书》所云与范晔同。葛洪《抱朴子·喻蔽》亦称：“王仲任作《论衡》八十余篇。”谢承、葛洪、范晔所看到的《论衡》都是85篇左右，也即今本《论衡》，仅《招致》一篇有目缺文，实存84篇。之后的隋唐宋元明之际，人们一直认为，这就是《论衡》的全本，没提出什么大的异议。王充的“出百”之言，被视为一个近似的虚数。

清初纪昀主编《四库全书》，《四库全书总目提要》根据王充自称“吾书亦才出百”之言，认为《论衡》“原书实百余篇，此本目录八十五篇，已非其旧矣”，由此拉开数百年来《论衡》篇目考证的序幕。近代学者刘盼遂提出，《论衡》当有百篇之多，现85篇，至少佚失十五六篇。他摆出了三条理由。其一，根据王充求诚务实的一贯风格，自言“吾书亦才出百”，是一个准确的说法，乃认定篇目数量最直接、权威的根据；其二，《论衡》中提及一些篇名，现本中不见其文，如《答佞》中的《觉佞》、《须颂》中的《能圣》《实圣》、《对作》中的《盛褒》等，说明佚篇是存在的；其三，各种图籍如《灵隐经》《意林》《酉阳杂俎》等书中可见到不少从《论衡》里引述的语录。这些语录在《论衡》中均找不到出处，当属佚文无疑。

---

① 〔南朝宋〕范晔：《后汉书·王充王符仲长统列传·王充》，李贤注，引《袁山松书》。

刘盼遂的“百篇说”得到了不少学者的认可，如现代学者黄晖亦发现了一条重要的资料，使王充的“吾书亦才出百”之言摆脱了实证材料不足的窘境。《三国志·吴韦·虞翻传》注引《会稽典录》记载，虞翻曾云，“征士上虞王充”“洪才渊懿，学究道源，著书垂藻，络绎百篇”。黄晖据此认定，“足为当时尚存百篇之证”。那么，百篇本为何从最早的几处权威记载中都被确言为85篇呢？黄晖给出了一种解释：“我以为仲任的手定稿，或者有百篇……后来因为蔡邕所得者，被人捉取数卷持去，故只剩85篇。见存的《论衡》，大概就是根源于蔡邕所存的残本，所以，葛洪、范晔都只能见到85篇。刘盼遂先生所引类书中佚文，似乎都只是85篇的佚文，未必在85篇之外。因为唐宋人所见的不能超出范晔、葛洪之外。”[①]

黄晖的见解有其道理，故为多数学者所接受，这也就等于在认定篇目数量上回到王充《论衡·自纪》的“百篇说”上；同时也没有否定范晔等人所记的85篇乃据实而言，他们见到《论衡》的时候，王充已离世三百余年，其间经过孤本流传、战火纷飞、政权更替，流传时出现散佚不足为奇。其中最容易失落的时期，还是在蔡邕发现《论衡》之前的百余年间。蔡邕所发现、保存的《论衡》，实际上已经是残缺不全的版本了。

今人在研究《论衡》的版本、篇目时，又开拓出“百篇说”的新视域。吴则虞认为：“现存的《论衡》84篇，其实包括了上面所说的四部书（《论衡》《讥俗》《政务》《养性》），《论衡》既是其中的一个集子的书名，也作为全集的总称。”[②]朱谦之提出，《论衡》之书并非一次写成，而是王充在一生中经过三次撰集，最后，他“把一生精力所著《讥俗》之书、《节义》之书、《政务》之书、《论衡》之书、《养性》之书，结集成一巨册，这就是约百篇多之定本《论衡》”[③]。此百篇本的总集子中遗失了一些篇目，包括《觉佞》《备乏》《禁酒》等。这一见解，对了解《论衡》的结构和来龙去脉具有启发性，推进了《论衡》版本与篇目研究的深入，然结论未得到普遍承认。

---

① 黄晖：《论衡校释·自序》，中华书局1990年版，第5页。

② 吴则虞：《〈论衡〉的构成及其唯物主义的特点》，《哲学研究》1962年第4期，第74页。

③ 朱谦之：《朱谦之文集》第四卷，福建教育出版社2002年版，第257页。

针对上述观点，蒋祖怡明确表示不敢赞同，著《〈论衡〉篇数考》反驳，认为“百篇说”不能成立，《论衡》“有佚文，不一定就有佚篇”。同时就以往学者所列的《觉佞》等佚篇，一一加以考查，全部给予否定。对于“四著合集说”，蒋先生认为，《讥俗》《政务》《养性》三书，虽在思想倾向上与《论衡》存在相通之处，但各书旨意不同，思考重点明显有异，硬要与《论衡》的篇目对应，显得十分勉强。在今本《论衡》中，并不直接存在王充所著《养性》《政务》《讥俗》之书的内容，此三书事实上失传已久，传下来的85篇，就是王充精心架构的全本。

钟肇鹏先生于《王充年谱》中亦认为：“仲任自述书有百篇之说，不足以证《论衡》原书有百余篇。”他指出：“刘盼遂据《答佞》篇考出有《觉佞》篇；《须颂》篇考出有《能圣》《实圣》；《对作》篇考出尚有《盛褒》，则确属《论衡》佚篇。又按黄晖所辑《论衡》佚文尚有三十余条。这里有三种情况：一、有好些是类书辗转引用《论衡》文章。虽文字上有些异同，但尚可判断为今《论衡》中文字。二、有少数为《招致》篇或其他佚篇文字。三、有极少条乃类书误引，并非《论衡》文章。我认为据刘盼遂考证《论衡》虽有残佚，但现存《论衡》基本上是完整的。”①

在讨论不休之中，以下两部专著算是对《论衡》版本与篇目的研究做了个阶段性总结。周桂钿论道：“经过考察，今本《论衡》有佚篇，可以肯定的五篇佚文是：《觉佞》《能圣》《实圣》《时旱》《祸湛》。《盛褒》可能是佚篇。《论衡》原有九十篇以上。这与《佚文》篇中的‘《论衡》篇以十数’不相违背。加上《讥俗》《节义》十二篇和《政务》书的《备乏》《禁酒》等篇，王充著作起码有一百零四篇。这与《自纪》篇的（吾书亦才出百）也是一致的。后来，王充又著《养性》之书十六篇，则在百篇之外。总之，我认为《论衡》是有佚篇的，肯定不止八十五篇。至于《论衡》是否有百篇本，我以为现在还难以论定。”②

李维武说：“平心而论，如果说《论衡》包括其他各书说尚难以成立，那么

① 钟肇鹏：《王充年谱》，齐鲁书社1983年版，第62—64页。

② 钟肇鹏、周桂钿：《桓谭 王充评传》，南京大学出版社1993年版，第129页。

《论衡》不包括其他各书论恐亦嫌僵硬。换言之，今本《论衡》中包含了王充其他各书的一些思想内容乃至一些篇章也是有可能的……因此，很难说在今本《论衡》中就没有保存王充其他各书的思想内容。也正是如此，在今本《论衡》中也不排除保留了王充其他各书的某些篇章。当然，要彻底解决这个问题，恐怕还有待新的文献的发现。”①

后世学者们除了探讨版本与篇目外，对《论衡》中是否有伪篇存在也颇为关注。存在伪篇说的问题，最早由清初学者熊伯龙提出，他认为其中《问孔》《刺孟》可能为他人之作窜入。道理在于，王充是信奉儒家、认宗孔子的，既然信奉，就不可能刺问：“《问孔》《刺孟》二篇，小儒伪作，断非仲任之笔。”②熊伯龙博学多才，但在观念上仍以正统儒家自居，尊奉孔圣人，又十分推崇王充，认为两者一脉，不应有隙，其指认伪作之举自以为出于一番善意，想为王充开脱“非圣”的“罪名”。但他并不真正理解王充，所持理由大而无当，牵强附会，不仅未得到学界认可，反而被人诟病。蒋祖怡说他“想以卫道的立场，对王充这方面曲加辩护，但又提不出证据，流于笼统武断，其错误不待详辩”③。事实上，《问孔》《刺孟》二篇，不光为王充所作，还是《论衡》中的力作，古今绝大多数学者对此确信无疑。

继熊伯龙之后，又一个提出伪篇的重量级人物，是近代学术泰斗胡适先生。他在《中国哲学史大纲》导言中提出《乱龙》是伪篇，“王充的《论衡》是汉代一部奇书。但其中《乱龙》篇，极力为董仲舒作土龙求雨一事辩护，与全书的宗旨恰相反。篇末有‘《论衡》终之，故曰乱龙。乱者，终也’的话，全无道理。明明是后人假造的。此外，重复的话极多，伪造的书定不止这一篇。”且不言“乱”之本用在《楚辞》中即为“终结”之意。

对胡适的说法，容肇祖先生不能苟同，摆出三条意见：一是《乱龙》所用辩证法纯为王充的辩证法，与全书各篇是一致的；二是《论衡》中说土龙求雨的篇目，都是承认土龙求雨，没有明显反对董仲舒；三是《顺鼓》《明雩》为汉

① 李维武：《王充与中国文化》，贵州人民出版社2000年版，第6—7页。

② 〔清〕熊伯龙：《无何集》，中华书局1979年版，第9页。

③ 蒋祖怡：《王充卷》，中州书画社1983年版，第152页。

制法，为汉朝辩护。《乱龙》自然也不是假造的。关于释“乱”为“终”，又见于《案书》篇，不为毫无道理。关于蔡伯偕，王充《别通》篇讲的是“右扶风蔡伯偕”，与陈留蔡邕，字伯喈，是两个人。[①]容先生的考释细致而周全，令人信服，《论衡》存有伪篇的风波从此基本平息。不过，学界普遍认为，作为学术探讨，疑其存有伪篇，进而给予考证，仍不失为一件有趣且有意义的事情。

《论衡》版本及篇目的讨论仍将继续深入下去，无论结论如何，这部充满智慧和知识的奇书必流芳百世。

---

① 容肇祖：《〈论衡〉中无伪篇考》，天津《大公报·史地周刊》第90期，1936年6月26日。

# 第十七章　毁誉自古成冰炭

并不是每一位思想家的著作都能产生持久的历史影响，也不是每位有影响的思想家的学说皆会成为长期毁誉的对象，并充当重大思潮转折中的启动点。王充思想的历史命运令人惊叹地集上述情形于一身。《四库全书总目提要》有句精彩的概括之言：近两千年间“攻之者众，而好之者终不绝”。在这毁誉并存之中，又可大致划分为两个阶段：东汉末至唐末，以正面评价居多；北宋至清代，以遭遇打压为主。

《论衡》问世之际，正值东汉王朝尊经崇儒的巅峰时刻，意识形态化的儒家在思想界占据着绝对统治地位。这种意识形态素以教条、守旧与排他著称，以“实事疾妄”为宗旨的王充学说，所追求的是怀疑精神、批判精神和理性精神，自然不为思想主流所容，遭到了既“不与世同，故文刺于俗，不合于众”，又“不类前人”“谐与经不验，集于传不合”的责难。在无处不在的官方意识形态压制下，《论衡》虽得到一些有识之士的推崇，却不可能获得广泛认同，处于受排斥的状态中。王充逝世后近百年间，《论衡》的传播极为坎坷，流落于民间，未能进入社会学术主流的视野，几乎没有产生什么大的社会影响。汉末蔡邕携《论衡》入京之前，北方学人甚至不知其书。王充学说在经学一统中，流传之艰难可想而知。这是《论衡》在古代社会中一种常见的命运状态。

但是，《论衡》的奇特之处，在于它还有另外一种命运。每临官方意识形态弊端百出、危机四起之际，“实事疾妄”的精神便大受学人们青睐，成为实现价值转换的重要武器。此种情形在汉末应验。两汉经过数百年的名教之治，其所有弊端在东汉末年总爆发，史载："逮桓、灵之间，主荒政谬，国命委于阉寺，士子羞与为伍。"[①]汉王朝摇摇欲坠，无可救药。现实的危机使原价值准则失去了说服力、凝聚力乃至约束力，迫使士人不得不怀疑反思，继而开始价值转换过程。东汉末年社会批判思潮由此生发。

东汉末年新思潮的代表人物王符和崔寔的主要活动在安帝和桓帝时期，稍早于蔡邕，他们的思想直接承续桓谭和马融反迷信、疑神学，"博涉为贵，不肯专儒"的学术精神，与王充思想有着共同的源头，批判锋芒和思想主张沿着三条脉络展开：疾虚非儒、博通自由、务本求实。新思潮由汉献帝时期的仲长统集大成，批判力度明显强化，思考程度趋于深远，其理论观点在整体上展示出《论衡》的巨大影响。

在疾虚非儒方面，王符抨击道："呜呼哀哉！凡今之人，言方行圆，口正心邪，行与言谬，心与口违；论古则知称夷、齐、原、颜，言今则必官爵职位；虚谈则知以德义为贤，贡荐则必阀阅为前。"[②]崔寔批评道："政令垢玩，上下怠懈，风俗凋敝，人庶巧伪，百姓嚣然。"[③]仲长统不仅怒斥政治腐败致使"贪残牧民，挠扰百姓"，还将锋芒指向历朝君王"见天下莫敢与之违，自谓若天地之不可亡也。乃奔其私嗜，骋其邪欲，君臣宣淫，上下同恶"。其离经叛道的倾向更表现在他的狂言中，"叛散五经，灭弃《风》《雅》。百家杂碎，请用从火"[④]。这种开展批判认理不认人、即便对圣贤也毫不留情的风格，正是《论衡》的精神特征。

在博通自由方面，他们反对官方"独尊儒术"的思想禁锢，主张博览群书、多方汲取，"与世推移"。崔寔论道："且济时拯世之术，岂必体尧蹈舜然后乃理哉？期于补绽决坏，枝柱邪倾，随形裁割，要措斯世于安宁之域而已……俗人拘文牵古，不达权制。"[⑤]仲长统的著述通篇贯穿"因势立教""兼采诸说"的理

---

① 〔南朝宋〕范晔：《后汉书・党锢列传》。

② 〔东汉〕王符：《潜夫论・交际》，上海古籍出版社1978年版，第416页。

③ 〔南朝宋〕范晔：《后汉书・崔骃列传・崔寔》。

④ 〔南朝宋〕范晔：《后汉书・王充王符仲长统列传・仲长统》。

⑤ 〔南朝宋〕范晔：《后汉书・崔骃列传・崔寔》。

念。范晔在总结他的思想时概括道："百家之言政者尚矣，大略归乎宁固根柢，革易时弊也。夫遭运无恒，意见偏杂，故是非之论，纷然相乖……应俗适事，难以常条。如使用审其道，则殊涂同会；才爽其分，则一豪以乖。何以言之？若夫玄圣御世，则天同极，施舍之道，宜无殊典。而损益异运，文朴递行……此其分波而共源，百虑而一致者也。"[①]在仲长统眼中，世界是变化的，思想也是发展的，"应俗适事，难以常条"。固守一说而压制其他，不符合事物运行规律，必生祸端，"好古守经者，患在不变"。可以说是直接联通了王充"无为而治"的观点。

在务本求实方面，针对虚论、虚人、虚事的大泛滥，新思潮思想家十分强调"实"的概念。王符作《潜夫论》将"辨本末"作为思想主题，批评选官制度"取之乖实。夫志道者少与，逐俗者多畴，是以朋党用私，背实趋华。其贡士者，不复依其质干，准其才行，但虚造声誉，妄生羽毛"[②]。崔骃则提出"遭时定制"的著名主张："圣人执权，遭时定制，步骤之差，各有云设。"[③]仲长统将务实的概念归结到天道自然的思路中。"天道常然之大数"，"所贵乎用天之道者，则指星辰以授民事，顺四时而兴功业"[④]，上升到哲学意义，即"所取于天道者，谓四时之宜也"。"天道"是本身存在的自然规律，人世间必须顺乎这种规律，不存在什么神秘的与人事相连的天命。仲长统最终表现出认同道家的思想倾向，除了认为道家宗旨符合自然规律之外，道家的兼容性和综合性特征也合乎社会规律。兼容，符合"应俗适事，难以常条"的理念，也唯有兼容，才有可能落实诸学兼用并行、各管其事、各显其能的治世之"道"。《论衡》的宗旨，一言以蔽之，即"实事疾妄"，新思潮领袖以务本求实为归依，可谓深得《论衡》之三昧。

正因为王充对汉末新思潮的深刻影响，史家历来视王充为新思潮的主要源头。范晔著《后汉书》，将王充与王符、仲长统合传，表达了他对学术传承关系

---

① 〔南朝宋〕范晔：《后汉书·王充王符仲长统列传·仲长统》。

② 〔南朝宋〕范晔：《后汉书·王充王符仲长统列传·王符》。

③ 〔南朝宋〕范晔：《后汉书·崔骃列传·崔寔》。

④ 严可均辑：《全后汉文》卷八十九，中华书局1958年版，第955页。

的看法，近现代学者更是公认王充为东汉社会批判思潮的开启者。[①]

以引导、推进汉末新思潮为契机，王充思想进一步影响着建安诸子走向道家思想更为浓重的魏晋思潮。儒道双修、博涉多通是建安思想家的普遍素质，鄙视专经的俗儒成为共识，“凡学者大义为先，物名为后，大义举而物名从之。然鄙儒之博学也，务于物名，详于器械，矜于诂训，摘其章句而不能统其大义之所极，以获先王之心。此无异乎女史诵诗、内竖传令也。故使学者劳思虑而不知道，费日月而无成功”[②]。对建安思想家，可以从思想倾向上分出若干类型。有的近儒，如徐幹、应玚、曹植等；有的重道，如王粲、阮瑀、曹丕等。但无论侧重哪种学说，他们的精神世界都不固守一说，儒、道、法、刑名等均融会其中，以至于要论定谁是地道的儒家，谁为纯粹的道家，成为一件相当困难的事情。无论侧重哪种学说，其身上必定还有其他学说的影子，纯而又纯的某学派、某子家，在建安时期基本上是不存在的。

这种现象与王充的学术风格极为相近，或可视为王充博学多思学风化育的丰硕果实。为建安思想做理论总结的刘劭，将思潮的内容框架概括为：“若夫天地气化，盈虚损益，道之理也；法制正事，事之理也；礼教宜适，义之理也；人情枢机，情之理也。”其中的灵魂为“思心玄微，能通自然，道理之家也”[③]，引导着整个思潮走向天道自然、自然无为的方向。王充的影响冲垮了经学的思想限制，形成以道家为主的多元化局面，推动着思潮由经学向义理化的思辨哲学发展，孕育了魏晋玄学。

玄学的基本问题仍然是疾虚求真，认定天道自然，主张“无为而治”，构筑起以“贵无”本体论为核心的思想体系。玄学不是空对空的“清谈”，也非出世的幻想，其本质是积极入世、有针对性地革除名教弊端、创建理想社会和理想人格的学说。

玄学理论的落脚点叫作“因物自然”：“天不违道，乃得全覆，法道也。道

---

① 参见李维武：《王充与中国文化》，贵州人民出版社2000年版，第260页。

② 〔东汉〕徐幹：《中论·治学》，见俞绍初辑校：《建安七子集》，中华书局1989年版，第256页。

③ 〔三国魏〕刘劭：《人物志·材理》，三联书店2007年版，第47页。

不违自然，乃得其性，法自然也。法自然者，在方而法方，在圆而法圆，于自然无所违也。”[①]这一理论本质使玄学与王充思想相当吻合，也可以说是受王充天道自然思想启示的结果、《论衡》精髓的继承与弘扬。

王充对魏晋玄学另一方面的影响，体现在不畏权威的批判精神上。王弼、何晏等玄学创立者，以平等对话、积极超越的心态对待圣贤经典，更通过汲吸—解构—整合—超越四个步步深化的环节，成功地从儒道基础出发，又站在更高层次将之降格为材料（言、象）加以取舍，然后从中抽象出一个本体论的玄学来，从根本上动摇了汉代以来抱典守经、寻章摘句、牵强附会的思想方法论。嵇康和阮籍则因“礼教尚峻”的回潮，继续将批判的锋芒指向儒教，分为礼法之士、制度理念和圣人经典三个层面予以揭露、抨击，同时宣扬玄学的理念更为符合人的自然本性。后人大多认为，嵇康在《难自然好学论》中的言辞，实乃历史上非儒之声的登峰造极：“若以讲堂为丙舍，以诵讽为鬼语，以六经为芜秽，以仁义为臭腐，睹文籍则目瞧，修揖让则变伛，袭章服则转筋，谈礼典则齿龋，于是兼而弃之，与万物更始。”

对于王充与魏晋思潮这种渊源，近现代的许多学者皆有精辟的见解。章太炎先生曾提出汉晋学术思潮五变说。自董仲舒官方儒学确立后，扬雄、王充、王符、仲长统、刘劭、王弼、嵇康等人在不同时期的批判，促进着汉晋间学术思潮不断发展变化，其中王充乃承上启下的关键人物。“后汉诸子渐兴，讫魏初几百种。然其深达理要者，辨事不过《论衡》，议政不过《昌言》，方人不过《人物志》，此三家差可以攀晚周，其余虽娴雅，悉腐谈也。”[②]任继愈则指出：“《论衡》的问孔刺孟，导致嵇康的‘轻贱唐虞而笑大禹’‘非汤武而薄周孔’。”[③]

玄学思潮于东晋后期渐趋衰微，佛教继而流行于南朝、隋唐间，在此思想控制相对宽松的时段里，王充学说仍受到学界的看好与推崇。明代学者胡应麟

---

① 〔三国魏〕王弼：《王弼集校释》，中华书局1980年版，第65页。

② 章太炎：《国故论衡·论式》，上海古籍出版社2003年版，第82页。

③ 任继愈主编：《中国哲学发展史·秦汉卷》，人民出版社1985年版，第543页。

总结说，《论衡》于“东汉、晋、唐之间，特为贵重”[①]。晋代的道教理论家葛洪于《抱朴子》中专设《喻蔽》篇介绍《论衡》，为王充遭受的非议进行了辩护。他称王充“学博才大”，所论“函括八荒，缅邈无表”“包笼旷阔，含受杂错”，博采众长而自成一家。《文心雕龙》作者刘勰评价《论衡》为传世“巨文”，王充足堪汉代学问大家：“相如含笔而腐毫，扬雄辍翰而惊梦，桓谭疾感于苦思，王充气竭于思虑，张衡研京以十年，左思练都以一纪。虽有巨文，亦思之缓也。”[②]唐代学者刘知幾有言曰：“儒者之书，博而寡要，得其糟粕，失其菁华；而流俗鄙夫，贵远贱近，传兹牴牾，自相欺惑，故王充《论衡》生焉。”[③]而韩愈所撰的《后汉三贤赞》堪称唐代学者眼中之王充的代表作。三贤者，王充、王符、仲长统也。韩愈饱蘸笔墨地写道：“王充者何？会稽上虞，本自元城，爰来徙居。师事班彪，家贫无书，阅书于肆，市肆是游，一见诵忆，遂通众流。闭门潜思，《论衡》以修。为州治中，自免归欤。同郡友人，谢姓夷吾，上书荐之，待诏公车，以病不行。年七十余，乃作《养性》一十六篇。肃宗之时，终于永元。”

与高度的评价相比，《论衡》的价值更在于成为后世学者取之不尽的思想源泉。当佛教在南朝大行其道时，一些持不同看法的学者纷纷从王充学说中寻觅与之辩难的理论武器。佛教宣扬人死再生、生命轮回的神不灭论观点，东晋思想家戴逵借用王充形神论的思路反诘道：“火凭薪以传焰，人资气以享年；苟薪气之有歇，何年焰之恒延？”[④]何承天在此基础上进一步深化：“形神相资，古人譬以薪火。薪弊火微，薪尽火灭，虽有其妙，岂能独得？”[⑤]两者都以王充所论的命题“薪火之喻”或“烛火之喻”，证明人死体消，精神失去依托而无存。在

---

① 〔明〕胡应麟：《少室山房笔丛》卷二十八，见蒋祖怡：《王充卷》，中州书画社1983年版，第254页。

② 〔南朝梁〕刘勰：《文心雕龙·神思》，人民出版社1978年版，第494页。

③ 〔唐〕刘知幾：《史通·自叙》，《四库全书·史部·史评类》，台湾商务印书馆1983年版。

④ （晋）戴逵：《流火赋》，见严可均辑《全晋文》卷一百三十七，商务印书馆1999年版，第1482页。

⑤ 〔南朝宋〕何承天：《答宗居士书》，见严可均辑《全宋文》卷一十三，中华书局1958年版，第2561页。

旷日持久的论战中，范缜继承并发展了王充的形神论，抓住对方要害，写出著名的《神灭论》，以其“神即形也，形即神也。是以形存则神存，形谢则神灭也”，比较圆满地揭示了人的精神对于人的形体的依赖性，把握了论战的主动权，同时也将中国古代思想史上关于形神关系的讨论提升到更高的水平。清初学者熊伯龙对这场论争的源流关系看得十分清楚，他说：“昔齐范缜著《神灭论》，言‘神之于形，犹利之于刀也，未容刀没而利尚存，岂容形止而神尚在’，与仲任同意。”①

唐代的两位大思想家柳宗元和刘禹锡，在创立自己学说的过程中，均从《论衡》中获得灵感与启发。

柳宗元探讨宇宙问题，提出了“元气论”。他在《天说》中说：“彼上而玄者，世谓之天；下而黄者，世谓之地；浑然而中处者，世谓之元气。”天、地、气都是物质性的存在，没有意识和目的，虽“自动自休，自峙自流”，却不能对人间发生有意志的影响，“其乌能赏功而罚祸乎？”在说明宇宙存在的问题上，明显承继了《论衡》的思想。与此同时，柳宗元又发展了“元气论”，认为：“元气”生成了天地万物，天地万物未生成之前，“惟元气存”。在解释宇宙如何发生的问题上，又比王充向前走了一步，讲清了气与天地之间谁产生谁的问题。

刘禹锡思考天人论时，梳理了前人的相关成果，将之划分为“阴骘之说”（天人感应）和“自然之说”（天道自然）两大脉络，自己站在“自然之说”一边。此前该脉络有两个代表人物——荀子与王充。荀子虽讲天道自然，同时又提出“天人相分”，人当“制天命”而“用之”。王充则强调人顺天而行、自然无为。两家同持天道自然而侧重不一。刘禹锡汲取、整合两家所长，提出“天与人交相胜”。他认为，天与人不存在谁最终要制胜谁的问题，应该平等相处，互为利用，保持必要的和谐，他在《天论》中说：“万物之所以为无穷者，交相胜而已矣，还相用而已矣。”这样，他就走出了非人类中心论即自然中心论的窠臼，把古代天人论升华至新的境界。而实际所产生的影响，是更为靠近王充的

① 〔清〕熊伯龙：《无何集》，中华书局1979年版，第119页。

自然中心说。

唐之后的宋代，古代专制国家的意识形态重新强化，儒家以理学的形式再度称霸思想界，批评《论衡》的声音随之高涨起来，所谓“充之书，自《史通》后，非之者多矣”①。然而“好之者终不绝”。两种不同的看法长期对峙，编织出中国思想史上的独特景观。

批评王充的意见大抵集中在两个方面。承续着《论衡》问世之初对文风的非议。宋代高似孙云，《论衡》“详则理义莫能核，而精辞莫能肃而括，几于芜且杂矣”②。明代胡应麟进一步责难：“读王氏《论衡》烦猥琐屑之状，溢乎楮素之间，辩乎其所弗必辩，疑乎其所弗当疑，元矣；其词之费也。”③清编《四库全书》点评：“儒者颇病其芜杂。”

从思想史和道德评判的角度声讨《论衡》，更是一浪高过一浪。南宋学者黄震指责《论衡》持论过激，有损圣贤：“甚至讥孔、孟而尊老子，抑殷周而夸大汉，谓龙无灵，谓雷无威，谓天地无生育之恩，而譬之人身之生虮虱，欲以尽废天地百神之祀，虽人生之父母骨肉，亦以人死无知不能为鬼而忽蔑之。凡皆发于一念之怨愤，故不自知其轻重失平如此。”④《四库全书总目提要》代表了官方的总体态度：“《刺孟》《问孔》二篇，至于奋其笔端，以与圣贤相轧，可谓悖矣，又露才扬己，好为物先，至于述其祖父顽狠，以自表所长，傎亦甚焉。”

富于戏剧性的是，讨伐的高潮竟由乾隆皇帝亲自掀起。乾隆本是慕名而读《论衡》，看到满篇非圣驳经之辞，深感其对国家思想统一的巨大威胁，禁不住提起朱笔来了一通海批：

向偶翻阅诸书，见有王充《论衡》，喜其识博而言辩，颇具出俗之识，

---

① 张宗祥：《论衡校订附记》，见蒋祖怡：《王充卷》，中州书画社1983年版，第211页。

② 〔宋〕高似孙：《子略》，见蒋祖怡：《王充卷》，中州书画社1983年版，第251页。

③ 〔明〕胡应麟：《少室山房笔丛》卷二十八，见蒋祖怡：《王充卷》，中州书画社1983年版，第254页。

④ 〔宋〕黄震：《黄氏日抄》卷五十七，见蒋祖怡：《王充卷》，中州书画社1983年版，第253页。

其全书则未之览也。兹因校四库一书，始得其全卷而读之，乃知其背经离道，好奇立异之人，而欲以言传者也。夫欲以言传者，不衷于圣贤，未有能传者也。孔孟为千古圣贤，孟或可问而不可刺，充则刺孟而且问孔矣。此与明末李贽之邪说何异？夫时命坎坷，当悔其所以自致坎坷耳，不宜怨天尤人，诬及圣贤。为激语以自表，则已有犯非圣无法之诛。即有韪其言者，亦不过同其乱世惑民之流耳，君子必不为也。①

乾隆行文看似随便，但给《论衡》定性为“背经离道”“非圣无法”“乱世惑民”，哪一条都够得上株连九族。这件事集中反映出，《论衡》的基本指向与专制国家的意识形态是格格不入的。

乾隆发出了“最高指示”，便有遵命文人细心领会，深文周纳，炮制长篇大论。一个叫“赵坦”的狠下功夫，对王充进行了全面而系统的清算，给《论衡》归纳了五条罪状：反对天人感应说；否定妖孽出现与政治现象的联系；不承认人能通过祭祈来求得天之晴雨；彻底推翻鬼神之说；问孔刺孟，离经叛道。因而断言，“《论衡》八十五篇，多与圣贤之旨悖”“立说乖戾，不足道”②。无论其非难是否有道理，他看出《论衡》在总体上“与圣贤之旨悖”，倒不失为政治感觉敏锐。

虽然官方及御用文人出自意识形态的需要对《论衡》横加指摘，然从学术和学问的角度，后世的学者们无法抗拒《论衡》本身所散发的思想魅力，即便是儒家或理学的代表人物也不能例外。北宋的张载承袭王充的“用气为性”说，将人性分为“天地之性”和“气质之性”。“天地之性”即太虚之气的本然之性，属于纯善的内容；“气质之性”来自太虚之气的阴阳二气，善恶相兼。二气共存于一体，善恶相熔于一炉，须通过后天的教化转变“气质之性”，祛恶为善。这在王充“性三品说”的基础上，讲得更为周密、精致了。

---

① 《乾隆读论衡》，见蒋祖怡：《王充卷》，中州书画社1983年版，第259—260页。

② 〔清〕赵坦：《宝甓斋文集》卷上《书〈论衡〉后》，见蒋祖怡：《王充卷》，中州书画社1983年版，第263—264页。

在程颢、程颐和朱熹等理学大师的学说中，亦不难看到王充学说的影子。在认识论上，王充主张“任耳目”与“开心意”相结合，程颐汲其精髓，用在了对“格物致知”的重新解释上。“凡一物上有一理”，而要穷其理，就必须格其物。但穷其“一物之理”，并非即穷尽“万物之理”，“须是今日格一件，明日又格一件，积习既多，然后脱然自有贯通处”[①]。朱熹进一步阐发道：“所谓致知在格物者，言欲致吾之知，在即物而穷其理也。盖人心之灵，莫不有知，而天下之物，莫不有理，惟于理有未穷，故其知有不尽也。是以《大学》始教，必使学者即凡天下之物，莫不因其已知之理而益穷之，以求至乎其极。至于用力之久，而一旦豁然贯通焉，则众物之表里精粗无不到，而吾心之全体大用无不明矣。”[②]他们所概括的认识论“格物”“致知”两个阶段，正是王充“任耳目”而“开心意”的深化。与此同时，程氏兄弟与朱熹在人性论方面，接着张载“天地之性”与“气质之性”的思路，发挥出一套系统化、完备化的理学人性论。其在解释善恶的关系以及恶向善转化的问题上，都有王充“性三品说”的影子。明清之际的刘宗周、黄宗羲和王夫之，论及此命题时，也都延续了同样的思路。

在儒教被神圣化的时代，亦有理性的知识分子继承发扬王充的批判精神，从《论衡》中获取挑战思想专制的力量。明代思想家李贽不赞成“咸以孔子之是非为是非”。他在《藏书·世纪列传总目前论》中说：“夫是非之争也，如岁时然，昼夜更迭，不相一也。昨日是而今日非矣，今日非而后日又是矣。虽使孔夫子复生于今，又不知作如何非是也，而可遽以定本行罚赏哉！”李贽对王充以史证经典之虚妄的思路领悟尤深，对“六经”表示异议：

> 夫“六经”《语》《孟》，非其史官过为褒崇之词，则其臣子极为赞美之语。又不然，则其迂阔门徒，懵懂弟子，记忆师说，有头无尾，得后遗前，随其所见，笔之于书。后学不察，便谓出自圣人之口也，决定目之为经矣，

---

① 〔宋〕朱熹、吕祖谦：《近思录》第三卷，上海古籍出版社1994年版，第46页。

② 〔宋〕朱熹：《大学章句》，《四书章句集注》，山东友谊书社1989年版，第6—7页。

> 孰知其大半非圣人之言乎！纵出自圣人，要亦有为而发，不过因病发药，随时处方，以救此一等懵懂弟子，迂阔门徒云耳。药医假病，方难定执，是岂可遽以为万世之至论乎？①

这视“六经”无非是一些史官记载、子弟笔记，其并不完全反映圣人本意。即便出自圣人之口的言论，也多有随意而发者，不足以奉为“天条”。无论分析的方法还是口气，均与王充疑为一人。后来学者普遍认为，历史上李贽受王充影响最深，不仅思想气质，连人生际遇都十分相像。莫伯骥曾云：“明李卓吾著书，每与孔孟为难，当导源于此。言论解放，不为古今人束缚，表现怀疑派哲学精神，王氏实开其端。”②

明末清初，作为官方统治思想的理学出现危机，王夫之、黄宗羲、顾炎武等人发动了早期启蒙思潮，王充学说属于现成的武器而受到弘扬。王夫之等人清算天人感应说时，将王充推为秦汉时代质疑天人感应说的代表：“然则《月令》之书，战国先秦道丧而托于技，盖非圣之书，而吕不韦、刘安以附会其邪说。戴氏杂之于礼，后儒登之于经，道愈裂矣。变复之术，王充哂之，亦知言者夫！”③

启蒙思潮的阵营中，涌现出一位王充思想坚定的拥护者和辩护者——熊伯龙。熊伯龙是位博学多才的思想家，与同代人相比，尤以通晓西洋天文算法而见长。他的代表作《无何集》，实际是一部读《论衡》的心得笔记。该书开卷首篇曰《论衡有益》，其中写道：“人之心，譬之器也；神怪之说，犹浊水也；圣贤之言，犹清泉也。器内先实以浊水，虽投诸清泉，清泉无由而入矣。设当今之世，人人取《论衡》而读之，知神怪之说不足信，则信圣经贤传之言。信圣经贤传之言，圣人之道不昭如日星乎？故曰《论衡》之教兴，圣人之道明也。”从批判鬼神迷信的角度肯定《论衡》。为了让《论衡》为世人广泛接受，熊伯龙绞尽脑汁说明，王充学说与圣人之道并不矛盾，而且还是正确理解圣人之言的

---

① 李贽著作选注小组注：《李贽著作选注》，人民出版社1975年版，第10页。

② 莫伯骥：《〈论衡〉通津草堂本跋》，见蒋祖怡：《王充卷》，中州书画社1983年版，第228页。

③〔清〕王夫之：《周易外传》卷五，中华书局1962年版，第156页。

必读教材，企图将《论衡》纳入官方认可的学术系统之中。虽然这只是书生的一厢情愿，却从中引出一个耐人寻味的现象：历史上关注过王充的人，无论学者还是政客，也不讲肯定还是否定，各自都根据自己所需要的角度予以评说，有认定其为儒家的，也有责其非儒的，有论其为道家者，亦有判其非道者。这也说明王充思想实属不同于任何一家的另类：博采众说，衡以虚实。

《论衡》对中国古代文明的影响，还有其他思想家所罕有的一面，即成为自然科学领域议论不息的话题，天文学、地理学、植物学、民俗学乃至炼丹术、养生术等学科，均程度不同地从《论衡》获取资源，如王充对北极星的观察、日食的解释，就大气层与星际空间的区分、雷为火的分析……对后人均有启发。当然，囿于科学发展局限，争议在所难免，典型地表现在"潮汐成因说"上。王充"随月盛衰"与"殆小浅狭，水激沸起，故腾为涛"的解释，在唐代曾遭到一位叫卢肇的状元讥笑。他提出，潮水乃太阳随天体出入大海时激起来的波涛，"日激水而潮生"[①]。在北宋科学家沈括眼中，卢状元的说法实属缺乏见识。《梦溪笔谈》提道："卢肇论海潮，以谓'日出没所激而成'，此极无理。若因日出没，当每日有常，安得复有早晚？"还是王充的观点符合科学道理。沈括不单在认识潮汐成因上推崇王充，在其他方面也汲取了《论衡》的营养。在《梦溪笔谈》中大量涉及气象、气候方面的研究，如佛光、海市、江湖大风、龙卷风、降霜、冰雹、雷击等，都可见到《论衡》相关命题的延伸。他因王充的天地是"含气之自然"而明白物质世界可探求；因印证《论衡》中关于"司南"的记载而更详细地去研究"指南针"；更以王充的"雷为火"等记载为指引，进一步观察、研究，发现了雷的导电特性。他于《梦溪笔谈》中记录，内侍李舜举家的房屋遭受雷击，"雷火自窗间出，赫然出檐"，有一柄坚硬无比的宝刀，熔化在刀鞘中，而刀鞘却没有烧痕。于是沈括不仅看清了"雷为火"的真实，还进而认识到此火的非同一般："人必谓，火当先焚草木，然后流金石，今乃金石皆铄，而草木无一毁者，非人情所测也。"王充"实事疾妄"的追求，在自然科学领域往往获得更多的知音。

---

① 〔清〕董诰、阮元等：《全唐文·卷七百六十八》。

近两千年间，王充学说就在这种见仁见智中代代传承，从古代思想史的角度看，还没有哪一位学者受到如此褒贬并存的关注，一直伴随着古代社会的完结。生活于新旧时代转折之际的国学大师——章太炎对《论衡》的评价，可视为传统社会中体制外士人的基本看法：“正虚妄，审向背。怀疑之论，分析百端，有所发擿，不避上圣。汉得一人焉，足以振耻。至于今，亦鲜有能逮之者也。”[①]这种产生于时代之交的见解，一边为王充作历史总结，一边测前景未来，昭示了《论衡》在新时代的命运。

① 章太炎：《章太炎全集》(三)，上海人民出版社1984年版，第444页。

# 第十八章　玉石于今见伪真

19世纪末20世纪初，中国社会在列强坚船利炮的夹击下，陷于生死存亡的危机之中，西方思想文化涌入中国，有识之士幡然觉醒，反思传统文化教条、守旧的弊端，叹息理性精神、怀疑精神和批判精神的匮乏。尤其是经历了五四运动的洗礼，各种流派各领风骚后，学术界形成科学主义、人文主义和马克思主义三大思潮。三大思潮争鸣不已，但都不约而同地将从本土文化中开掘现代资源的目光投向《论衡》，分别给予积极评价，并运用不同的思想史观和思想史方法对王充学说进行了新的解读、阐释。

以科学主义方法和角度重新解读王充，肇始于20世纪初新文化运动领袖胡适，他对王充的喜爱溢于言表，多次著文称王充是“中国古代最伟大的哲学家之一”，是“我所喜欢的哲学家”[①]。胡适如此看好王充，与他本人所遵循、提倡的实证主义原则颇有关系。引入实证主义之后，他便力图从中国传统哲学中寻找出重经验、重实证、重自然科学知识的思想家，以为民族文化中的科学思想之根，第一号人物自然非王充莫属。胡适连续发表《王充的哲学》《中国中古思想小史》等文，将王充治学的指导思想概括为弘扬实证科学、反对虚妄迷信：“王充哲学的动机，只是对于当时种种虚妄和种种迷信的反抗。王充的哲学的方法，只是当时科学精神的表现。”《论衡》之“衡”，“即是度量权衡的衡，即是

① 胡适：《中国哲学里的科学精神与方法》，姜义华主编：《胡适学术文集·中国哲学史》上册，中华书局1991年版，第557页。

估量，即是评判。《论衡》现存八十四篇，几乎没有一篇不是批评的文章”，“他的精神只是一种评判的精神”[①]。

对于王充的治学方法，胡适更是推崇备至，誉之为现代经验、实证法的古代版。“科学方法的第一步是要能疑问。第二步是要能提出假设的解决。第三步方才是搜求证据来证明这种假设。王充的批评哲学的最大贡献就是提倡这三种态度——疑问，假设，证验。”[②]

胡适总结道，王充思想的突出特征在于批判性、实证性和科学性，这在儒家思想占统治地位的古代社会中独树一帜，发挥了引导思想转折的巨大作用："王充以来，中古思想起了两种变局：第一是批评精神的发达，第二是道家思想的风行。”[③]“他不但在破坏的方面打倒迷信的儒教，扫除西汉的乌烟瘴气，替东汉以后的思想打开一条大路；并且在建设的方面，提倡自然主义，恢复西汉初期的道家哲学，替后来魏晋的自然派哲学打下一个伟大的新基础。”[④]

胡适的见解为王充研究开辟出新的天地，在中国哲学界吹起一阵新风。胡适对王充的青睐贯穿终生，至老未衰，产生了巨大的国内国际影响。但他带有个人学术偏好的若干说法，也受到学界一些人的非议。对此，李维武做了如下概括：“以强烈的个人学术偏好和需要来阐释王充思想，过分夸大了王充思想的具有科学精神的一面，甚至只讲好话，不谈问题。”[⑤]但无论怎么说，胡适的看法总是一个时期内科学主义派的代表性观点。

与胡适的切入点不同，蔡元培自人文价值和人文精神的视角来看待王充学说，在他所著的《中国伦理学史》中，从七个方面对王充思想进行论述：一是革新之思想，二是无意志之宇宙论，三是万物生于自然，四是气与形、形与气，五是骨相，六是性，七是恶。

蔡元培认为，将王充放在两汉学术背景中考察，不难发现他对精神解放的

① 胡适：《中国思想史》（上），吉林出版集团股份有限公司2018年版，第149页。
② 胡适：《中国思想史》（上），吉林出版集团股份有限公司2018年版，第152页。
③ 胡适：《中国思想史》（下），吉林出版集团股份有限公司2018年版，第431页。
④ 胡适：《中国思想史》（上），吉林出版集团股份有限公司2018年版，第158页。
⑤ 李维武：《王充与中国文化》，贵州人民出版社2000年版，第306页。

重大贡献。“汉儒之普通思想，为学理进步之障者二：曰迷信，曰尊古。”王充敢于冲破这种官方思想的禁锢，大胆批判，创建己说。“王充对于迷信，有《变虚》《异虚》《感虚》《福虚》《祸虚》《龙虚》《雷虚》《道虚》等篇。于一切阴阳灾异及神仙之说，掊击不遗余力，一以其所经验者为断，粹然经验派之哲学也。其对于尊古，则有《刺孟》《非韩》《问孔》诸篇。虽所举多无关宏旨，而要其不阿所好之精神，有可取者。”[①]蔡元培以自己的深刻眼光，在学术界第一次点出，王充思想的独到之处在于“一以其所经验者为断”，是经验派学术方法在中国本土的先驱者。对于蔡元培一辈学者所致力的传统文化的现代化转换工作，这是不可或缺的一环。

在蔡元培眼中，《论衡》的历史地位与影响非同一般：“充实为代表当时思想之一人，盖其时人心已厌倦于经学家天人感应五行灾异之说，又将由北方思潮而嬗于南方思想。故其时桓谭、冯衍皆不言谶，而王充有《变虚》《异虚》诸篇，且以老子为上德。由是而进，则南方思想愈炽，而魏晋清谈家兴焉。”[②]正是王充所揭示的怀疑和批判精神，激发了汉末批判新思潮的兴起，进而催生了魏晋玄学。对于《论衡》的不足方面，蔡先生以为在于人文内涵有所欠缺。

蔡元培对王充的总体看法得到新文化运动同仁的普遍赞同，周作人曾记道：“我最爱重汉王仲任、明李卓吾、清俞理初这三位，尝称为中国思想界不灭之三灯，曾以语亡友玄同，颇表赞可，蔡先生在其书中盖亦有同意也。王仲任提示宗旨曰疾虚妄，李卓吾与俞理初亦是一路，其特色是有常识，唯理而复有情。其实即是儒家的精髓，惜一般多已枯竭，遂以偶有为奇怪耳。王君自昔不为正人君子所齿，李君乃至以笔舌之祸杀身，俞君幸而隐没不彰，至今始为人表而出之。若蔡先生自己因人多知其名者，遂不免有时被骂，世俗之声影之谈盖亦当然。”[③]在周作人笔下，蔡元培与王充虽相隔千年，却存在着命运类似、同病相怜之处。

由蔡元培先生发其端的人文主义视角，后来由冯友兰、牟宗三等新儒家人

① 蔡元培：《中国伦理学史》，商务印书馆2004年版，第60页。

② 蔡元培：《中国伦理学史》，商务印书馆2004年版，第61—62页。

③ 冯牧、柳萌主编：《周作人小品文全集》（下），第131页。

物继续深入研究下去，不过，他们的看法与前辈有了分歧。蔡元培大力肯定、赞扬《论衡》而批评较少，但冯友兰在肯定王充思想中科学精神和怀疑精神的同时，明确指出不应对之评价过高，不能与现代的科学精神等量齐观。更何况，其学说中还有不少局限性，如“多攻击破坏，而少建树”[①]，缺乏深刻的人文内涵，对人的生命生存状态的理解肤浅等。牟宗三沿冯友兰的上述思路进一步深化，认为王充思想在中国哲学史上占有重要地位，尤其是他对于性命的见解，上接先秦、前汉性善性恶诸说，下启魏晋之际刘劭《人物志》的才性论，是汉晋学术发展中由儒而道的承上启下的重要环节。但是，王充的性命论属于与“理想主义”对立的“材质主义”，匮乏于道德内涵，故表现为“生命学问之消极面”。牟宗三对此展开了深入解剖，构成他新儒家思想的组成部分。

继胡适、蔡元培之后，20世纪30年代，一批马克思主义学者开始用全新的眼光清理中国传统思想文化，对历史上的各派学说及其学者重新解读、划分与评价。王充以其非主流思想的地位而受到格外看好。吕振羽运用阶级分析方法，将王充划分为“出身于被统治阶级之文人”，其学说“反映农民一些要求”，因而属于“较进步”的“农民派哲学”。农民所处被压迫环境的客观反映，使王充思想充满了批判精神，“对于从来统治阶级各派之充满欺骗性的唯心主义和神学的说教，均一一从客观存在的基础上去给以批判，而暴露其欺骗性……从批判的立场上建立其自己的理论体系”[②]。

论及王充的思想基础，吕振羽判定其为“认识论的唯物主义”，即从根本上认为宇宙天地，自然万物，皆属客观存在，自然运行，自生自灭，不受神或人的意志所左右。吕振羽说：“这种见解，正是多方面受着自然力支配的农民，对农业生产之唯物主义的解释。”[③]

此外，吕振羽还从政治思想、历史观等方面探究、阐发王充学说的现代意义，同时指出了《论衡》的某些局限性和难以避免的缺陷。吕振羽的见解为王充研究开启了一扇新的大门，起初的细流迅速发展为喧腾了近半个世纪的王充

---

① 冯友兰：《中国哲学史》，四川人民出版社2020年版，第368页。

② 吕振羽：《中国政治思想史》，人民出版社2008年版，第298页。

③ 吕振羽：《中国政治思想史》，人民出版社2008年版，第302页。

研究主潮。

承吕振羽衣钵进而深化的是侯外庐、赵纪彬等马克思主义史学家。20世纪40年代末期，他们推出了《中国哲学思想》和《中国思想通史》，开天辟地，于思想史中梳理出“异端思想”一条脉络，与“正宗”“正统”思想相对立而并存。王充正是“异端思想”的主要代表人物。王充的思想体系，彻始彻终是汉代正宗哲学的反对命题，其基本立场是用唯物主义的宇宙观、无神论，批判唯心主义的天人感应说和鬼神迷信。他们吸收吕振羽的观点，创造性地将“异端说”与“农民说”结合起来，视农民运动的走向为王充思想产生的社会根源和时代背景：“王充的时代特征，就政治上说是农民战争的低潮期与农民生活的慢性饥饿期，同时又是农民战争第二个高潮的准备期；就思想上说是‘正宗’思想由神学堕落为谶纬迷信的黑暗期，同时又是‘异端’思想由反今文到反谶纬的形成期。从阶级斗争到思想斗争都在深刻发展着。王充的思想，一方面反映了农民斗争的朴素而天真的性格，另一方面又是‘正宗’的反对者与‘异端’的综合者，从而导出了他的伟大的唯物主义体系。”[①]这些结论，算是20世纪上半叶马克思主义学者对王充研究的一个总结。

20世纪50年代至70年代，王充研究经历了一段特殊的岁月。此间政治与学术的密切挂钩，致使研究出现了明显的意识形态化倾向。由于意识形态崇尚唯物主义、批判传统文化的立场，王充被当作中国历史上难能可贵的同道。诸多学者在吕振羽、侯外庐、赵纪彬等人的研究基础上，继续耕耘，奉献出大批新成果。这些成果虽在某些具体问题上有所阐发，但普遍拘囿于同一思想框架之中，20世纪上半叶科学主义、人文主义等学派与马克思主义学派之间互相激荡和争鸣的气象不复存在。研究中机械主义、教条主义的弊病凸显出来，套用概念、贴标签、戴帽子的景象流布于字里行间。在王充的头上，出现了“战斗的唯物主义者”“农民阶级的思想家”“统治阶级的批判者”等桂冠。即便有所争鸣，也多局限在是“地主阶级代言人”还是“农民代言人”的范围内。尤其是20世纪70年代“评法批儒”高潮中，王充更被一些人当作现实政治需要的工

① 侯外庐、赵纪彬：《中国思想通史》第二卷，人民出版社1957年版，第261页。

具。他们连篇累牍发表文章，异口同声地热捧王充为历史上的反儒先锋："王充的反儒斗争，是站在法家的立场上的。这场斗争，实质上是先秦以来的儒法之争在新的历史条件下的继续。"[①]对王充研究的扭曲，正是那个时代学术扭曲的一个缩影。

在"左"倾思潮泛滥时期，也有少数学者甘于寂寞，不凑热闹，坚持走实实在在做学问之路，专心于《论衡》的版本研究、篇目考订，取得了开拓性成果，如朱谦之的《王充著作考》[②]，蒋祖怡的《论王充的〈养性〉之书》和《论王充的〈政务〉之书》[③]。在岁月的时光拂去历史的尘埃之后，当年热闹非凡的显学如过眼云烟，而扎扎实实的成果则凝结为后人学术攀缘中所需借助的台阶。

同一时期，海峡对岸的中国台湾学者，亦把王充视为传统文化研究中的热门人物，尤其是新儒家兴起后，王充更成为评头论足的对象，其视角与中国大陆学者有些不同，评价也是判若云泥。其中代表人物为徐复观。徐复观于20世纪70年代推出力作《两汉思想史》三卷，其中卷二中有《王充论考》，对王充思想做了认真而精细的评析，给人耳目一新之感。与20世纪绝大多数学者盛赞王充不同，徐复观虽然承认王充是古代思想史中一位重要的思想家，但评价并不高。非但如此，他还对给予王充颇高评价的胡适和大陆学者进行了批评："几十年来，把王充的分量过分夸张了。本书中的《王充论考》一文，目的在使他回到自己应有的位置……就东汉思想而言，王充的代表性不大。"就这个结论，徐复观进行了多方面的论证：王充本人布衣身世的感受和体验，限制了他展望时代的眼界，未能真正抓住时代所提出的问题，远离了时代精神；学理上存在局限，重知识而不重伦理道德、否定行为结果的因果关系、对立于博士的学术系统；所持天道观，隔断了天人关系，排除了五行观念，由"唯气"而"唯形"，导致摒弃人的主体性，陷入了由生理决定人生的命定论……鉴于此，王充只能算作一个"草莽中的自由学派"[④]。徐复观的研究与批评虽然多少受到

① 钟达：《论王充的反儒斗争》，《红旗》1974年第8期，第15页。

② 朱谦之：《王充著作考》，《文史》第一辑，中华书局1962年版。

③ 蒋祖怡：《论王充的〈政务〉之书》，《杭州大学学报》1963年10月号。

④ 徐复观：《两汉思想史》卷二，华东师范大学出版社2001年版，第360页。

当时政治文化背景的影响，但他的分析确有独到之处，从一个少有人关注的侧面深化了对王充思想的理解，使人们得以用更加全面的眼光来认识、解读《论衡》。

继徐复观之后，台湾还有一些学者发表了评论王充的文章，除了批评《论衡》思想芜杂外，还就王充身世的记录提出质疑，认为“乡里称孝”“受业太学，师事班彪”“常游洛阳市肆”“屏居教授”“特诏公车征”等，是否真有其事，都大可置疑，颇有置王充于接受历史审查地位的味道。之所以出现这样的情况，约莫受到两个背景的影响。一为学术背景。新儒家以儒家传人自命，治学的眼界不免以“历代正宗”的学术主流为准绳，以此检视王充思想，无论在学术指向上还是文章风格上都认为其不合口味，自然对其评价不高。二为政治背景。20世纪50年代至80年代间，中国大陆与中国台湾在政治上对立，双方的学术又都程度不同地受到意识形态影响，大陆热捧王充，台湾学者则针锋相对地加以贬低，吹毛求疵挑毛病，引出不少笔墨官司来。尽管如此，除了那些沿用旧道德尺度的所谓评价外，大部分挑出的“毛病”，经过答疑者的研究、考证，得到进一步搞清，促进了学术的深入。如究竟有没有“受业太学”“特诏公车征”等经历，辩驳的结果便是找出了不少肯定其事的旁证。

20世纪80年代之后，随着“左”倾思潮的消退，两岸学术研究与交流逐步正常，王充研究得以在自由争鸣、广泛交流的宽松环境中展开。大陆学者的研究超越了前数十年唯心、唯物简单两分的思想框架，开始用理解的态度、对话的方式看待《论衡》，从多方位、多侧面展开研究：重新评析王充的思想体系和历史地位；探索王充学说与中国文化的关系；以现代解释学方法重释《论衡》；专题考察王充的宇宙观、政治观、虚实观、人生观、文学观等，推出了一大批可观的成果，不仅拓展了王充研究的广度与深度，也使王充研究进入了“百花齐放”的新阶段。

尤为可贵的是，越来越多的学者开始用自然科学的眼光研究《论衡》，不仅从中获得了古代科学认识水平的宝贵资料，更在一些现象的认识上得到有益的启示。王充说：“顿牟掇芥，磁石引针，皆以其真是，不假他类。他类肖似，不能掇取者，何也？气性异殊，不能相感动也。”[①]顿牟即玳瑁，摩擦它，可吸起毛发之类的微小物质，这是观察到的摩擦生电的电磁现象；王充在《论衡·论死》中，认为发音是由于“气括口喉之中，动摇其舌，张歙其口，故能成言”，继而引申到“箫笙之管，犹人之口喉也；手弄其孔，犹人之动舌也”，认识到声音通过空气振动而产生、传播；在热学方面，王充讲“夫近水则寒，近火则温，远之渐微。何则？气之所加，远近有差也”[②]，明确提出热传递与距离远近存在关联，表明其进入了物态与温度之间关系的探讨。如此等等，王充几乎涉猎了自然科学领域的各主要学科。新近的研究者又从物理学“量的概念”的视角，考察了其与“无神论”的关系，指出王充认为天的变化“会影响到人，但人的行为不能感动天”（夫天能动物，物焉能动天）的论断，认识到“二者在量的大小上差别太大”，无愧于成为古代发现“量”概念的先驱：“他特别注意考查不同物体同一属性在大小、多少等方面的差异，注意物体的尺度、重量等属性以及物体间相互作用范围、远近距离变化等因素，以此来揭露批判对象的荒谬，这使他形成了注重量的概念的独特思想方法，使得量的概念成了他建立自己的无神论学说的一个重要出发点。”[③]总之，学者们普遍认为，王充凭着细致观察、直觉把握、深入思考所得出的许多自然科学见解，成为古代科学发展的源头活水，尤其是他擅长哲学抽象与思辨，往往能见微知著，超前提出了今天用科学实验手段才得以验证的某些原理。

王充的影响远不限于中国，随着世界各国文化交流的进展，《论衡》早已越出国界，引起世界哲学界的广泛关注。20世纪初，德国汉学家阿尔弗雷德·福尔克将《论衡》翻译成英文介绍给世界，从此，海外汉学家研究王充的热情历久不衰，成果迭出。海外学者从各自的文化背景出发，对《论衡》的解读与研究有不同于中国学者的着眼点，读来新意盎然、颇有启发。这些成果除了给王充研究注入新鲜活水外，也让世界上更多的人了解和认识了王充。相关海外研

① 〔东汉〕王充：《论衡·乱龙》。

② 〔东汉〕王充：《论衡·寒温》。

③ 关增建：《量的概念与王充的无神论学说》，《郑州大学学报》（哲学社会科学版）2001年第4期，第112页。

究最具影响的学者及成果，主要有四支。

1955年，苏联科学院出版局推出彼得洛夫的遗作《王充——中国古代的唯物主义者和启蒙思想家》。彼得洛夫是苏联20世纪上半叶著名的汉学家，他运用马克思主义哲学原理考察、研究《论衡》，并高度评价了王充学说："《论衡》不仅是一部中国的，而且是一部世界的哲学、政论的卓越作品。"其主要价值在于"阐述了以唯物主义为基本特征的世界观。作者追求的是启蒙的目的，他暴露了当时流行的反动的和保守的学说、成见和迷信"。"《论衡》的主要目的是批判前汉的唯心的儒家思想，奠定新世界观的基础，这个新世界观的主要原则便是承认世界的物质性。"[①]彼得洛夫根据唯物主义理论框架将王充思想的内涵梳理、概括为13个方面，形成了一套比较完整的体系。

针对国际哲学界一些认为王充偏重批判而欠缺建设性的说法，彼得洛夫辩护道："王充是汉代名副其实的包罗万象、博综古今的天才，简直可以说他的批评的锋刃——不仅是破坏性的而且有建设性的——就没有放过汉代任何一个哲学问题和自然科学问题。"最有意思的是，他认为，王充在中国思想史上的地位，有如希腊古代哲学家伊壁鸠鲁："马克思给伟大希腊思想家伊壁鸠鲁的评语，可以应用到王充身上。马克思写道，伊壁鸠鲁乃是'古代真正的、急进的启蒙思想家，他公开地抨击了古代宗教……'唯物主义者、无神论者、迷信和愚昧无知的不共戴天的敌人、真实知识的宣扬者——王充，同样是中国古代真正的、激进的启蒙思想家。"[②]这个比较与评价，反映出王充在当时苏联哲学史界的崇高地位。

彼得洛夫著作的中译本，1956年由科学出版社出版，是中华人民共和国成立后所出版的第一部研究王充的专著，对中国研究王充的学者产生了巨大影响，其基本体系和基本术语，数十年后仍见印痕。

李约瑟则从科学技术史的视角开辟了研究王充的新领域。他在《中国科学技术史》一书中，列专章讲述王充，认为在中国古代科学思潮的演进中，一直

① 李维武：《王充与中国文化》，贵州人民出版社2000年版，第281页。

② 周桂钿：《秦汉思想研究》第二卷，福建教育出版社2015年版，第196页。

存在着伪科学（龟卜、蓍筮、易卦、占星术、天人感应说等）与怀疑主义的对立与争论，推进了人们的认识逐步走向理性。怀疑主义本质的批判精神，是科学思维发展的必要条件。王充正是中国怀疑主义传统最主要、最优秀的代表人物。

李约瑟在《中国科学技术史》中指出，王充的怀疑主义自然观来自自然主义："王充全部接受了阴阳二元论和五行理论，虽则并非无批判地。他很少使用'道'或'理'这些词，而是采用了以'命'（命运或命定）一词为标志的一种彻底的决定论，此词类似于前苏格拉底学派的'必然'。他也像道家一样，否认天有意识，而主张一种以'自然'为口号的自然主义世界观。"从这种自然观出发，王充在批判天人感应说的同时，也否定了人类中心论。"他坚决反对一切人类中心说……展开了对迷信的全力进攻。天是无形体的，地是无生机的，天地决不能说话或行动，也决不能受到任何人的行事的感动；天地不听祈祷，也不答复问题。"①

李约瑟评价说，王充的上述思想比当时欧洲的"科学自然主义的世界观"更为先进。"公元1世纪像王充那些人极为强烈地提倡科学自然主义的世界观……在欧洲，对地球中心说，从而也是对人类中心说的否定，要来得晚得多。"②"从科学思想史的观点来看，王充是他那个时代最伟大的人物之一。"最后，李约瑟也指出了《论衡》批判性强大而建设性不足的局限性。

使王充在世界范围内产生更广泛影响的，是由费正清总纂，崔瑞德、鲁惟一主编的《剑桥中国秦汉史》。《论衡》受到了该部巨著的特别关注，在不同思想专题的各个章节中，反复作为研究对象，研究涵盖了宗教、文化、道德、学派、哲学等多个方面。《剑桥中国秦汉史》从理性主义和理想主义思潮的交织演变中来解读、把握王充学说，认为先秦儒家分化为孟子代表的理想主义和荀子代表的理性主义两支，王充是有汉一代理性主义最重要的代表人物。秦汉思想

---

① ［英］李约瑟：《中国科学技术史》第二卷，上海古籍出版社1990年版，第402—403页；第561—562页。

② ［英］李约瑟：《中国科学技术史》第二卷，上海古籍出版社1990年版，第431页。

史上出现了四大流派：自然界的秩序、人的特定地位、行政的需要和理性的召唤，分别对应着道家、儒家、法家和王充所创新的一家。王充“拒绝深信不疑地接受对事实的陈述；对要他相信的任何事物，他都要求有理智方面的解释。王充认为宇宙根据系统的原理在运行，在理论上任何人都可以了解这些原理，条件是不去相信任何未经证实的主张”①。这种理性主义态度的出现与高扬，代表了汉代思想中极有价值的部分，使得“在追求理性方面，从汉代的思想中可以看到最鲜明的新内容”。

亚洲学者对王充的研究，构成了海外王充学的重要一支。因为各学者存在文化背景的差异，看待王充时也都有自己的鲜明特征。20世纪50年代，日本掀起一股王充研究热，出版了《汉代批判哲学的形成》（重泽俊郎）等一批著作成果。日本学者看王充，一方面肯定其自然主义的世界观，另一方面则强调王充于中国古代思想史中的批判和异端地位。狩野直喜在其著作《中国哲学史》中写道：“王充其人不仅奇矫，其持论亦与一般儒者大异其趣。如《问孔》《刺孟》二篇即其一例。向来中国之学者，皆因其肆无忌惮地批评孔孟，故动辄兴师问罪。但近时西洋之中国学者，因此而激赏之。梅耶氏曾云：王充乃一位哲学家，或许为中国哲学家中最具新颖、最有思想者。”近代有的学者甚至从王充学说中找到了批判邪教的武器，王充批判汉代虚妄之事“一一引证，穿微入细，使人感到一种痛快味……所以本书不仅是汉代宗教史上的好史料，在邪教横行的今日，犹有精读的必要；诚不愧‘论衡’二字”②。可见，王充的思想在今天的世界中仍不乏现实意义。

年轻一代的亚洲学者更喜欢从王充博大的思想体系中寻微探幽，韩国的金钟美为其代表。在金钟美的眼中，王充在中国历史上促进“人的觉醒”方面的作用，是无人可以替代的。从商周到魏晋的中国思想史中，存在着春秋战国和魏晋两次“人的觉醒时期”。王充思想的作用在于：上承春秋战国的人文主义精神，下导汉末、魏晋思想解放和人的解放的风气，充当了这两次“人的觉醒时

① ［英］崔瑞德、鲁惟一主编：《剑桥中国秦汉史》，中国社会科学出版社1992年版，第624页。
② ［日］渡边秀方：《中国哲学史概论》，上海商务印书馆1926年版，第40页。

期”的中转环节。把握住这一点，进而考察王充的文学思想，即可发现他对于中国文学发展的伟大贡献：“他的文学思想和他的天人观相结合……使文学从神和皇帝的权威、礼乐教化思想的束缚中独立了出来，使得汉末、魏晋具有多样性和个性的文学创作有了可能性。具体表现是，他使以神为中心的世界观瓦解，同时使以人为主体的文学时代到来了。追求‘真美’同对社会美和自然美的认识相联系，清除了复古模仿文学，对文学的价值开始有了认识。同时，他有关气和文学的论述，形成了王充→《太平经》→曹丕→葛洪→刘勰的文气论体系。中国古代文学理论史，经历了以汉代儒学为中心的政教中心论到魏晋以道家思想为基础的审美中心论的演变过程。在从汉代到魏晋南北朝的转折时期，有小赋、‘古诗十九首’等抒情文学和建安文学等文学现象存在。而王充早在这之前的东汉时期就为这种变化打下了基础。”①

在人类文明主潮越过工业文明，进入后工业时代的今天，保护环境、关爱地球、回归自然的理念日趋抬头。在这样的背景下，不论国内还是国外都出现了重新从天道自然、因物自然方面开掘《论衡》价值的苗头。王充的思想分支繁多，内容庞杂，然九九归一，他所述所论的一切，都是要告诉人们一个道理：顺应自然。也许，这正是王充对人类文化最宝贵的贡献。

① ［韩］金钟美：《天、人和王充文学思想——以王充文学思想同天人关系思想的联系为中心》，社会科学文献出版社1994年版，第213—214页。

# 大事年表

因生平史料稀少，所见材料又欠缺具体的月份年头，故历来列王充年谱都只能勾勒一个粗线条的框架。本年表亦难例外。需要说明的是，表中自八岁之后的编排，除了“光武三年”“永平二年”“建初元年”“元和三年”“章和二年”存有确切的时间记载外，其他皆为根据研究、考证推算出的时空坐标，可看作大致上的履历时段，未敢以事事对“年”入座的严格眼光视之。然如此编排不无依据，亦有必要，它与传主丰富而曲折的人生轨迹基本上应节合拍。本书正是凭借这一梳理出的线索，广采博引，道出了以“时间为序”的完整故事。

**27年（建武三年）　一岁**

出生于会稽郡上虞县章镇。大名充，字仲任。

祖上居魏郡元城，因几世尝从军有功，封食会稽阳亭。其家迁居南方，已历四代。

**32年（建武八年）　六岁**

幼喜独处，静观万物，冥想沉思。天资聪颖，恭愿仁顺，深得父母喜爱，邻里称道。

家中聘来教书先生为之开蒙。

**34年（建武十年）　八岁**

入书馆就读，识字课本为《仓颉篇》《凡将篇》和《急就篇》，同时练习书法。展现学习天赋，识字过目不忘，书法日新月异，先生奇之且厚爱。

**36年（建武十二年）　十岁**

进入书馆学习第二阶段，读《孝经》《尔雅》等书。父亲王诵突然离世。少年失怙，成为孤儿。

**38年（建武十四年）　十二岁**

与母亲相依为命，懂事早熟，分担家庭责任，赢得“乡里称孝”美誉。

**39年（建武十五年）　十三岁**

完成书馆学业，升入经馆深造。研读《论语》《尚书》，日讽千字，被视为神童。

**42年（建武十八年）　十六岁**

结束专经学习，经明德就，谢师专门。以少年才俊名声受到乡里举荐，获得受业太学资格。

入洛阳太学，开始太学生涯。

**43年（建武十九年）　十七岁**

拜学术泰斗、历史学家班彪为师，并与其子班固结为好友，成为太学中“少年俊彦”中的重要成员。

**47年（建武二十三年）　二十一岁**

搜读诸子尺书，常游洛阳书肆，遂博通众流百家之言。

**51年（建武二十七年）　二十五岁**

告别太学，结束学生生涯。赴陈留郡陈留县，任掾功曹。

公务之余，埋头读书，出外采风。

**55年（建武三十一年）　二十九岁**

观察并记载蝗虫过县之灾情。

**59年（永平二年）　三十三岁**

赴洛阳观汉明帝“临辟雍”。而后写就《六儒论》。

**60年（永平三年）　三十四岁**

辞去陈留县掾功曹一职，返回老家上虞屏居教授，读书治学。

**62年（永平五年）　三十六岁**

受聘出任会稽郡东部都尉府掾功曹，未久辞归。

有感于俗人“贪进忽退，收成弃败”，着手撰写处女作《讥俗》。

**67年（永平十年）　四十一岁**

《讥俗》脱稿，集中精力思考、探索宇宙论、天人论、形神论、性命论等学术命题，为《论衡》一书奠定理论基础。

**76年（建初元年）　五十岁**

受聘赴颍川郡太守府，为列掾五官功曹行事。逢中原旱灾，奏记郡守，宜禁奢侈，以备困乏。然言不纳用，以数谏争不合而去职归家。

感人君之政，不得其宜，不晓其务，开始撰写《政务》之书。

**78年（建初三年） 五十二岁**

闭门潜思，绝庆吊之礼，整理总结一生积累，编著集大成之作《论衡》。

**85年（元和二年） 五十九岁**

《论衡》成书后，学界毁誉不一。遂撰披露心迹之《自纪》篇。

**86年（元和三年） 六十岁**

受聘扬州刺史府（辖今江苏、安徽、浙江、江西、福建一带）。

始任功曹从事，巡按丹阳、九江、庐江诸郡监察工作。未久转入刺史府任治中从事，掌文案事宜。

**88年（章和二年） 六十二岁**

离扬州任，自免还家。

缘钜鹿太守谢夷吾推荐，汉章帝发“特诏公车征”，宣入朝履职。以老病谢辞，未行。

**89年（永元元年） 六十三岁**

晚年，贫无供养。困境中坚持写成《养性》16篇。

**96年（永元八年） 七十岁**

病卒于家。

# 参考文献


## 一、王充著作及史书

1.〔东汉〕王充：《论衡》，《诸子集成》卷七，中华书局1954年版。

2.〔西汉〕司马迁：《史记》，中华书局1959年版。

3.〔东汉〕班固：《汉书》，中华书局1962年版。

4.〔南朝宋〕范晔：《后汉书》，中华书局1965年版。

5.〔南朝宋〕陈寿：《三国志》，中华书局1959年版。

## 二、王充研究专著

1.［苏联］阿·阿·彼得洛夫著，李时译：《王充——中国古代的唯物主义者和启蒙思想家》，科学出版社1956年版。

2. 刘盼遂：《论衡集解》，古籍出版社1957年版。

3. 郑文：《王充哲学初探》，人民出版社1958年版。

4. 田昌五：《王充及其论衡》，三联书店1958年版。

5. 蒋祖怡选注：《论衡选》，中华书局1958年版。

6. 徐敏：《王充哲学思想探索》，三联书店1979年版。

7. 北京大学历史系《论衡》注释小组注释：《论衡注释》，中华书局1979年版。

8. 蒋祖怡：《王充的文学理论》，上海古籍出版社1980年版。

9. 钟肇鹏：《王充年谱》，齐鲁书社1983年版。

10. 蒋祖怡：《王充卷》，中州书画社1983年版。

11. 周桂钿：《王充哲学思想新探》，河北人民出版社1984年版。

12. 吴承仕：《论衡校释》，北京师范大学出版社1986年版。

13. 周桂钿：《天地奥秘的探索历程》，中国社会科学出版社1988年版。

14. 黄中业、陈思林译注：《论衡选译》，巴蜀书社1990年版。

15. 张分田：《王充》，新蕾出版社1993年版。

16. 袁华忠、方家常译注：《论衡全译》，贵州人民出版社1993年版。

17. 钟肇鹏、周桂钿：《桓谭 王充评传》，南京大学出版社1993年版。

18. ［韩国］金钟美：《天、人和王充文学思想——以王充文学思想同天人关系思想的联系为中心》，社会科学文献出版社1994年版。

19. 周桂钿：《虚实之辨——王充哲学的宗旨》，人民出版社1994年版。

20. 郑文：《论衡析诂》，巴蜀书社1999年版。

21. 李维武：《王充与中国文化》，贵州人民出版社2000年版。

22. 邓红：《王充新八论》，中国社会科学出版社2003年版。

## 三、相关著作

1. 吕振羽：《中国政治思想史》，三联书店1955年版。

2. 侯外庐、赵纪彬：《中国思想通史》第二卷，人民出版社1957年版。

3. 冯友兰：《中国哲学史史料学初稿》，上海人民出版社1962年版。

4. 任继愈主编：《中国哲学发展史·秦汉卷》，人民出版社1985年版。

5.〔清〕黄本骥：《历代职官表》，上海古籍出版社1980年版。

6. 刘建国主编：《中国哲学史史料学概要》上册，吉林人民出版社1983年版。

7. 蔡元培：《中国伦理学史》，商务印书馆2004年版。

8. 上虞县志编纂委员会编：《上虞县志》，浙江人民出版社1990年版。

9. 董楚平：《吴越文化新探》，浙江人民出版社1988年版。

10.［英］李约瑟：《中国科学技术史》第二卷，上海古籍出版社1990年版。

11. 姜义华主编：《胡适学术文集·中国哲学史》上册，中华书局1991年版。

12. ［英］崔瑞德、鲁惟一主编：《剑桥中国秦汉史》，中国社会科学出版社1992年版。

13. 滕复、徐吉军等：《浙江文化史》，浙江人民出版社1992年版。

14. 牙含章、王友三主编：《中国无神论史》，中国社会科学出版社1992年版。

15. 浙江省民间文艺家协会：《吴越民俗》，复旦大学出版社1992年版。

16. 李申：《中国古代哲学和自然科学》，中国社会科学出版社1993年版。

17. 吴光：《儒道论述》，东大图书公司1994年版。

18. 方杰主编：《越国文化》，上海社会科学院出版社1998年版。

19. 李永鑫主编：《绍兴名士》，文化艺术出版社1998年版。

20. 于迎春：《秦汉士史》，北京大学出版社2000年版。

21. 冯友兰：《中国哲学史新编》，华东师范大学出版社2000年版。

22. 徐复观：《两汉思想史》卷二，华东师范大学出版社2001年版。

23. 黄国安：《王充思想之形成及其论衡》，台湾商务印书馆1975年版。

24. 黄云生：《王充评论》，台湾三信出版社1975年版。

25. 陈桂丽：《王充》（《中国历代思想家》十二），台湾商务印书馆1978年版。

26. 李伟泰：《汉初学术及王充论衡述论稿》，台湾长安出版社1985年版。

27. 谢朝清：《王充治学方法研究》，台湾文津出版社1986年版。

28. 田凤台：《王充思想析论》，台湾文津出版社1988年版。

29. 龚鹏程：《汉代思潮》，台湾南华大学出版社1999年版。

**四、论文**

1. 侯外庐：《汉代白虎观宗教会议与神学法典〈白虎通议〉——兼论王充对白虎观神学的批判》，《历史研究》1956年第5期。

2. 郑文：《王充的世界观初探》，《西北师大学报》（社会科学版）1957年第1期。

3. 吴则虞：《〈论衡〉的构成及其唯物主义的特点》，《哲学研究》1962年第4期。

4. 朱谦之：《王充著作考》，《文史》第一辑，中华书局1962年版。

5. 蒋祖怡：《〈论衡〉篇数考》，《中华文史论丛》第二辑，中华书局1962年版。

6. 蒋祖怡：《论王充的〈政务〉之书》，《杭州大学学报》（哲学社会科学版）1963第2期。

7. 童默庵：《王充是农民阶级的思想家吗?》，《光明日报》1964年2月21日。

8. 孔繁：《关于王充思想的评价问题与童默庵同志商榷》，《光明日报》1964年3月27日。

9. 钟达：《论王充的反儒斗争》，《红旗》1974年第8期。

10. 吴光：《王充"效验"论浅析》，《社会科学研究》1980年第3期。

11. 方立天：《王充的战斗精神——读〈论衡〉》，《人民日报》1981年1月22日。

12. 周桂钿：《王充是气（元气）一元论者吗?》，《人民日报》1981年1月26日。

13. 吴光：《王充是唯物主义的"元气自然"论者》，《人民日报》1981年2月19日。

14. 蒋祖怡：《试论三十年来王充的研究工作》，《学习与探索》1981年第2期。

15. 金春峰：《王充思想剖析》，《中国哲学史研究》1982年第2期。

16. 任继愈：《从王充到熊伯龙》，中国无神论学会编：《中国无神论文集》湖北人民出版社1982年版。

17. 高觉敷：《王充对太阳错觉的研究》，潘菽、高觉敷主编：《中国古代心理学思想研究》江西人民出版社1983年版。

18. 吴光：《王充学说的根本特点——"实事疾妄"》，《学术月刊》1983年第6期。

19. 王生平：《王充和董仲舒针锋相对吗？》，《社会科学辑刊》1984年第3期。

20. 朱绍侯：《论王充对孔子及儒家学派的评价》，《河南大学学报》（社会科学版）1985年第1期。

21. 郑文：《王充感应说试解》，《中国哲学史研究》1987年第1期。

22. 朱亚宗：《王充：近代科学精神的超前觉醒》，《求索》1990年第1期。

23. 朱永新、艾永明：《王充的犯罪心理思想研究》，《心理科学》1992年第6期。

24. 周桂钿：《王充哲学与东汉社会》，《北京师范大学学报》（社会科学版）1996年第5期。

25. 李少惠：《王充与王符关系发微》，《甘肃社会科学》1996年第6期。

26. 江晓原：《古代中国人的宇宙》，《传统文化与现代化》1998年第5期。

27. 刘仲华：《试析清代考据学中以子证经、史的方法》，《清史研究》2001年第1期。

28. 关增建：《量的概念与王充的无神论学说》，《郑州大学学报》（哲学社会科学版）2001年第4期。

29. 刘谨铭：《王充思想是否符合科学标准之评议》，《汉学研究》第21卷第1期（2003年6月）。

30. 靳宝：《论王充的史学功能观》，《南都学坛》2003年第6期。

31. 许士密：《王充的学习思想》，《枣庄师范专科学校学报》2004年第1期。

32. 王慧玉：《王充的士人论与其创作观》，《国际关系学院学报》2003年第2期。

33. 张焕平：《王充物理思想对科学发展的贡献》，《晋中师范高等专科学校学报》2003年第2期。

34. 唐子恒：《从〈论衡〉看王充对孔子的尊崇》，《晋阳学刊》2003年第3期。

35. 李耀南:《王充的性、命论》,《青海社会科学》2003年第3期。

36. 吴建华、邓红:《王充天地论新议》,《吉林师范大学学报》(人文社会科学版)2003年第3期。

37. 王芹:《试论王充与培根的科学精神》,《韶关学院学报》(社会科学版)2003年第5期。

38. 燕国材:《王充的教育心理思想研究》,《心理学探新》2003年第2期。

39. 王雪:《王充道家思想探析》,《安徽大学学报》(哲学社会科学版)2003年第4期。

40. 汪高鑫:《试论王充的历史发展观》,《安徽教育学院学报》2003年第5期。

# 后　记

人生会遇到许多巧合，至于说这些巧合有没有意思，是否值得说道，全在个人如何看待了。结稿的日子又逢4月。四年前的这个时光，我为《魏晋玄学新论》写下后记，而今却反溯到玄学的上游，为之先驱——王充作传后絮语了。

2002年秋，我离开工作了17年的浙江省社会科学院，转调杭州商学院（现名浙江工商大学）。临别前，共事了多年的朋友们叮嘱，有机会还要多合作喽！果然，时隔数月卢敦基兄便来电询问：是否愿意承担“浙江文化名人传记丛书”中《论衡之人：王充传》的写作。想着自己探讨玄学时曾涉猎王充学说，王充之研究又系现代显学，成果汗牛充栋，可参阅资料多多。在此基础上，用一年多时间完成一部反映传主学术观点及当代研究成果的传记，应该问题不大。于是，大胆应承了下来。

孰料一经上手，方发现事情不那么简单。《论衡》不是一部能够轻易读懂读通的著作，其内容博大、头绪繁多毋论，不少问题的阐述于不同篇章中反复涉及，且有说法不一处。不彻底弄懂，岂敢草率下笔。研究王充的成果堪称宏富，此有其益处亦不无繁难。这些成果前后经历百余年，不同时期、不同学派、不同地区的学者持论各有千秋。漏看哪一块，都会心里不踏实。最难者还属作传的资料与体例。《后汉书·王充王符仲长统列传·王充》不足三百字，加上《论衡·自纪》中自述经历的千余言，这些几乎就是王充生平材料的全部了。以往的成果，多为思想研究性文字，有数的几部传记无不简略为之。钟肇鹏、周桂钿先生的《桓谭 王充评传》属于最厚重的一本。但它采取了前小部分考辨生平，后大部分论述思想的体例，总体上仍算一部论著。有鉴于此，“浙江文化名人传记丛书”的组织者认为情况特殊，曾允我便宜行事，写成一部论述体的传记。我最初也是如此设计的。

然而，在准备材料过程中，我还是心有不甘。一则“浙江文化名人传记丛书”有着“以时间为序，使传记首尾条贯……形成丰富的写实的文字”之统一体例，冒出个“例外”，总不谐调；二则越是前人未做过的事情，越具有挑战性，也就会有所创新。选择“统一体例”一路，即意味着必须面对这两个难点并加以解决。

动手动脚找东西。生平资料有限，发现新材料须另辟蹊径，办法是效王充“以子证经”之法，还治王充其身，换个视角从《论衡》中搜寻素材。如书中关于花鸟鱼虫、山川日月、象耕胥涛、雷火天龙的记载，反映了他自幼善观察、勤积累的天性；其评论班固、贾逵、杨终等人的文字，讲述射策考试的内容等，可视为在太学就读经历的写照；至于大量批评官场习气、佞人可恶的篇章，正是他数次宦海沉浮过程的缩影与诉说……

苦思冥想排布局。尽管翻阅了不少资料，在王充一生中能确认的纪年还是只有五个：“光武三年”“永平二年”“建初元年”“元和三年”和“章和二年”，算是粗粗搭建了他人生履历的框架。此外，王充本传与《论衡·自纪》中所载的县、都尉府、州入仕顺序，以及《讥俗》《政务》《论衡》《养性》几部著作的成书先后，提供了另外一条线索。根据这些要素，可大体确定王充生平活动的时空坐标。然而怎样将《论衡》博大精深的思想体系全面而准确地展示于人生过程之中，还有一个根据写作需要谋篇布局的问题。这正是铺展章节内容的匠心所在——如何使王充的人生阅历与治学深化的过程相吻合，合乎逻辑地显示王充学说逐步成熟的脉络。书中设专章讲述了王充自幼深受吴越文化熏陶的情形，将治学观的成熟安置于太学毕业之际，撰著《政务》一书考证在颍川归来之后等。如此结构，诚若王充“大事年表”的说明所言：可看作大致上的履历时段，未敢以事事对“年”入座的严格眼光视之。然如此编排不无依据，亦有必要，它与传主丰富而曲折的人生轨迹基本上应节合拍。

“以时间为序”且具有写实风格的《论衡之人：王充传》，总算可以交稿了。

尽管比之其他生平资料浩瀚的“文化名人传”来，仍显得思想展现较多，不过，何不视此为王充的风格使然和价值所在呢！

没有亲朋好友的无私襄助，我是不可能在这么短时间内应命完成本书的创作的。浙江省社会科学院研究员吴光先生于我亦师亦兄，几年前治玄学时，就得到他的鼓励与指点。这次，他更以王充研究专家的优势，不仅出借大量资料，更畅论王学始末，令人眼界大开。他对《论衡》诸多文句随口背诵的功力，让我的心灵又一次受到“学然后知不足”的触动。

有意思的是，改稿进入尾声时，我于杭州召开的“当代儒学国际研讨会”上，巧遇海峡两岸两位王充学大家。自开笔之日，周桂钿先生的几部著作便始终置于案头，我时常翻阅，可谓熟读。然周先生并不认识我这个后学。那天见面，先生问起做哪方面研究，我故作神秘地说：周学。先生大异，什么周学？周桂钿之周学呀！两人相视大笑。随后我即向先生请益。时间虽短，先生却给我留下如是印象：治王充之学而习染王充之风也。

中国台湾佛光大学前校长龚鹏程先生于巨著《汉代思潮》中，对王充非议颇多。此次会面，我专门请教：何以对王充意见不少？龚先生说，也不是有什么意见，只是觉得王充的思想及其水平并不若近年中许多学者所拔高的那样。王充不失为了不起的思想家，但要实实在在地认识、评价他。这个回答，使我对台湾学者对王充的看法，有了更真切的了解。

如同《魏晋玄学新论》的写作过程，夫人夏小梅“敲声依旧”，承担了全书的誊清工作，兼作书稿的“随行”读者及“评论员”。她虽非学者，但爱好传统文化。我治玄学，她本好之；我写王充，她又成王充迷，不仅收集了许多资料、信息，更以“虽不能至，心向往之”的情怀，不断给我充电。本书于兴味盎然中完成，得此之益多焉。

一个不经意的机缘，我加入了浙江图书馆的“重点读者服务处”。服务处的陈天伦老师在为我借书阅书提供极大方便的同时，还不时介绍有关王充研究的最新动态。图书馆能对读者如此惠助，就不仅仅让人生出望外之喜且心存感激了。

在浙江工商大学杂志社的岗位上，我告别了过去主编《观察与思考》刊物时“采、编、审”全程操作的繁忙角色。社内编辑们各负其责，承担了具体的编务事宜，使我在把握公务节奏之余，抽出一定时间安心于写作。这真是一段工作与治学水乳交融的愉快时光。虽然书稿脱手，诸位同仁的支持与理解之情却是长存心间。当又要离开杂志社转赴人文学院工作时，我是一步一回头的。

徐 斌

2004年4月30日草毕于杭州

本以为书稿通过专家评审，交予出版社后便万事大吉，只等着品闻墨香了。未想遇到了一位认真而严谨的资深编辑——陈巧丽女士。她逐字逐句地校勘之后，笑盈盈地对我提了个要求：将所有的引文再核对一遍；凡属近现代出版物，最好根据权威版本全部补注页码。就这么一句话，让我不知跑了多少趟杭州的各大图书馆，2005年的春节时光也悉数搭进。此番查补真是不虚此行，避免了不少纰漏自不待言，更可宝贵的收获在于，对有关文献的情况愈加熟悉了。一位好的编辑，不仅能让一部书稿的水平提升，还能激励作者的治学境界上一个台阶。信哉，此言！

2005年春节补记

# 再版后记

2018年4月，我的先生徐斌放下一切地走了。《论衡之人——王充传》创作于2004年，20年后，我重新捧起了他的这部著作，不忍卒读。

记得先生最初接受此书的著作项目时，我大不以为然。第一，人物生平的材料极少，作为传记体例，难。第二，历史上翻翻覆覆，对其人的评价至今仍未有共识。第三，《论衡》内容，汪洋恣肆，我们对王充思想的研究深度远远不够，挂一漏万，容易偏离传主本身。第四，也是最重要的，百年来的文化革新，一方面把王充抬高到唯物主义思想家的地位，另一方面埋没了他的灵魂呐喊“实事疾妄”，更无视他对“天道自然”等哲学思想领域中形而上的精神追求。一本人物传记实难展开王充的方方面面。

先生几次动笔、几番重构，三更半夜，推我起身披衣，我读他思，寻求书缝间的吉光片羽，连缀传主的生平事迹。辛苦年余，终草成此传。书成之后十余年，先生围绕王充思想生平，多次著文、宣讲，如《浙江人文大讲堂》的演讲，受到社会广泛好评。

感谢再版此书的责任编辑徐雨铭女士，尽量照顾我学问上、精力上的不足之处，细心点提原版中的差错、引文上的讹误，提升了本书的品质。

夏小梅

2024年12月